阅读成就梦想……

Read to Achieve

MICHAEL JACKSON, INC.
The Rise, Fall, and Rebirth of a Billion-Dollar Empire

迈克尔·杰克逊的商业王朝
10亿美元帝国的兴衰与重生

[美] 扎克·欧莫里·格林伯格◎著
Zack O'Malley Greenburg

张锐 等◎译

中国人民大学出版社
·北京·

图书在版编目（CIP）数据

迈克尔·杰克逊的商业王朝：10亿美元帝国的兴衰与重生／（美）扎克·欧莫里·格林伯格著；张锐等译．－－北京：中国人民大学出版社，2016.8
书名原文：Michael Jackson, Inc.: The Rise, Fall, and Rebirth of a Billion-Dollar Empire
ISBN 978-7-300-22460-2

Ⅰ．①迈… Ⅱ．①扎… ②张… Ⅲ．①杰克逊，M.（1958～2009）－生平事迹 Ⅳ．①K837.125.76

中国版本图书馆CIP数据核字(2016)第025516号

迈克尔·杰克逊的商业王朝：10亿美元帝国的兴衰与重生
[美]扎克·欧莫里·格林伯格（Zack O'Malley Greenburg） 著
张锐 等 译
Maiker Jiekexun de Shangye Wangchao: Shiyi Meiyuan Diguo de Xingshuai yu Chongsheng

出版发行	中国人民大学出版社		
社　址	北京中关村大街31号	邮政编码	100080
电　话	010-62511242（总编室）		010-62511770（质管部）
	010-82501766（邮购部）		010-62514148（门市部）
	010-62515195（发行公司）		010-62515275（盗版举报）
网　址	http://www.crup.com.cn		
	http://www.ttrnet.com（人大教研网）		
经　销	新华书店		
印　刷	北京中印联印务有限公司		
规　格	160mm×235mm 16开本	版　次	2016年8月第1版
印　张	16 插页1	印　次	2016年8月第1次印刷
字　数	230 000	定　价	55.00元

版权所有　侵权必究　印装差错　负责调换

本书赞誉

本书以迷人、新颖的笔法详细叙述了迈克尔·杰克逊如何改变娱乐业艺人的游戏规则，书中内容视角独特、见解独到。格林伯格没有使用廉价的、耸人听闻的素材，而是基于真实的新闻调查报道来撰写本书。于是呈现在我们眼前的是一个个杰克逊非凡商业头脑的故事，以及商场代价带给我们的警世良言。尽管杰克逊为成功付出了沉重代价，但我们在阅读本书时，却能清晰看到他如何为将来的一代代艺人铺平道路的。

约瑟夫·沃格尔（Joseph Vogel）
《音乐中人：迈克尔·杰克逊的创意人生和作品》的作者

杰克逊就如狐狸一样疯狂，他在商界表现出的冷静，就像他在舞台和录音室表现出的那般火热一样。我为这本引人入胜、精彩撰写的书而疯狂。

迈克尔·格洛斯（Michael Gross）
《惊人财富屋》的作者

我们知道迈克尔·杰克逊的私人生活在媒体中变成了一出马戏，但扎克却挖掘出了他在商界搏击的故事，其内容全然不同却有着巨大的影响力。杰克逊在录音间里会竭尽全力，他在公司会议室里更加努力。如 Jay Z、P.Diddy 和 Lady Gaga 这样的艺人兼企业家们，要非常感谢他；而我们则要感谢扎克为我们展示了杰克逊敏锐的商业头脑。

达特旺·托马斯（Datwon Thomas）
Ozy.com 特约编辑和 VIBE 杂志前编辑主任

扎克·欧莫里·格林伯格完美地捕捉到了流行音乐之王的精髓，在《迈克尔·杰克逊的商业王朝》中展现了其作为一名记者对细节的掌控力。他在书中的描写生动、自然，人物特点跃然纸上，不愧为写作高手。干得好，扎克！

查克·里维尔（Chuck Leavell）
"滚石"乐队键盘手，《打造一个更好的美利坚》的作者

译者序

Michael Jackson, Inc.
The Rise, Fall, and Rebirth of a Billion-Dollar Empire

丰厚的遗产和不断的疑云

当迈克尔·杰克逊这样的巨星陨落时，留给世人的，除了财富，还是财富。

2015年10月，《福布斯》杂志放出新一期"最赚钱已故名人榜"，在过去的一年里赚进1.15亿美元（约7.3亿人民币）的迈克尔·杰克逊再度夺得榜首。更让人啧啧称奇的是，自去世后，他赚取的税前收入已经超过了10亿美元。

据本书的作者估算，在生前的事业生涯里，杰克逊总共赚取了11亿美元（如果计入通货膨胀，则是19亿美元，即120.74亿人民币），加上过世后赚得的金额，他的总财富超过了20亿美元。如果再算上通货膨胀，这个金额还要拔升到近30亿美元。他赚的钱超过了现在活着的任何艺人。

《迈克尔·杰克逊的商业王朝》就是这样一本与众不同的传记，它以独特的切入视角，来审视杰克逊的财富王朝。在杰克逊的那些战果累累的奇迹岁月里，包含着这些亮点：史上最畅销专辑《颤栗》发行的两年内赚得1.34亿美元（算入通货膨胀的话，折合现在的3.06亿美元）；1988年《飙》（*Bad*）巡演时赚得1.25亿美元（算入通货膨胀因素，折合现在的2.47亿美元）；以及1995年将他的ATV版权曲库与索尼曲库合并时，获得的 1.18 亿美元。

"他有很好的商业触觉，"曾在 20 世纪 90 年代担任杰克逊经纪人的桑迪·加林说，"他总是说，更多、更多、更多，更好、更好、更好。他会用这种方式来和人谈判。无论谁向他伸出橄榄枝，他都会再要求更多。"

尽管杰克逊的赚钱能力经过 1993 年娈童丑闻的打击后有所下降，但他还是迅速恢复过来，并在 1995 年赚了大钱。然而，在 2005 年经历第二起娈童指控后，杰克逊的财务状况急转直下，再也没有起色。直到，他离开这个世界。

离世乱局

2009 年 6 月 25 日，噩耗传来，不再有天王的世界乱成了一团：直升机在加州大学洛杉矶分校的医疗中心上空盘旋，医院门口簇拥着蜂拥而至的记者和歌迷；梦幻庄园、星光大道、阿波罗剧院、加里市故居外聚集着人群，堆满了条幅和鲜花；从纽约到北京，从巴黎到孟买，从开普敦到里约热内卢，世界每一个角落都有人悲痛欲绝，泣不成声，人们走上街头，向王者致以最后的敬意；电视、电台、报刊、杂志和网站，纷纷把迈克尔·杰克逊放上头条；当天，互联网也遭遇了史上最严重的交通堵塞，关于他死讯的搜索，令谷歌、Twitter、Facebook、《纽约时报》《洛杉矶时报》等大型网站纷纷瘫痪……

但商机也正源源不断的涌来。担任杰克逊多年律师的约翰·布兰卡，虽然曾与其分道扬镳过，但报道称他在杰克逊人生的最后阶段还是被召唤到了天王身边，原打算为杰克逊最后的演唱会《就是这样》工作。听到杰克逊去世的消息时，他完全不敢相信。正在墨西哥度假的他迅速返回南加州，询问同事是否有杰克逊留下的遗嘱。随即，他在其律师事务所内找到了两份，在另一个事务所内找到了一份。每当杰克逊有新生儿出世时，他就会更新遗嘱，所以遗嘱受益人变更了三次。三份遗嘱上，布兰卡都被指任为遗产管理人；而在最后一份遗嘱上，音乐界老将约翰·麦克莱恩也被

译者序
丰厚的遗产和不断的疑云

列为联合管理人。

布兰卡将遗嘱文件交给遗产法庭处置，并等待是否有更新的遗嘱浮现，但最终，没有新的遗嘱现身。于是，两人就被法庭任命，开始执掌世界上最赚钱的遗产公司。

但他们很快发现，他们接手的是一个负债已达5亿美元的烂摊子。

遗产增值

2009年，杰克逊的离去让关于他的一切都迅速升值。在他去世的短短12个月内，杰克逊在美国卖出了820万张专辑，在全球则卖出了3 500万张。

AEG演出公司将《就是这样》的排练片段以6 000万美元的巨资卖给索尼电影公司，这部同名电影上映后，在全球收获2.6亿美元的票房，成为最卖座的演唱会电影。消息人士称，除了票房，还要将北美的电视转播权与DVD销量算在内，总收入超过2亿美元。杰克逊遗产管理委员会从这部电影的后期价值的收入中拿到了87%的份额。

之后，杰克逊遗产管理委员会与索尼音乐公司签下价值2.5亿的唱片合同，将发行杰克逊的10个遗作项目，这份唱片合同再度创造了业界之最。

杰克逊遗产管理委员会更和世界知名的加拿大太阳剧团合作，打造了两台以杰克逊为主题的杂技/音乐秀《迈克尔·杰克逊：不朽传奇》，其在世界巡演3年，已赚得超过3亿美元的票房，成为史上第9个最卖座的巡演；而最新的《迈克尔·杰克逊：独一无二》则在拉斯维加斯曼德勒酒店驻场演出，配合灯光、音效、特技、杂技、舞蹈和全息投影，令观众眼花缭乱，也成为赌城最炙手可热的演出之一，年收入不少于9 000万美元；而那些杰克逊的周边产品和收藏品的拍卖活动，更是不计其数。

布兰卡感叹道："自从他离开后，他总共已经卖出5 000万张专辑，并且是iTunes销量最高的艺人。"这个数字，甚至超越了近几年像阿黛尔与

V

泰勒·斯威夫特这样红得一塌糊涂的当代超级巨星。

2014年5月13日，杰克逊第二张遗作专辑《逃脱》发行，首周就在全球唱片榜上夺得冠军，狂售30多万张。杰克逊的经典专辑《飙》和《疯狂》也都发行了纪念版，并请来知名导演斯派克·李拍摄了两部好评如潮的纪录片。

"每年杰克逊的遗产所带来的现金流增长速度是迅速的，"老牌娱乐业律师唐纳德·大卫说，"当然，现在现金流的增长速度缓慢下来，但可以预见将来的增长依然是迅速的。到杰克逊的孩子都有孙子的时候，钱都还会源源不断的进来。"

告别史上最精明的投资：索尼/ATV

2016年3月15日，就在我在为本书编写译者序的同时，美国索尼公司宣布与杰克逊遗产管理委员会签下具有法律约束力的谅解备忘录，将收购杰克逊在索尼/ATV音乐出版公司中持有的所有股权。消息一出，举世震惊。备忘录规定，索尼总共需支付7.5亿美元，包括7.33亿美元的一次性付款和一笔索尼/ATV之前承诺的资金。最终协议有望在3月底之前达成，预计在2016年晚些或2017年初交易完成，具体取决于监管机构的批准时间。

索尼/ATV的一半股权是迈克尔·杰克逊名下的最大资产。从1985年迈克尔·杰克逊花费4 750万美元收购ATV的曲库（其中主要包括"披头士"乐队的歌曲版权），到现在将其以7.5亿美元出手，这可说是音乐史上最精明的投资之一。而这个单年度就至少有7.5亿美元的超级收入，也足以让杰克逊高居音乐史最高收入榜首位和在《福布斯》新一年的已故名人榜上留下名字。

回到最初，杰克逊当年收购的ATV曲库中，主要收录有250首"披头士"乐队的歌曲版权（但是根据美国法律，从2018年开始，"披头士"歌曲的版权将陆续返还给歌曲创作者）。1995年，杰克逊把ATV与索尼

译者序
丰厚的遗产和不断的疑云

的出版曲库合并，创立了索尼/ATV音乐出版公司，拥有了众多当红巨星的歌曲版权。在接下来的数年里，杰克逊和索尼还在继续投资收购更多曲库。到现在，这套曲库里包含有猫王、斯蒂夫·旺德、马文·盖伊、滚石乐队、玛丽亚·凯莉、Lady Gaga、艾米纳姆以及泰勒·斯威夫特等传奇歌手和乐队的作品。就在2012年，杰克逊遗产管理委员会和索尼更联手投资集团，斥资22亿美元收购了百代音乐公司（EMI）的曲库，使得索尼/ATV成为当今世界上排名第一的音乐出版帝国，价值超过40亿美元，拥有和管理着超过300万首歌。

收购曲库的历年增长已经给杰克逊的遗产带来指数的回报。近年来，根据索尼向美国证券交易委员会（SEC）提交的备案文件，索尼/ATV每年支付大约2 300万美元的分红给杰克逊的遗产。在他掌握ATV和索尼/ATV股份的生涯中，这些年度分红平均约为1 500万美元，根据有关消息人士透露，如果这个数字准确的话，意味着杰克逊和他的遗产在7.5亿美元的卖出协议达成之前，他已经从索尼/ATV收获了5.6亿美元（包括1.1亿美元的最初的协议支付款和4.5亿美元的总共年收益）。

尽管这个收益数字如此辉煌，但30年来，围绕这批作品的版权却发生了无数曲折和腥风血雨。最初，摇滚传奇、前"披头士"乐队成员保罗·麦卡特尼与杰克逊因为这批作品的版权问题而分道扬镳。之后，杰克逊开始遭遇各种法律麻烦，他开始笃信，因为他拥有了这套曲库，所以有些人要对他下手。

他开始对友人说，有人会为了歌曲版权"杀了他"。他在歌迷集会上怒斥种族主义者看不得一个黑人拥有白人"披头士"乐队和"猫王"的歌曲版权。同时，在21世纪初，杰克逊拿这套曲库做抵押贷款了2亿美元，以维持他的开销和进行其他投资，但由于开销巨大和投资失败等原因，杰克逊债台高筑，歌曲版权的抵押债权也转手了多家银行和投资公司，债务和利息越滚越高，杰克逊的现金流却捉襟见肘。此外，在这段贷款度日的岁月里，索尼/ATV还在继续进行其他曲库的收购，由于杰克逊也是拥有一半股份的合资人，所以他被迫要继续与索尼对等投入同样多的金钱来维持他的股份不变，这也给他增加了沉重的资金负担。

2002年,他和索尼音乐公司闹翻,直指索尼因为他要带走一半的歌曲版权而愤怒,因而报复性地破坏了他新专辑《无敌》的宣传和销售。他认为,新专辑销售不好,他的现金流就会出现问题,从而导致他无法按时还清贷款,索尼从而可以夺取他的歌曲版权。他甚至认为他的律师约翰·布兰卡在暗地里与索尼勾结,所以他聘请了私人调查公司进行过调查,但无果而终。2005年,在娈童案审理期间,杰克逊在一个电台采访里告诉民权领袖杰西·杰克逊:"这是一个巨大的曲库,非常值钱。在我们谈话的时候,背后就在进行着一场大战,有很多阴谋都在进行中。"

无论杰克逊的话是有根据,还是他太过多疑,他的言论催生了种种阴谋论,以至于在他去世后,依然有不少歌迷坚信杰克逊的死是因为有人为了夺取歌曲版权而对他痛下杀手,而索尼和曾被怀疑的约翰·布兰卡自然在"嫌疑人"名单之列。有意思的是,在杰克逊去世的7年后,这套版权最终在布兰卡手上被卖给了索尼,恰恰从某种程度上印证了阴谋论的说法。

2014年,索尼深陷黑客门事件。在被黑客泄露的一封邮件中,索尼高层已经透露了对索尼/ATV音乐出版公司复杂股权的不满(除了和杰克逊分享股权外,还要和其他好几家投资集团分享EMI的股权),考虑将这家公司的股份出手。2015年底,索尼宣布行使自己和杰克逊合资协议中的"出售/收购"权,这项权利允许一个合伙人出资收购另一个合资人的股份,对方要么买,要么卖。最终,其中一方将成为索尼/ATV的唯一拥有人。

据《华尔街日报》报道,索尼触发退出条款并行使"出售/收购"权,让杰克逊遗产管理委员会方面的人非常意外。于是杰克逊遗产管理委员会方面的人认为索尼想要出售其股份,并找来了两个合伙人来融资,准备买下索尼。布兰卡也在之前接受采访时表示,他们有意拿下索尼。但在随后几个月的时间里,索尼才清楚地告诉杰克逊遗产管理委员会方面的人说,其实他们是想要买下杰克逊的股份,并给出了一个比预期更好的出价。

"在之前几个月的谈判时间里,我们研究过我们去买断索尼的选项,而且我们还找来了一些感兴趣的合伙人,打算这样去操作,"杰克逊遗产

译者序
丰厚的遗产和不断的疑云

管理委员会方面的人说，"但最终，索尼开出的条件，对迈克尔的孩子们更加有利，我们做出了艰难的决定，选择接受索尼的条件。这个交易安排，将在财务上进一步保障迈克尔子女们的未来。"

杰克逊遗产管理委员会给出的原因包括：第一，他们将用 7.5 亿美元的一部分，清偿杰克逊所有的债务，"7 年前，迈克尔去世时欠下 5 亿美元的债务，到现在，我们终于可以无债一身轻，同时拥有了大量的现金资产和其他资产；第二，这笔交易的收入，在扣除税款和开销后，将由杰克逊遗产管理委员会持有，并最终转到为杰克逊遗产受益人设立的信托基金里；第三，这次交易会让遗产的投资方式多样化，而不仅仅只是集中在音乐知识产权方面"。

"此次交易可以让我们继续努力最大化开发迈克尔遗产的价值，并将惠及迈克尔的孩子们，"杰克逊的遗产管理人约翰·布兰卡和约翰·麦克莱恩在声明中写道，"这也进一步验证了迈克尔投资音乐出版业方面的远见和才干。"

为了让杰克逊的歌迷放心，他们也强调，此次交易不会影响杰克逊手上拥有的其他音乐资产，其中包括迈克尔·杰克逊自己的母带录音、音乐录影以及 Mijac 音乐公司（拥有杰克逊自己的歌曲和杰克逊最喜欢的一些歌手及创作者的作品版权）。此外，杰克逊遗产管理委员会也依然继续保留它在 EMI 百代音乐出版公司里的股份，估值 2 亿美元。无论索尼 /ATV 的最终估值是多少，杰克逊在 1985 年收购 ATV 的精明投资，在交易完成后会给杰克逊和杰克逊遗产管理委员会总共带来 13.1 亿美元的收入。

自此，关于索尼 /ATV，无论有再多的爱恨情仇，都已落下帷幕。

告别梦幻庄园

而最令歌迷难受的，就是杰克逊著名的梦幻庄园也在 2015 年 5 月被挂牌出售，叫价 1 亿美元。这个庄园现在叫"枫谷牧场"，也是杰克逊买下它之前的原始名称。流行音乐之王在 1987 年花费 1 950 万美元买下这个

2 700英亩^①的广阔产业，依照他最爱的童话《彼得·潘》命名此地，并于1988年至2005年在此居住。期间，他仿造迪士尼乐园的形式，添置了动物园、游乐园、火车站、电影院、游戏厅等设施，并无数次邀请病童和穷人来此免费游玩。

然而，在2003年至2005年第二次遭遇娈童案后，杰克逊认为警方的多次搜查和恶劣的指控玷污了这片土地的圣洁，让他觉得这里"只是房产，不再是家"。由于担心当地警方和检察官办公室继续找他麻烦，在案件胜诉之后他便离开了这里，在全世界各地旅居，再也没有回来。

同时由于债务抵押问题和财务困境，杰克逊关闭了梦幻庄园，而且由于未能及时偿还2 450万美元的抵押贷款，梦幻庄园险些被债权方没收拍卖。后来，房产投资公司的科洛尼花费2 300万美元买下了庄园的债权，解决了杰克逊的燃眉之急，并和他合资成立了一家公司持有这个庄园。之后，科洛尼投资数百万美元对其进行修复和改装，计划最终卖掉这个庄园。因此，此次出售也是由科洛尼做主，杰克逊遗产管理委员会方面并没有话语权。

据这些代理这个庄园的房产中介说，庄园内，主题公园游艺设施已经拆除，猩猩、大象等动物已经转走，尽管庄园内还留有一头美洲驼。那个拼出"Neverland"字幕的花台大钟，以及梦幻庄园的消防部门的大楼还在，尽管那里已经没有消防员了。另外，杰克逊当时主持建设的小轨道和火车站也还在。坐落于两湖之间的诺曼底风格主屋，面积有1.2万英尺^②，有6个卧室和一个附加的员工住处。主屋旁还有一间四个卧室的客房，远一点还有一间两个卧室的客房。外面还有一个带亭台的游泳池，烧烤区，篮球场和网球场，以及一座50个座位的电影院，有私人的观看台，还有一个带暗门的舞台可供表演魔术。

杰克逊去世后，杰克逊遗产管理委员会表示他们暂无意回购这个庄园，但也曾劝科洛尼不要卖掉庄园，以免伤害歌迷感情。杰克逊的母亲凯

---

① 1英亩=4 046.86平方米　　　　　　　　　　　　　　　——译者注

② 1英尺=0.304 8米　　　　　　　　　　　　　　　　　——译者注

译者序
丰厚的遗产和不断的疑云

瑟琳曾建议将其变成一个纪念公园，而在不久前，杰克逊的女儿帕丽斯更在其中修了一个冥想花园。但科洛尼有自己的计划。

不过，庄园至今仍未有人接盘。房产中介甚至到中国寻找是否有富豪对其有兴趣，但依然没有找到合适的买家。究其原因，主要是由于这个庄园没有商业开发许可（当地政府为防止扰民，禁止庄园商用，所以只能民用、农用和居住），且地址偏远，所以不可能改造成博物馆或杰克逊憧憬中的音乐学校。何况，梦幻庄园周边的农场价格普遍偏低，梦幻庄园的价格已经是当地中等房产价格的 200 倍。在这个多数人寻求休闲而非聚光灯的地方，梦幻庄园无疑是一个奢侈品，并不好卖。所以尽管它景色秀丽，又具历史价值，但真正想出钱买下的人还未现身。

忠实歌迷萨曼莎·德·戈森听到庄园要出售的消息时说："真悲哀，很遗憾，迈克尔。我在 2008 年底问过迈克尔是否要卖掉梦幻庄园，他说，他不想住在那里了，但他永远都不会卖掉它，这真是让人心碎的回答。"

争议不断

当然，杰克逊遗产管理委员会这台永远不会停歇的赚钱机器，也引发了诸多质疑。

其 2010 年发行的迈克尔的第一张遗作专辑《迈克尔》刚一出炉，就被认为含有假歌，很多歌迷坚信，3 首据称录制于杰克逊挚友埃迪·卡西欧家地窖的歌曲，人声不是迈克尔本人，这个争议至今尚未平息。而对于新专辑《逃脱》的发行，杰克逊经典专辑的制作人、传奇的昆西·琼斯评论道："一切都是为了钱、遗产、律师……你明白的，都是为了钱。"

与反对将杰克逊的未成品拿出来赚钱的人相比，雷蒙·贝恩则表现得很宽容："迈克尔确实是完美主义者。但是我觉得，如果他能看到其遗产被传承下去，他会很高兴的。他生前最大的愿望，就是保证他的孩子衣食无忧。他曾说过，他为他的孩子留下了上千首歌。他最关心的就是孩子是否能够从中受益。所以新作的发行就是对他孩子的一种福利，他会高兴的。他也很高兴和歌迷分享他的创作。"

不仅遗作存在争议，杰克逊突然离世的原因也依然众说纷纭，让人难以接受。杰克逊生前最亲密的挚友伊丽莎白·泰勒，私下里坚持对杰克逊的死亡存疑。对此，杰克逊的经纪人弗兰克·迪里奥也持有同样的看法，他称迈克尔的死是"谋杀"。"明显迈克尔死了比活着赚钱，"迪里奥在生前哭诉道，"我保证康纳德·莫里应该不是唯一需要站上审判席的人。"

迪里奥自己也于 2011 年因病去世。

而在歌迷群体内，也一直盛传着各种阴谋论，即杰克逊是被高层谋杀，因为他们想要杰克逊的音乐版权，或者因为"死了的杰克逊比活着的他更赚钱"。行凶者可能是索尼音乐公司，也可能是 AEG 演出公司，或者是其他种族主义势力或政治势力。尽管杰克逊死亡案的宣判结果是一场医疗事故，但依然有很多人对此莫衷一是。而那个被用来当作"替罪羊"的肇事医生，也仅被判入狱 4 年。而且，他服刑 2 年便可出狱，更令人气愤的是，他还在高呼冤枉，声称杰克逊之死纯属是自己造成的。

不止歌迷，杰克逊在生前也坚信自己是阴谋的受害者。在他的后半生，他疑心重重，相信自己正在被人陷害，而遭到陷害的很大一部分原因归咎于他拥有的音乐版权。他认为周围的人都在算计他的财富，这让他更加无法信任他人。"就在我们说话的时候，背后正在进行很多阴谋和斗争。"在一次采访中他这样告诉民权领袖杰西·杰克逊牧师。

甚至杰克逊遗产管理委员会的管理人也遭到了质疑。歌迷和杰克逊家族内部人士盛传杰克逊当年怀疑布兰卡联合索尼"盗走"他的财富，更指杰克逊非常讨厌布兰卡和麦克莱恩。2015 年至 2016 年，当布兰卡同意让梦幻庄园上市拍卖，并将杰克逊的音乐版权股份卖给索尼后，这更加深了许多歌迷对他的预设印象，甚至杰克逊的遗嘱也被认为可能是伪造。根据业已公布的遗嘱，其签署日期是 2002 年 7 月 7 日，落款地点在洛杉矶。然而根据史料，2002 年 7 月 7 日，杰克逊正在纽约抗议索尼音乐公司老总汤米·摩托拉是破坏其《无敌》专辑宣传的"种族主义者"。

2012 年 7 月，珍妮和四个兄弟姐妹——瑞比、杰梅恩、提托和兰迪向杰克逊遗产管理委员会发去公开信，指控他们盗用杰克逊的财富，并精神

译者序
丰厚的遗产和不断的疑云

虐待杰克逊家族族长凯瑟琳。"我们知道我们兄弟的死亡四周环绕着阴谋，现在有人在用低劣的操纵和恐吓来掩盖真相。你们用消费我们家族的代价来没心没肺地追逐金钱、名气和权力，而我们最深切的渴望不过是用音乐给世界带来希望、爱和团结。"直到如今，兰迪·杰克逊依然在寻求废黜杰克逊遗产管理委员会管理人的方法。

但杰克逊遗产管理委员会的发言人吉姆·贝茨回击说："迈克尔家族内某些成员使用网络阴谋论来做出污蔑和错误指控，让我们感到非常悲哀，怪不得迈克尔没有把他们写进遗嘱受益人的名单里。"而法院对此作出的判断依然是：遗嘱为真。

根据遗嘱，杰克逊的遗产和收益将分成三部分，40%赠予其母亲，40%赠予三个子女，20%赠予世界各地的慈善机构。杰克逊母亲凯瑟琳每年获得的赡养费是130万美元，而三个孩子的抚养费则是300万美元。通过遗产赚来的钱将存在孩子们的信托基金中，直到他们成年才能对其进行支配。

2013年，迈克尔的家人对演出商AEG演出公司提起民事诉讼，指控因该公司的过失雇用了莫里医生，其忽略了杰克逊的健康状况，最终导致杰克逊死亡，要求该公司赔偿400亿美元。这个官司最终以杰克逊家族的败诉而告终，但杰克逊家的律师认为，败诉的关键不在于陪审团认为AEG没有责任，而是出在陪审团问卷的问题设置上。

同年，美国国税局又向杰克逊的遗产开战，指控杰克逊遗产管理委员会管理人故意低估杰克逊的产业价值以逃税。比如杰克逊遗产管理委员会将杰克逊的整体价值估计为700万美元，他的肖像权价值仅为2 105美元，而他的音乐版权股份价值为0。国税局给出了他们的估值，即杰克逊的肖像权价值4.34亿美元，而音乐版权价值为4.69亿美元。杰克逊遗产管理委员会的律师则强烈反对说，杰克逊去世当天还身负巨债，需要把价值和债务抵销。如果杰克逊遗产管理委员会被判有罪，杰克逊的遗产将遭遇重罚：补交5.05亿美元的税款，重罚1.97亿美元，总共被罚款7.02亿美元。

除了这些大的官司外，前发言人雷蒙·贝恩和其他一些杰克逊的合作人依然在打官司索要杰克逊遗产里的份额，两个受杰克逊喜爱的小男孩和合作者突然跳出来起诉杰克逊"娈童",他们也想分掉一杯羹(他们的官司已被法官驳回);而杰克逊的金牌制作人昆西·琼斯也起诉杰克逊遗产管理委员会未经他同意,混音和修改他为杰克逊制作的经典歌曲,索赔1 000万美元。看来,在杰克逊的世界,只要有钱的地方,就会有源源不断的官司。

遗产之外的遗产

但在杰克逊的前发言人雷蒙·贝恩看来,杰克逊真正留给世界的遗产是他的三个孩子。年龄稍大的两个子女普林斯和帕丽斯正努力学习,试图进军影视业。而小儿子"毯毯"则有着多种可能性,"他是个有独立见解的孩子,"贝恩说,"迈克尔和我经常谈论他,迈克尔说,'我可等不及看看毯毯长大后做什么'。他还告诉我,'哦,天哪,他可真难对付'。我说,'我想他会从政的'。"

"永远不会有真正的正义了。他的离去就是最大的不公,再也无法补偿。"萨曼莎·德·戈森告诉我。她是洛杉矶当地的一名摄影师,也是追随杰克逊25年的忠诚粉丝。她是最后见到迈克尔的那一批歌迷中的一员。"有很多人都对他的死亡负有责任,包括哪些知道他有危险却不出手相助的熟人。迈克尔被逼入墙脚,再也无法逃脱。我毫不惊讶有些人逃脱了惩罚,因为这是一个腐败的世界,是强权人的游戏。"

"这个世界还不完全知晓迈克尔在公开和私下里给人们带来的美好,"她说,"他改变和帮助了那么多人的生活,却从不求回报。他又是那么的孤独,只有少数几个人可以称得上是他的朋友。他的人生被嫉妒贪婪所毁灭,官司、审判、抹黑和指控夺走了他的生命。这样的灵魂是要多么的杰出才能够直面如此多的不公,并依然能在痛苦和谎言中去爱、去奉献?"

回望杰克逊的人生,他在赚取巨大财富的同时,还捐赠近4亿美元给慈善机构;每去一个地方,都主动去探望孤儿和生病的儿童,出钱出力帮助受难者,并创作了如《天下一家》《治愈世界》《地球之歌》这样传世的慈善圣曲。他身边的人都说，他有一颗纯洁的赤子之心、一颗金子般的心。

最后，我要在此特别感谢于鑫尧、原伯璋、杨逢春、张梓恒、宋子豫、Sydney Kristow、于雪梅、Viola 苏、高笑旻、胡明婕、月亮兔、张蕊、马楠、张建人、何维、蔡云绮、李一婕等迈译社的朋友们参与和指导了本书的翻译工作。同时要感谢中国和全世界的所有歌迷，谢谢你们的努力，以及你们长久以来的爱和支持。

乱象终会结束，迈克尔·杰克逊终将作为一代天才和伟人，被世人铭记。

传奇永不褪色，音乐继续传唱。

张锐

媒体人 / 迈克尔杰克逊中国网管理人

目 录 /Contents

引言 /1

第 1 章　钢城梦想 /11

第 2 章　摩城大学 /23

第 3 章　史诗变局 /35

第 4 章　建立帝国 /47

第 5 章　亲吻怪物 /57

第 6 章　胜利生意 /73

第 7 章　收购披头士 /87

第 8 章　与星共舞 /101

第 9 章　好与坏 /111

第 10 章　前往梦幻岛 /125

第 11 章　国王的新鞋　/135

第 12 章　危险投资　/143

第 13 章　历史教训　/157

第 14 章　天下无敌　/171

第 15 章　挥霍的国王　/185

第 16 章　就是这样　/195

第 17 章　遗世财富　/207

第 18 章　不朽传奇　/217

致谢　/227

附录　/231

Michael Jackson, Inc.
The Rise, Fall, and Rebirth of a Billion-Dollar Empire

引言

在20世纪80年代中期，每隔几个月，几位美国最精明的商人就会聚到一起，为一个价值10亿美元的娱乐集团出谋划策。

这家公司非正式的投资委员会的成员包括：大卫·格芬（David Geffen），此人曾创建过多个唱片公司，并在创立梦工厂后，成为了好莱坞最富有的人之一；约翰·约翰逊（John Johnson），他创办了《乌木》（*Ebony*）杂志，并成为了第一个出现在《福布斯》400美国富豪榜上的黑人；约翰·布兰卡（John Branca），他后来为十多位入主过摇滚名人堂的巨星们打理财务，其中包括"沙滩男孩"乐队（Beach Boys）和"滚石"（Rolling Stones）乐队；以及迈克尔·杰克逊——"流行音乐之王"，该公司董事局的主席，他习惯戴着墨镜，看起来神秘莫测。

这家备受争议的娱乐公司，它的股票从未在纽约证券市场或纳斯达克上交易过。尽管大多数人甚至并不认为它是一家真正的公司，但这家跨国集团的产品却在过去几十年里被数十亿的人消费过。如果这个团体真被公司化的话，它的名称应该叫做迈克尔·杰克逊的商业王朝。

1985年，这家企业集团进行了它最巨额的一笔投资——收购ATV。ATV公司旗下拥有珍贵的"披头士"（The Beatles）乐队音乐出版曲库，其涵盖了这个乐队的大部分畅销金曲，包括《昨日》(Yesterday)、《一起来》(Come Together)、《嗨，朱迪》(Hey Jude)等数百首歌。

但在收购合同圆满签定前几个月的一次投资委员会会议上，这次收购看上去还不太可行。迈克尔·杰克逊的商业王朝曾与澳大利亚亿万富豪罗伯特·霍尔姆斯·阿·考特（Robert Holmes à Court）进行过深入商谈，后者对ATV的报价飙升超过4 000万美元——这让杰克逊公司的内部核心成员对如何继续推进该收购项目产生了分歧。

一名非委员会成员的亲信、哥伦比亚唱片公司老总沃尔特·耶尼科夫（Walter Yetnikoff）认为这个价格过高，这个观点也得到了很多人的认同。大卫·格芬也认为："你们这些家伙疯了。"约翰·约翰逊则有不同看法，他告诉杰克逊说："这是你坚信并想要得到的东西，别因为价格的问题让交易告吹了。"

杰克逊不想让任何人不安，所以他闭口不言——就如他经常在会议中表现的那样——但他已经做出了决定。他在一张财务报表背后潦草写了一段话，从桌下传给了约翰·布兰卡。

"约翰，请不要讨价还价了，"上面写道，"我不想失去这个交易⋯⋯这是属于我的曲库。"

几个月后，杰克逊出资4 750万美元买下了ATV。时至今日，仅这个投资项目的价值就超过10亿美元。

――――――

2009年，迈克尔·杰克逊突然离世后，他留在身后的王朝规模有力地证明了他不仅有一家大公司，而且他自己本身就是一家大公司。他不只是这个王朝背后的创始人和具备创造性的力量，也是这家公司最重要的产品。在20世纪80年代中期，他主宰着一个团体，这个团体包括约翰·布兰卡（如果你愿意这么认为的话，他算是杰克逊的首席执行官）、经纪人弗兰克·迪里奥（他的首席营销官），以及其他几个人。

杰克逊和他的团队制造了很多改变游戏规则的事件，远远不只收购ATV那么简单。其中包括：创作并营销了《颤栗》(Thriller)这张史上最畅销的唱片（粗略估计约1亿张的销量）；与百事可乐公司签下史无前例的广告合约（1983年520万美元，1987年1000万美元，1990年1500万美元）；举办了创纪录的《飙》巡演（总票房为1.25亿美元），吸引了440万人到场，每张票价约35美元。如果按现在的市值每张票130美元来计算的话，巡演的总票房将会超过5亿美元，它会是史上第二最赚钱的巡演；如果按200美元一张票来计算，那它就是第一。

"我每晚都在见证着他身上的神性，"雪瑞儿·克洛（Sheryl Crow）说，她曾是杰克逊《飙》巡演的伴唱歌手。"他有一种无法名状的特质——你能看到那种特质，你无法解释为何能感觉到房间里的分子都在变化，但你就是知道。"

或许最重要的是，杰克逊从根本上永远地改变了用名气吸金的准则。除了拍摄出有史以来最成功的音乐录影带、出演电影以及撰写畅销自传外，他还推出了一个同名服装品牌；与世嘉株式会社①合作将自己的形象植入电子游戏；还和拉盖尔（LA Gear）公司推出一款以他冠名的运动鞋，更让人难以置信的是，该公司给他的预付金比耐克公司付给迈克尔·乔丹的还要高。总而言之，他在职业生涯中共挣得了11亿美元——如果算入通货膨胀因素，则应是19亿美元（见附录里的年度明细）。

"他有敏锐的直觉，更多，更多，更多；更好，更好，更好。"桑迪·加林（Sandy Gallin）说，他在20世纪90年代前半期担任杰克逊的经纪人，"他按照自己的想法和方式进行谈判。无论其他人提供什么，他都想要更多。"

杰克逊彻底颠覆了艺人作为订约人的常规，并给出了一条新的道路——艺人也可以作为所有人。在ATV交易之外，他还拿下了自己录音母带和作品的版权，并通过在索尼旗下成立合资公司来留下自己的音乐印记。

但并非所有的布局都如他所愿，有一些投资并不成功。比如，他曾试图收购破产的漫威漫画，这比迪士尼最终以40亿美元收购这家漫画公司早了10年。但大多数的投资还是为他赚到了数千万美元——并为他成为

---

① 日本游戏公司。　　　　　　　　　　　　　　　　　　　　——译者注

当代的名流巨擘铺平了道路。

"如果要比较的话，迈克尔·杰克逊远远超越了说唱歌手Jay Z、我本人或任何做过类似事情的人。"说唱歌手50 Cent说，"他在几年后完成了鞋、衣、唱片公司的三连胜投资布局。"50 Cent还补充道，杰克逊正是造成"当下音乐为何如此的原因，你看到的是（之前）在专业选手保留区域内发生的变革"。

因为这些原因，其他很多超级巨星依然将杰克逊奉为"流行音乐之王"，并将他当作台上和台下的先驱，尽管他也有过失败的案例。"他极其聪明，"同样集演员、音乐人、企业家于一身的卢达克里斯（Ludacris）说，"这是我的观点，因为我还是了解所涉足的商业的，我关注甚至研究了他做过的一切。"超级制作人法瑞尔·威廉姆斯（Pharrell Williams）补充道："他想事情总是那么超前。"

———

这位天王早年作为"杰克逊五兄弟"成员之一，在黑人剧院和夜总会（俗称"奇特林圈"）巡演的岁月，迈克尔·杰克逊商业王朝的故事就从这里开始吧。在演出的时候，杰克逊遇见了很多著名音乐人，比如史摩基·罗宾逊（Smokey Robinson）、格蕾迪斯·奈特（Gladys Knight）和杰基·威尔逊（Jackie Wilson）。甚至在7岁时，他的问题一个接一个，问的问题就不只是关于他们的表演，还关于音乐业如何运转。

一路走来，杰克逊逐渐成为完美主义者，这也是他暴虐的父亲在他排练失误后用拳头捣进他体内的"东西"。在9岁时，杰克逊有了一个相对来说更加友善、更加温和的导师，那就是贝里·戈迪（Berry Gordy）。贝里·戈迪创建了自己的娱乐集团——摩城唱片公司，并在1968年把杰克逊五兄弟签到旗下。在戈迪的指导下，杰克逊像海绵一样汲取着如何创作、录音、营销的技能，并学着从歌曲中获利。

"我是一个有许多规矩和想法的人，"戈迪说，"比如……'你必须要在前20秒时间内抓住你的观众；如果你做不到，那么你就不能发行这首歌'，而且'这不取决于你下多少功夫去推广它，不取决于这个，而是取决于音乐本身'。"

杰克逊的早年经历为他成年后在顾问们的帮助下签下大单铺平了道路。这群顾问包括他多年的律师约翰·布兰卡，此人是杰克逊在21岁时亲手选中的。这位律师在《颤栗》发行前，就为杰克逊争取到了创业内新高的版税，而《颤栗》现在依然是史上最畅销的专辑。布兰卡还帮助杰克逊拿下了"披头士"、"面包"（Bread）乐队、"斯莱和斯通一家"（Sly and the Family Stone）的曲库，以及"猫王"埃尔维斯·普雷斯利（Elvis Presley）的一些歌曲的版权。

"迈克尔·杰克逊一直以来的想法就是要做个商人，收购公司，"Def Jam唱片公司的前总裁凯文·莱尔斯（Kevin Liles）说，"（这就像）一个迈克尔·杰克逊的私募股权公司。"杰克逊在1988年以1 750万美元购入他的梦幻庄园，现在梦幻庄园的价格飙升。一些房地产资深人士说，在公开市场上梦幻庄园现在可以卖到7 500万到1亿美元。

在他团队的帮助下，杰克逊也给现代音乐录影带来了革命。他克服了MTV电视频道的强大阻力，这个音乐频道曾大规模回避播放黑人艺人的音乐，但最终却臣服于杰克逊的《比莉·珍》（*Billie Jean*）。他后来的"短篇电影"——他喜欢这么称呼他的音乐录影——包括《避开》（*Beat It*）和《颤栗》，从艺术上和商业上打破了一支录影应该如何表现的固有概念。今天，在美国国会图书馆独有的国家电影目录中，只有一支音乐录影被收录入册，那就是《颤栗》。

"照我看来，那是个起点。从那时起，音乐录影才变成了推销音乐的主要工具，"《哟！MTV说唱》（*Yo! MTV Raps*）节目有"非凡五人组之弗雷迪"（Fred "Fab 5 Freddy" Brathwait）之称的多年的主持人弗雷德·布拉斯维特说，"电台播放当然很重要，但你能看到这个艺人并且这个艺人还能表演得很棒，这有助于巩固其形象，并能让其随着音乐声变得令人难以忘怀。"

杰克逊还想要给他团队中的每个人都灌输一种营销理念。1986年，他送给每个人一本《华丽骗局》（*Humbug*），这是马戏团经理人P. T. 巴纳姆（P. T. Barnum）的传记，杰克逊想要他的人生成为地球上最精彩的演出。在他的坚持下，助手们在主流出版物和小报上为他植入了很多奇异的故事。

但巴纳姆是一个复杂的榜样。尽管前文提到的那本传记里把他描述成或许是美国历史上最伟大的表演者，但书中也披露他是"一个顽固的商人，不遵循任何作战计划去取得胜利"，巴纳姆也是一个认为任何宣传都有好处的人，同时也是一个"自觉的又焦虑获得国民感恩"的人。有时，同样的字句亦可用来描述"流行音乐之王"。

杰克逊在20世纪80年代末停止供应新鲜故事素材后，媒体开始自给自足。耸人听闻的新闻标题伴随了他的一生。比如《迈克尔·杰克逊：歌手"王子"使用超能力来让我的猩猩发疯》；在他死后话题也形影不离，比如《迈克尔·杰克逊还活着——并打算竞选总统》。当他在1993年被控猥亵儿童后，他的形象遭遇巨大打击，并持续影响了他整个后半生，因为整容手术和白癜风而使他不断改变的容颜也没能为他的名誉加分。

即便如此，杰克逊依然在他最后10年和后半生里取得过一些胜利。在商业方面，他和他的团队说服索尼公司付出了1.15亿美元来获得特权，将索尼的出版部门和他拥有的曲库合并，创建索尼/ATV，这个合资企业现在价值20亿美元。他在海外为数百万的歌迷表演，以支持宣传他的双碟专辑《历史》(HIStory)。个人方面，他开始建立自己的家庭，并创造了一个吉尼斯世界纪录——成为支持慈善机构最多的流行明星。

但在1993年之后，他就再也没在美国开展过全面的巡演或得到过新的广告合约，他的官司麻烦也让他正在萌芽中的电影事业沉入海底。杰克逊对许多非常亲密的顾问产生了极大的怀疑，有时他的理由充分，有时却没有任何理由。结果，他解散了最初的商业团队，用走马灯般的阿谀奉承者来取而代之。

由于没有一个稳定的顾问团队来帮助改善和执行他的想法——并将他的创造性天才与现实连接——迈克尔·杰克逊商业王朝的财务前景变得相当黯淡。自1988年以1.25亿美元和1995年以1.18亿美元双双创下年收入高峰后，其在1998年年收入已下滑至1 800万美元，在他接下来的余生中，收入也一直在这个数字附近徘徊不前。然而他的开销却一如既往地保持在高位。"他确实有商业头脑，"杰克逊在哥伦比亚唱片公司多年的老板沃尔特·耶尼科夫说，"他的问题在于超支。"

完美主义曾经帮助杰克逊成功创作了《颤栗》，却也刺激他花费了越发让人觉得离谱的时间和金钱去试图超越。为录制《无敌》（*Invincible*）专辑（该专辑于 2001 年发行），他花费了 3 000 万到 4 000 万美元，而在当时，100 万美元都是相当大的一笔预算。之后他再也没有发行新的录音室专辑。截至 2009 年，尽管他名义上还很富有，这多亏了索尼/ATV 的股份和他个人作品的版权控股，但他还是出现了资金短缺，几乎到了不得不变卖这些资产来偿还贷款的地步。

"对所有那些一夜成名的人，尤其在他们年幼成名的时候，人们不会对他们说不。"导演乔·舒马赫（Joel Schumacher）说。1978 年，他与迈克尔·杰克逊在电影《新绿野仙踪》（*The Wiz*）中首次合作。"所以这会让他们变成一个不能接受否定答案的人，而且他们会确保身边的人都不会说'不'。很多时候，你周围的随从可以导致你的灭亡。"

杰克逊因注射药物过量于 2009 年 6 月 25 日去世。这些药物来自于他的一个随从——他的私人医生康拉德·莫里（Conrad Murray）。后来莫里被控过失杀人罪，获刑入狱 4 年。然而当杰克逊死亡的消息传开后，一些令人意外的事也发生了。公众关于他最后岁月的不堪回忆似乎渐渐淡去，而《颤栗》则强势回归全世界的电台，并被大量地重复播出。

杰克逊曾经革新过的音乐录影突然成了保护他遗产的媒介。就在他去世后的那天上午，新一代的歌迷在 YouTube 上观看了那个年轻帅气的杰克逊在《避开》短片中通过舞蹈解决纠纷的画面。24 小时内，这位歌手的音乐光在 MySpace 上就获得了 300 万次的播放。那一年，杰克逊在美国卖出了 800 万张专辑——其数量几乎是排名第二的歌手泰勒·斯威夫特（Taylor Swift）的两倍。

就在短短几个月时间内，一个重生的迈克尔·杰克逊商业王朝再度兴盛起来——如今它由约翰·布兰卡和音乐业界资深老手约翰·麦克莱恩（John McClain）联合掌舵管理。签下的合约当中包括《就是这样》（*This Is It*）6 000 万美元的预付款（这部电影基于杰克逊去世前的演唱会彩排），一份与索尼签订的价值2.5亿美元的唱片合约（史上最大的合约），以及一份与太阳马戏团签订的合约，来根据杰克逊音乐制作一台巡演表演。就在迈克尔·杰克逊去世后的3年内，这台演出让他成为了北美的顶尖巡演艺人——并帮助他抵销了个人债务。总之，杰克逊的遗产在他过世5年内赚了7亿多美元，超过了这个时期内任何一个活着或已去世的音乐人。

———

为《福布斯》（Forbes）杂志撰写这则故事的时候，我意识到了迈克尔·杰克逊身后商业王朝的庞大——并了解到了他在世时积累和发展这些资产的令人着迷的幕后故事。意识到他最重要的商业举措不止是由精明的操盘手运作，很多时候还是由杰克逊自己的智慧和直觉驱动时，我有了写作这一本《迈克尔·杰克逊的商业王朝》的想法。

我的第一本书《心灵帝国》（Empire State of Mind），是一本聚焦Jay Z商业行为方面的传记，作为一个业内巨头，他的技能获得了广泛赞誉。我觉得我也可以用类似的角度来挖掘杰克逊的事业。但我和杰克逊之间也有一个别人可能没有的共通点：我曾经短暂地做过童星。尽管和杰克逊经历的童年痛苦和压力比起来，他的经历可以做出一张双碟专辑，而我的经历只能组成一个微不足道的音符，但我也确实体验到了演艺行业里的酸甜苦辣，那是个现实扭曲的世界。

就在杰克逊开始表演的同样年纪时，我在《罗伦佐的油》（Lorenzo's Oil）里饰演了同名主角，与苏珊·萨兰登（Susan Sarandon）和尼克·诺尔蒂（Nick Nolte）共同出演。就在我6岁生日不久后，我开始注意到人们对我的看法发生了变化，当时我开始为比我年长1岁的一对女孩签名留念。但更奇怪的是，在扮演了几个月的病童后，我每天早上需要戴着秃头化妆头皮，有时还需要戴一个专门设计来让我言语不清的耳机，我开始怀疑我自己是否真的病了。

最终，我决定"提前退休"，把我的精力转移到更有意义的追求上，比如在中学校内篮球锦标赛上夺冠等。我的父母也更愿意让我远离演艺行业，这是迈克尔·杰克逊所未能享有的奢侈。这不是说他不愿意成为一个艺人，杰克逊将无与伦比的能量带到了他的演出中，这种能量只有如他拥有的超凡天才一般的超凡内在驱动力才能产生出来。

"舞台就是我的家，"杰克逊在1993年告诉奥普拉·温弗里（Oprah Winfrey），"在舞台上，曾让我感觉到最舒适的状态，现在也依然感觉最舒服。可是一旦我走下舞台，我就非常悲伤，我曾常常孤独得哭出来。"

童年的磨难经历让他生来就处在一个完美主义和不安全感的混合体中——这个混合体满足了他去不断开拓音乐、舞蹈和电影新版图的渴望——但也给他的个人幸福和商业王朝的成功带来了负面影响。

在接下来的一页页书中，我会追溯杰克逊从贫困孩童到国际超级巨星一路旅行的足迹，手拿笔记本写下我探访的历程，从他的出生地印第安纳州加里市，到纽约阿波罗剧院，再到他的第二故乡洛杉矶和梦幻庄园连绵起伏的群山，甚至到苍翠美丽的爱尔兰中部和闪耀着霓虹灯光的拉斯维加斯。

这一路，我采访超过了100人，他们见证了杰克逊作为音乐人的崛起——也是作为一个商业王朝的崛起——受访者包括他的直系和旁系大家族、帮助他建立帝国的业界高管以及多个艺人和好莱坞资深人士，他们认识他，并为他工作了很多年。我的报道基于杰克逊生活中重要人物的第一手采访，并尽量避免使用拼凑的媒体素材和第二手信息。当我实在需要使用这些信息时，它们大多仅限于一些有趣的细节（专辑评论、敬语、时间和日期等）。

这是一本关于迈克尔·杰克逊的商业王朝和所有与之相关内容的书，其中包括很多可以用来描述他矛盾方面的用语：一个无比自信的梦想家，有时却困扰于不安全感；一个热情慷慨的人，却阻碍他的同事以达到自己的目的；一个雄心勃勃的长期规划者，有时却让价值数百万美元的协议无法完成；一个演艺行业的革命者，最终却对个人的财务失去了控制。

他到达的高峰是任何一个人所难以达到的顶点，如果说没有更高的话；而哪怕他的低谷，也能提供有价值的经验教训。这个故事是关于杰克逊如何将自己从一个穷困的钢铁之城的贫穷小孩转变为一名世界上最成功的超级巨星——以及一个由他身上诞生的商业王朝——也令他成为未来数代艺人将要研读学习的经典案例，无论他们是在舞台上还是在董事会的会议室里。

"他有一颗童心，但也有一颗天才的头脑，"贝里·戈迪说，"他是那么亲切，说话温柔，他还是一个思考者……他想做到一切，并且他有这个能力。能做到这么多，一生何求？"

第 1 章

Michael Jackson, Inc.
The Rise, Fall, and Rebirth of
a Billion-Dollar Empire

钢城梦想

杰克逊坐落在街上的那些房子并不都是配有管家的豪宅。在印第安纳州加里市这条车辙斑斑的柏油马路上，也有几乎空无一人的房屋，其院落里杂草丛生，外面则大门紧锁；这些空房子或被封死，或窗户破裂、屋顶欲坠。

不过杰克逊街2300号——迈克尔·杰克逊童年的家——不是这样。它看起来更像一个超大号的《大富翁》游戏棋子，而非一个能容纳11个人居住的建筑物。在一个夏季周日里的黄昏，一个穿着宽松黑色牛仔裤和无袖牛仔背心的中年男子在整洁的前院里巡逻，轻轻地把前门人行道上飘零的叶子扫进垃圾袋。

房子外面围着一圈铁栅栏，栏杆上装饰着这几年到访此处的全世界哀悼者们留下的玫瑰、蜡烛和玩具熊。在院子的一个角落里，绿地上矗立着一块光亮的黑色纪念碑，它看起来就像斯坦利·库布里克（Stanley Kubrick）幻想出来的石碑，上面的悼词是：

流行音乐之王
迈克尔·J·杰克逊
1958年8月29日至2009年6月25日

迈克尔·杰克逊的故乡——印第安纳州，加里市
"永不说再见"

正在清扫的管家抬起头，从容地望向大门。他伸出手，介绍自己名叫格雷格·坎贝尔（Greg Campbell）。

"只有一个驼峰①，不是两个，"他大笑道，"你也知道，骆驼有驼峰的。"

当我问坎贝尔他怎么会来清扫面前这栋房子时，他告诉我，自己就在离这儿四个街区远的地方长大。他与杰梅恩·杰克逊（Jermaine Jackson）和拉托亚·杰克逊（La Toya Jackson）一同就读于附近的小学，在杰克逊街2300号房子前和杰克逊的兄弟们一起唱着歌共同度过了很多个午后。

"我们所有人在角落里开始唱'诱惑'（The Temptations）乐队的歌，"他说，接着他突然就唱了起来——"我拥有阳——光！"——他纯净的嗓音响彻空空如也的街道。

"说来话长，"他回望房子说，"这里就是一切的开端。每个人都挨过打，每个人都演奏过乐器。"

事实证明，坎贝尔并不是迈克尔·杰克逊在这里唯一的童年玩伴。又有一个人来到门前，他的粗辫子在脑后整齐地束成马尾。他冲到面前问候我，说自己是基斯·杰克逊（Keith Jackson）——迈克尔的大堂弟——然后问我要不要花20美元买件T恤，我推辞了。当年轻的"流行音乐之王"还住在这栋房子里时，基斯还只是个蹒跚学步的孩子，但他发誓自己记得1965年发生的所有事，仿佛那些事都是上周二才发生的。

"对我来说，就是音乐啊，老兄。我就坐在那里看他们排练，"他回忆道，"我们可以待在屋里面，而其他孩子只能试图在窗户外偷看。所以那时候我真的非常享受，他们一开始排练我就在看。就在这儿，我是说，我当时大概才两三岁吧，但我仍然记忆犹新。"

然而在几乎半个世纪后，基斯·杰克逊说了些有关他堂兄的其他故事——这些事和他被史册完备记载的音乐技艺几乎没有什么关系。

---

① 因为他的姓Campbell发音类似骆驼+驼峰，即camel + hump。　　——译者注

第1章
钢城梦想

"迈克尔聪明极了，老兄，"他说，"他除了是一个艺人外，也绝对是一个很棒的商人。"

―――――

迈克尔·杰克逊的父亲乔·杰克逊（Joe Jackson）并不接受电话采访，至少在我第一次尝试联系他时是这么被告知的。如果我想和他聊聊的话，我就得独自一人赶往拉斯维加斯，在奥尔良酒店赌场与他见面，那是一幢位于15号州际公路对面、呈盘旋状的卡津式建筑。

当我抵达酒店大堂时，要认出杰克逊家族的族长并不难。他穿了一身黑——鳄鱼皮鞋、宽松长裤、正装衬衫，软呢帽上装饰着一根红色的羽毛，粗重的戒指像一个镀金的藤壶一样附在他的手指上。他摘下黑金相间的普拉达太阳镜，露出了一双眯着的眼睛，这让他看起来就像恶毒的迪斯科食人鱼。然后他示意我坐到沙发上，我们坐了下来。我问他是否可以录下我们的谈话，他点了点头，但是把手伸向了我的录音设备。

"让我把它摆在这里吧，"他用尖锐的声音低声说道，环视大堂并将视线落在了一个陌生的中年妇人身上，"我不想让她听到我所说的话。"

乔·杰克逊一直都是个多疑的人，而且他的生活并非一直都很光鲜。1949年，靠着岳父母借款的帮助，他和妻子凯瑟琳花费了9 000美元买下了杰克逊街2300号的房子。次年，这对夫妻的第一个孩子莫琳（Maureen）[小名"瑞比"（Rebbie）]出生了。紧接着就是杰基（Jackie）、提托（Tito）、杰梅恩、拉托亚和马龙（Marlon）[他的孪生兄弟布兰登（Brandon）在出生后不久便夭折了]，他们彼此出生的间隔还不到9个月。之后，1958年8月29日，迈克尔·杰克逊降生了。

"他非常好动，一刻都停不下来，"乔回忆道，"这让我觉得他可能会擅长表演。"

杰克逊家族后来又添了两个孩子——兰迪（Randy）和珍妮（Janet），而他们房子的购买价格则表明了，其居住条件远远沾不到奢华的边：房子

13

小到只有 864 平方英尺①。

"当你看到这栋房子有多小时，你大概会说，'你们这些家伙都在哪儿睡觉？'"加里市的市长凯伦·弗里曼-威尔逊（Karen Freeman-Wilson）说，他和杰克逊家的孩子们同一时期在这座城市长大，"一个房间里有个沙发床，可能还有个梳妆台或其他家具，这就已经很拥挤了。"

不过，孩子们的想象力可以让即使是最小的房子都显得宽敞。"我记得它是栋大房子，"杰克逊这样描写他的童年居所，"当一个人还很小的时候，全世界好像都是巨大的，一间小房间像有实际 4 倍那么大。"

迈克尔的母亲在西尔斯百货做兼职，不过绝大部分时间还是在家里陪孩子。而他们的父亲在附近的内陆钢铁厂当起重机操作员，每天赚 30 美元。每当工厂削减乔的班次时，他就在田野里收庄稼。他从不把失业的事告诉孩子，而他们能察觉到的蛛丝马迹，不过是发现以土豆为主料的饭菜增加了。

向上追溯，迈克尔·杰克逊的音乐才华与父母也有关系。他的母亲小时候在教堂里唱圣歌，而乔成年后在加里市一个名为"猎鹰"（The Falcons）的乐队里演奏吉他。杰克逊家的男孩们也继承了父母的爱好，每天傍晚刷盘子的时候都会哼歌。乔发现音乐可以保护孩子们远离加里街道上的各种危险，他们只要在屋里观看"猎鹰"乐队的表演，就不会出门去拉帮结派。

乔的吉他除了他自己任何人都不能碰，这点他已经跟孩子们说得非常清楚了。当然，这只会让他们更加跃跃欲试。当乔在工厂上晚班的时候，年长的哥哥们——杰基、提托和杰梅恩——就会溜进父亲的房间轮流弹奏，而小迈克尔只能站在一边看。他们弹奏在学校音乐课上学到的旋律，然后再尝试弹奏他们在收音机中听到的深情曲调。母亲凯瑟琳最终发现了他们的小秘密，但是为了促进儿子们的音乐发展，她说只要他们够小心，自己是不会向乔告密的。

一天，提托在和兄弟们演唱"四顶尖"（Four Tops）乐队的歌曲时闯

---

① 1 平方英尺 = 0.092 9 平方米　　　　　　　　　　　　　　　　——译者注

第 1 章
钢城梦想

祸了,他弄断了吉他上的一根弦。

父亲随时可能回家,男孩们惊慌失措——没时间换弦了。乔是一个非常热衷体罚的人,他们也知道犯这种错会招来一顿暴打。他们无计可施,只能把吉他放回乔的房间里,希望能得到宽大处理。他们如愿了,尽管不完全是期待的那样。当乔发现断弦时,抱着吉他冲进了男孩们的房间,他想知道是谁干的。提托承认了,正当乔抓住他准备开始实施惩罚时,这个年轻人反抗道:

"我会弹!"

"那就弹,"乔咆哮道,"我看你能弹多好。"

提托让自己冷静下来,开始弹奏"百灵鸟"(The Larks)乐队的《蠢货》(The Jerk),杰基和杰梅恩强忍着眼泪伴唱。当他们结束表演后,乔什么都没说就离开了房间——也没有竖起一根拇指。两天后他下班回来,给提托带了一把红色吉他,给其他兄弟做了一些指导,让他们准备开始排练。"杰克逊五兄弟"乐队就这么诞生了。

虽然杰梅恩一开始是乐队的主唱,但这家人早就发现迈克尔身上的闪光点。即使还是个幼童,但他唱歌跳舞时的优雅和娴熟就像个老到的艺人一样。"迈克尔真的很有天赋,"他的父亲回忆道,"我觉得他从来都没有意识到自己的天赋有多高,因为他所尝试的每件事结果都是完美的。"

男孩们组成乐队开始练习后不久,当他们表演给祖母看的时候,一件奇怪的事情发生了:5 岁的迈克尔本来在打手鼓,他还在向哥哥们学习,但他却突然插进来唱杰梅恩的唱段。他的哥哥们纷纷抱怨,乔因此叫停了这首歌。但是迈克尔的祖母却听出了些什么。她让迈克尔再唱一遍,想唱什么都可以,于是他开始表演《铃儿响叮当》(Jingle Bells)。杰梅恩至今还记得"约瑟夫惊讶得睁大了眼睛"。

在学校表演《翻越每座高山》(Climb Ev'ry Mountain)不久后,迈克尔作为乐队主唱的地位就此敲定了。这支著名的歌曲来自于罗杰斯(Rodgers)和汉默斯坦(Hammerstein)的《音乐之声》(The Sound of Music),也是迈克尔首次在一大群人面前独唱,但体育馆里的观众却没有看出这是他的第一次表演。"当我唱完那首歌时，观众们的反应让我不知所措，"迈克尔·杰克逊在自传中这样写道，"我的老师们都在尖叫，我简直不敢相信，是我让他们觉得开心。这种感觉太棒了。"

杰克逊的商业生涯有一个不怎么顺利的开端。这位歌手童年时的伙伴们还记得他那次注定失败的尝试——做一个糖果经销商。他的失败在于不懂得利润的概念。"街上的某个地方有家商店，"坎贝尔说，"他花5分钱买一个麦芽球，然后再以5分钱卖出去。"

的确，年少的迈克尔没怎么显露商业头脑，但在接下来的20年内，他成为了一个10亿美元商业帝国背后的梦想家。但有迹可循的是，他可能会在某天成为一个向慈善机构捐助数百万美元的艺人。

"迈克尔一直是个奉献型的人，"基斯·杰克逊说，"我记得他从我伯父和伯母凯瑟琳那儿得到零花钱后，他真的就会去买一大堆糖果分给其他孩子。老兄，他真的会免费分给大家。"

作为一个孩童，杰克逊就如此热衷于把自己偶尔得到的东西赠予他人。他养成了一个习惯，从母亲为数不多的珠宝收藏中偷拿一些作为礼物送给老师。最终，母亲发现并悄悄地制止了他。但这件事显示出他的一个性格特征，这个特征日后证实确实对杰克逊造成了伤害。他的父亲说："他永远都不会说'不'。"

———

这些天来，幸运先生酒廊（Mister Lucky's Lounge）不像看起来那样幸运。它坐落在印第安纳州加里市格兰特街与西11大街的交角，窗户外包着夹板，不协调的砖块边缘慢慢剥落。

最近唯一的修缮就是两块不协调的崭新帆布标牌，每块标牌都在四叶草图案上面用黑色和绿色的字母写着夜店的名字。"欢迎迈克尔·杰克逊的粉丝！"招牌上写着，"幸运先生酒廊：'杰克逊五兄弟'首演的地方！"

第二块标牌上主要画着一块砖一样的图案。"每个人都需要点小幸运，"它温柔地建议，接着话锋一转就突然变成了大力推销，"快来www.MISTERLUCKYSLOUNGE.com买你的幸运砖块吧！"

16

第1章
钢城梦想

除了是"杰克逊五兄弟"演唱会的首个举办地外，幸运先生酒廊也是迈克尔·杰克逊作为音乐人赚到人生第一桶金的地方。1964年，首场商演后，迈克尔和兄弟们带着11美元酬劳回了家。如往常一样，6岁的迈克尔拿着他的那份钱去买糖，然后分给了其他邻居的孩子。

让孩子们在幸运先生酒廊初尝胜利果实后，乔·杰克逊在附近的场馆为"杰克逊五兄弟"定好了演出，并让他们去参加临近城镇里的选秀活动，制订了如同百老汇音乐剧一样严格而耗时的练习与表演日程表。"是排练让他们这么有天赋，"乔·杰克逊说，"我经常让他们排练，他们会告诉你的。"

当然，没有替补。迈克尔记得他曾白天卧病在床，晚上还要表演一整夜的情景。"作为表演者，杰梅恩、提托，还有我们其余的人都承受着巨大的压力，"杰克逊在自传中写道，"我们的经纪人父亲会提醒我们，如果詹姆斯·布朗（James Brown）的'顶好火焰'（Famous Flames）乐队错过了一个暗示或弹错了一个音符，布朗会对乐队成员罚款。作为主唱，我觉得我比其他人更不能承受一个'失去表演机会的夜晚'。"

当迈克尔8岁时，他和兄弟们遇到了有生以来最大的考验——参加在加里市罗斯福中学举办的全市才艺表演。他们随机应变，献上了一场精彩绝伦的演出。他们表演的是摩城唱片公司（Motown Records）旗下顶尖艺人之一"诱惑"乐队的《我的女孩》（My Girl）。这场演出燃起了乔的梦想，他很快就为此着了魔。"我意识到能跟摩城签约就再好不过，"他回忆道，"在他们夺冠的才艺表演赛上，绝大多数唱的都是摩城的曲子。"

不久，乔·杰克逊便离开了"猎鹰"乐队，转而专注于"杰克逊五兄弟"的经纪工作：他和凯瑟琳本来攒了300美元要在房子上增建一个房间，但他却花了一大半钱购置了音乐器材，这让妻子很是懊恼；接着他把自己的别克小轿车换成了大众厢式货车，这样就可以容纳男孩们和他们的装备了。

杰克逊一家很快就可以有新房子了。到1966年时，迈克尔和兄弟们一个晚上演出五场，一周演出六个晚上，在加里市或者任何乔能找到的现场。他们经常到了现场才发现是脱衣舞俱乐部。迈克尔的母亲是耶和华见证人（Jehovah's Witnesses）的成员，该教派是一个禁止假日和生日庆祝活动的基督教派，她坚称她是直到读了迈克尔的自传后才知道这件事（这个说法还是有点难以置信）。而对迈克尔来说，演出就意味着以大多数中学生并不熟悉的方式去学习，还有赚钱。

"我得走到观众席上，爬到桌子下面，掀开女士们的裙子往下看，"他写道，"我匆匆走过的时候，人们就会扔钱。当我开始跳舞时，我就会抓起所有之前被扔地上的美元和硬币，把它们塞进我的夹克口袋里。"

尽管迈克尔说他还是挺享受表演过程的，但"杰克逊五兄弟"没有喘息的巡演日程让男孩们精疲力尽。他们不是在路上，就是在家里练习或者跟着雪莉·卡特曼（Shirley Cartman）上课。卡特曼是学校的一名音乐老师，自己也拥有一个工作室。

乔·杰克逊逼迫他们以牺牲所有其他活动的代价来磨炼技艺，包括牺牲适合那个年纪的孩子们的社交生活，"他们没有人聊天，什么事都做不了，"凯瑟琳·辛克莱尔（Catherine Sinclair）说道，她也在加里市长大，迈克尔小时候她就住在他们家附近，"乔都不允许。"

杰克逊兄弟们和校外孩子们社交的唯一方式就是打比赛了，尤其是打棒球。当他的兄弟们练习时，迈克尔就会坐在休息区学音乐。杰基是个非常棒的投手，有时职业星探都会去他的高中看他比赛。但有一次在追逐飞球的时候，杰梅恩和其他球员撞在了一起——结果杰梅恩被撞得鼻青脸肿，还缝了14针——乔·杰克逊命令男孩们停止体育活动，以防受伤扰乱他们的音乐事业。

乔·杰克逊似乎并不怎么关心自己的拳头所造成的潜在伤害。基斯·杰克逊回忆乔带上拳击手套"锻炼我们，就是互相进行拳击之类"。在幕后，乔·杰克逊对他们的殴打则更加严重。乔·杰克逊经常因为排练上的失误和违反家规等原因而施暴。

"如果你表现得不好，你就得挨打，有时候被皮带打，有时候被软鞭子打，"迈克尔之后写道。他有时候会还手，给父亲几记拳头，至少有一次还朝他扔了一只鞋子，但这只会让情况雪上加霜，"所以我挨打的次数比我所有兄弟加起来的次数还要多。我会还击，而我父亲恨不得要了我的

第1章
钢城梦想

命,把我撕成两半。"

当我问乔·杰克逊为什么要对孩子们体罚的时候,他似乎并无悔意。"我所认识的每个人,尤其是黑人家长,他们都会修理自己的孩子,"他说,"我从来没有殴打过我的孩子,我没有殴打过任何人。但我老婆打孩子们的次数比我还多,因为我要在外工作,而她经常在家和孩子们在一起。所以,没错,我有时候会打他们两下,但我自己在孩童时代也没少挨鞭子。"

当乔不在家里管教孩子或没在工厂值长班的时候,他总是忙于与各地区的音乐界权势掮客谈合作。其中两个掮客就是佩维斯·斯潘(Pervis Spann)与罗德尼·琼斯(E. Rodney Jones),他们是芝加哥WVON电台的两位DJ。1966年冬天,他们在芝加哥帝王戏院被杰克逊五兄弟的歌声深深打动,于是同意经营这个组合。

虽然这两位DJ投入了4万美元用于打磨、宣传和采用其他一些方式来为杰克逊五兄弟步入乐坛做准备,但所有大唱片公司都没有签下这个组合,包括贝里·戈迪的摩城唱片公司,戈迪最初至少拒绝过他们8次。然而乔却越挫越勇,他经常跟凯瑟琳说:"直到生命的最后一刻,我都不会放弃把孩子们送进摩城!"

然而,迈克尔和兄弟们还是受到了伯乐的赏识:一个叫做"钢城唱片"的当地唱片公司。这个于1966年成立的新公司,是由一位胸怀抱负的音乐高管本·布朗(Ben Brown)以及一个原钢铁厂工人、词曲创作家戈登·基斯(Gordon Keith)共同成立的。多亏贴在电线杆上的演出广告,基斯得以发掘了杰克逊五兄弟。当他亲眼看到这群孩子时,他瞬间着了迷。

"我这辈子都无法理解为什么这个组合会被这么多音乐生意人拒之门外,"基斯说,他是一个很虔诚的教徒,"我的信仰让我认为,如果我想飞,我就能飞。所以我认为,是善良的主安排我成为那个带他们起飞的人。"

直到1967年,基斯都十分希望可以跟杰克逊五兄弟签下长期的合约,但乔并没有答应,他的打算是,如果摩城那边有消息,他的孩子们能随时选择跳槽。最终,基斯向乔屈服了。"我跟钢城签的合约期限只有6个月,"

老杰克逊说，"我当时不想被捆绑在长期合约上。"

乔签下了这份合同，因为他认为这次合作会给他的孩子们带来一些作品，以及一些宝贵的经验。事实证明他是对的。杰克逊五兄弟录制了一首叫做《大男孩》（Big Boy）的歌，是由芝加哥的萨克斯手埃迪·西尔弗斯（Eddie Silvers）写的一首歌。西尔弗斯曾是"胖子多米诺"（Fats Domino）的乐队成员，据杰梅恩说，由于基斯的帮忙，这首单曲得以在当地电台播放，并卖出了一小车数量的唱片——大约有 5 万张。

"当这首低音强劲的音乐在加里市的电台播放时，我们在邻里眼中成了大人物，"迈克尔回想起来，"大家都不敢相信我们有了自己的唱片，我们花了好久才相信这不是在做梦。"

很快，这群孩子便能参加更大的演出。他们在黑人剧场中巡回演出：挤上乔的大众汽车，去一些像克利夫兰和巴尔的摩这样的铁锈地带城市（指美国等已陷入经济困境的老工业区）里举办的能容纳 2 000 人的剧院演出，每晚赚取 500 美元的酬劳。在巡回的过程中，迈克尔继续学习音乐，通过孜孜不倦地请教他遇到的各路音乐人来解答自己的问题，史摩基·罗宾逊在他的自传中回忆道。

"迈克尔是个古怪又可爱的孩子，"他写道，"我经常觉得在他孩童的身躯里住着一个成熟的灵魂。他也是一个机敏的学生。他会像鹰一样锐利地观察他人的演出，总是在学习。"

迈克尔也在学校接受教育、积累知识，他通常在周日夜晚演出后，坐车回家睡上几个小时，就要去上学。他应该是那群学生里最厉害的一个，一部分原因是他在后台以及课堂中展露出的过人的求知欲。"他对知识的渴求比我们其他几兄弟要强得多，"杰梅恩写道，"他是那种什么事都要寻根问底的好奇宝宝，他会仔细倾听和记录所有细节。"

乔继续在寻找暴虐的创意方式来让孩子们服从管教。当传统的方法无法让他们睡觉时关上卧室的窗户时，有一晚，他戴上了一个恐怖面具，从窗户爬进了他们的卧室。孩子察觉到动静醒来，发现了在漆黑的房间中的恐怖画面，吓得失声大叫。这时乔开了房间的灯，把面具摘下来说："要是爬进来的是别人，你们怎么办？赶紧，把窗户给我关紧了！"

第 1 章
钢城梦想

虽然孩子们对家中的生活诚惶诚恐，但他们的音乐事业的发展势头并没有被拖慢。1967年，乔让迈克尔和他的兄弟们在帝王戏院参加了另一场才艺演出。他们不但赢得了比赛，还赢得了在同一个舞台上为格蕾迪丝·奈特做有偿暖场表演的机会。这位女歌手和她的"果核"（Pips）乐队成员们当时刚刚签到摩城唱片旗下，并凭他们的热门歌曲《道听途说》（*Heard It Through the Grapevine*）雄踞各大榜单。

当奈特听了杰克逊五兄弟的演出，便马上把他们叫到了她的化妆间，鼓励他们说："以你们的实力，应该去摩城才对！"奈特是当时试图让他们进入摩城唱片公司的人中的第一个。当时，乔回忆说，摩城"还没准备好"。

杰克逊五兄弟还需要耐心等待。但他们在芝加哥最大的演出舞台上的精彩表现，为他们带来了另外的收获：一个来自纽约哈林区阿波罗剧院的电话。

———

在阿波罗剧院的舞台中央，有一个金色的底座，底座上是一段树桩，提托·杰克逊总是情不自禁触摸着它。现在是2012年的夏天，他和他的兄弟们在相隔几乎半个世纪后，被邀请回到这个具有传奇意义的舞台。

"它一直都在这里，"提托对着这漂亮的树桩说，"它就像一个吉祥物，摸它一下沾点好运，然后再上台。"

正如传说所说的那样，这块木头曾经是"希望之树"的一部分，那棵曾位于在第131号和132号街之间的第七大道、伫立在哈林拉斐特剧院门外的雄伟大树。许多年来，表演家们在上台表演前，都会先摸一摸这棵树。1934年，在位于几条街开外的阿波罗剧院街建成后不久，为了腾出拓宽第七大道的空间，这棵"希望之树"就被砍倒了。

树桩的薄薄一部分最终被安放了在阿波罗剧院内，延续着那棵树无法延续的传说。杰梅恩·杰克逊说他从来都不迷信，也不会悲古伤今。"我没有摸过那个树桩，因为我嫌上面细菌比较多，"他说，"但提托摸过。"

但在1967年8月，当杰克逊五兄弟的成员抵达哈林，准备在阿波罗剧院首次登台的时候，他们在上台前全部都摸了那树桩——包括杰梅恩。

"他当时什么都不懂。"马龙叫嚷着说。"然而并没有多少人摸过那树桩,"杰梅恩沉着脸说,"当时是这样。"

他们感觉要抓紧一丝一毫的运气,在阿波罗剧院举行的"超级霸主业余选手决战之夜",他们要迎战一众实力非凡的对手。他们还需要面对那里出了名喜欢喝倒彩的观众,有时候他们还会往台上扔食物。

当兄弟们一踏进剧院的前门,他们发现四周全是在这表演过的艺术家的照片,其中包括了迈克尔的偶像杰基·威尔逊和詹姆斯·布朗。就连化妆室也比他们见过的任何一个都大得多。杰梅恩还记得当时的那些花俏杯垫和肉饼,杰基则记得那段时间在马路对面的学校球场上打篮球。不过比起这些额外的福利,他们几兄弟最难忘的是阿波罗剧场的人山人海。

"在我们出场之前,有一个演出节目,演出的人不但被观众投以嘘声,更被扔了鸡蛋,"杰梅恩说,"接下来就轮到我们出场了。迈克尔忽然害怕起来,他害怕观众也会这样对待我们。"

看见8岁大的迈克尔吓得哭了,他的兄弟们赶紧跑去安慰他们的乐队主将。

"只管尽力就好了,要心无旁骛。"杰梅恩记得他这么说道。提托就没有那么温柔了:"孩子,赶紧振作起来!"

迈克尔调整了自己的状态,然后,在希望之树前停留了一下后,他们五兄弟登上了舞台。然而杰克逊五兄弟并不需要额外运气的辅助,他们瞬间就俘虏了台下的观众,并一举拿下了比赛的胜利。

"我们献上了一场精彩的演出,人们十分喜欢我们,"杰梅恩说,"一切就是这样开始的。"提托补充说:"我们从来没被嘘过。"

阿波罗剧院的管理层似乎和观众一样十分喜欢杰克逊五兄弟的表演,在往后的几年内,多次邀请他们回来为詹姆斯·布朗、杰基·威尔森和埃塔·詹姆斯(Etta James)等人做暖场演出。

迈克尔·杰克逊和他的兄弟们征服了阿波罗剧院,并沾了其最大神器的光,但仍然没有大的唱片公司垂青他们。

第 2 章

Michael Jackson, Inc.
The Rise, Fall, and Rebirth of
a Billion-Dollar Empire

摩城大学

谈到音乐圈的榜样时，贝里·戈迪可算无人可及。这位前拳击手创立了摩城唱片，这家唱片公司定义并呈现了20世纪60年代整整一代人的音乐之声。12年后，他把蓬勃发展的摩城唱片公司从底特律搬到了洛杉矶，在更广阔的娱乐世界开创新机。在成功发掘了迈克尔·杰克逊、黛安娜·罗丝（Diana Ross）、史提夫·汪达（Stevie Wonder）等不计其数的艺人后，1988年，他以6 100万美元将公司出售。

年过八旬的戈迪早已习惯于成功所带来的一切，但年龄并未削弱他的雄心壮志。如今他在纽约文华东方酒店的35楼大堂酒廊享用着午餐，他已经在这里待了几个月，为他的最新尝试《摩城：音乐剧》（*Motown: The Musical*）的首演做着准备。对于一个在自家底特律豪宅里摆放着本人打扮成拿破仑模样的油画肖像的人而言，这个用餐之处可谓考究：每张餐桌上兰花飘香，菜单上有唐培里侬香槟王（每杯售价85美元），透过落地窗可以俯瞰到中央公园和哥伦布转盘广场，那里车辆川流不息，就像沥青钟上转动的五彩齿轮一样流光溢彩。

戈迪的形象稍显低调，他故意穿着一条整洁宽松的黑色长裤，深色休闲西服里是褐色的纽扣领衬衫。当女服务生从侧面上前请他点菜时，他只点了一杯胡萝卜汁。当年迈克尔·杰克逊和哥哥们加入摩城唱片时，迈克尔就注意到了这些细节。

"迈克尔总是关注我的一举一动，"戈迪悠闲地坐在椅子上说，"这多少让我有点不自在，只要我的目光移开，再转回过来时，总会发现迈克尔在学（我的）一举一动。"说到这里，他停顿了一下。

"一举一动，你明白吧，"戈迪继续说道，"我从来没有想明白为什么他会如此地关注我。其他人都在玩，而他总是注视着我，我总能感觉到他的目光。"

———

1968年，"杰克逊五兄弟"的首张单曲在加里市的钢城唱片公司（Steeltown Records）发行，他们在纽约阿波罗剧院的演出也博得了观众的一致喝彩。同年夏天，这群孩子回到芝加哥皇家剧院，与当时摩城的顶尖组合之一"巴比·泰勒和温哥华人"（Bobby Taylor and the Vancouvers）合唱团同台演出。

巴比·泰勒被他看到的一切打动了，执意要让他所属的唱片公司关注"杰克逊五兄弟"。戈迪的一名助理苏珊·迪·帕西（Suzanne de Passe）在听了他们的歌后，决定替他们去游说老板。尽管他们有过人的天赋，但推销这几个来自加里市的男孩仍非易事。

"我在公司的许多领域都做得非常出色，但我最不想签的就是儿童组合，"戈迪回忆说，"我旗下已经有了史提夫·汪达，他也是孩子，他们年龄相仿，他必须要有家庭教师和监护人，以及这样那样的事。"

尽管乔·杰克逊不断努力想吸引摩城的注意，但戈迪并没有想起当年曾有任何机缘让他听到"杰克逊五兄弟"的音乐，直到1968年夏，在苏珊·迪·帕西的极力推荐下，他才看了他们在底特律的试音表演。戈迪说："我可是被她生拉硬拽才第一次看到他们、认识他们，并且听到他们的歌声的。"

戈迪一到现场就马上明白了苏珊·迪·帕西如此激动的原因。这几个兄弟训练有素，表演精湛，而且那个小主唱似乎还有点与众不同。戈迪发

第 2 章
摩城大学

现这个孩子在唱《谁在爱你》(*Who's Loving You*)时比原唱史摩基·罗宾逊更动情,这样的演绎超乎寻常。

"对此我既高兴又有点害怕,"戈迪说,"因为我说,'哇,他是怎么做到的?他以前来过这儿吗?'"而从舞台上的视角来看,迈克尔·杰克逊则完全看不出他和哥哥们就快跟摩城签约了。"大家盯着我们,好像我们是鬼魂一样。"他回忆说。

然而戈迪已经为他们着手制订了一整套计划。虽然迈克尔演绎的蓝调歌曲令人印象深刻,但这位摩城老板认为欢快一点的歌曲可能更合适——当他看着眼前这个男孩,脑海里开始蹦出《我要你回来》(*I Want You Back*)的音符(戈迪的记忆非常深刻,为了向我描述当时的情形,他突然开始哼唱起来:"噢,宝贝,哆哒滴啊滴,哒哒哒……")。

戈迪是否当场创作出了这首歌,那就另当别论了。迈克尔的印象里认为戈迪和创作团队原本是为格蕾迪丝·奈特写的这首《我要你回来》,当时起的名字是《我想要自由》(*I Want to Be Free*),但是听了"杰克逊五兄弟"的试音后,戈迪改变了主意。

无论如何,在"杰克逊五兄弟"开始录制这首大热歌曲前,还有一些事务需要搞定。戈迪和"杰克逊五兄弟"签下了唱片合约,协议每售出一张专辑就将批发价90%中的6%分给这个组合,这是当时摩城版税的标准税率。那笔钱会被分成5份,迈克尔会从每张唱片里分到大概2美分(当时每张唱片的批发价差不多是2美元)——跟今天的新人可以分到10%~15%的标准相比,这不算高。

乔·杰克逊太渴望把他家的男孩们都签入摩城,以至于忽视了一些遗留的烂摊子。戈迪也是在接到公司法务部门的来电后才发现,有个叫理查德·阿伦斯(Richard Arons)的人声称根据之前的协议,"杰克逊五兄弟"收入的一半归他所有。愤怒的摩城老板告诉乔·杰克逊,这种附加条件不在他们之间的合约中——如果不能履行合约,他和孩子们随时可以走人。

接着又是钢城唱片这边的问题。公司的共同创始人戈登·基斯声称没人从他们的合同中买走"杰克逊五兄弟",他现在已因此欠了"数百万美元"。戈迪说他对这种协议一无所知,乔·杰克逊(坚称和钢城的合同已经失效）最终解决了乐队的法律问题，让摩城很满意。戈迪说："他们毫无束缚地回到我们这里。"

争端结束，"杰克逊五兄弟"正式加盟摩城后，戈迪和制作人以及歌曲创作团队便开始工作——弗雷迪·佩伦（Freddie Perren）、阿方索·米泽尔（Alphonso Mizell）和德克·理查兹（Deke Richards）——他们组成了名为"社团"（The Corporation）的创作团队。迈克尔记得摩城老板让他们坐下，告诉他们制作的首张单曲不但会成为全国最火的金曲，而且他们制作的第二、第三张唱片也会荣登榜首。"我会让你们举世瞩目，"他告诉他们，"而你们的名字也将被载入史册。"

———

印第安纳州加里市和加利福尼亚州洛杉矶之间的距离是 2 030 英里[①]——比从罗马到巴格达之间的距离还远。对迈克尔·杰克逊而言，在出生地和第二故乡的成长经历天差地别。

第一个差别很快显现出来。1969 年，在戈迪的安排下，迈克尔和哥哥们来到西部。当时，戈迪正把唱片公司总部迁至浮华城。"我们从芝加哥飞到加利福尼亚，仿佛到了另一个国家、另一个世界，"杰克逊写道，"从印第安纳州荒凉的黑人老家来到南加州，就像转入一个奇妙的梦境。即使是隆冬时节，这里依然满树果橙、枝繁叶茂。"

在那里，杰克逊能够继续近距离向戈迪学习——同时远远地模仿像弗雷德·阿斯泰尔（Fred Astaire）、马歇·马叟（Marcel Marceau）、凯瑟琳·赫本（Katharine Hepburn）那样的明星。但他最迷恋的可能还是黛安娜·罗丝。她和戈迪住在贝弗利山庄（Beverly Hills）的同一条街上，在加州的最初一年半时间里，杰克逊经常住在他们两人家里，而他的父母则锁上了他们在加里市的房子，在洛杉矶寻找新房。

罗丝努力把杰克逊培养成视觉艺术家和音乐家，还经常给他买铅笔和颜料。她带他去博物馆，给他介绍法国印象主义画家德加（Degas）和意大利

---

① 1 英里 = 1 609.34 米   ——译者注

第 2 章
摩城大学

著名画家米开朗基罗（Michelangelo）的作品。尽管鲜为人知，但正因为在某种程度上受到罗丝的影响，杰克逊成了一名技巧娴熟的绘画爱好者。

"迈克尔真的很喜欢罗丝，"戈迪说，"他们成了非常非常要好的朋友，迈克尔是她的头号粉丝。他有可能也喜欢其他很多明星，但他最终专注于自己的事业，并超过了他们。就像如果我会在一件事上花 100 万美元，他就会愿意花上 500 万美元。"

当"杰克逊五兄弟"开始进棚录制《我要你回来》时，戈迪不惜一切成本。杰克逊经常一次就能接近完美地唱出自己的那部分。"他可以听完一首歌，就进去录。"他的父亲回忆说。但是，戈迪想让这个组合在摩城发行的首支单曲完美无瑕。每当戈迪要求他再唱一遍，杰克逊都欣然接受——且总能从中学到些什么。

"为什么要那样做？"当戈迪要求重唱一遍时杰克逊会问。

"我们需要再来一遍。"他的导师回答道。

"为什么？不是很好吗？"

"不，不够好。就是这儿，你本该深吸一口气，你知道，再慢慢呼出来，或一口气呼出来，同时你要呼吸。所以你要重来。"

"哦，我的天啊！"

杰克逊的耐心、戈迪的坚持以及庞大的录音预算，这一切帮助这群男孩打造出了令人难忘的首张专辑，同时他们也学到了一些经典的好莱坞演出技巧。这张专辑被定名为《黛安娜·罗丝献上"杰克逊五兄弟"》(*Diana Ross Presents the Jackson 5*)，公司想把他们和他们那位著名的同僚联系起来。尽管实际上是苏珊·迪·帕西让这个组合引起了贝里·戈迪的关注，但借罗丝来讲这个故事会更动听。这就带来了一则虚伪可笑的声明。

"对我来说，'诚实'一直是一个非常特殊的词，"罗丝在专辑内页上写道，"那是一个非常特别的想法。当我一想到'诚实'，我想的东西就冒出来了，一切全都摆上了台面。这就是我对'杰克逊五兄弟'的感觉——我在印第安纳州加里市发掘的这五个姓杰克逊的兄弟们。"

乔·杰克逊相信把自己的孩子包装成被黛安娜·罗丝发掘出道的样

子不仅对他们有利，而且转移了公众对罗丝即将离开"至高无上合唱团"（The Supremes）的注意力。"贝里得想出一些噱头让事情看上去不错。"他说。无论如何，杰克逊学到了娱乐圈的重要一课——公关与事实是不一样的。

罗丝在1969年10月开播的美国广播公司电视台（ABC）综艺节目《好莱坞宫殿》（The Hollywood Palace）中向全国的电视观众介绍了这群男孩。同月他们的首支单曲《我要你回来》出炉，并于次年1月底登上《公告牌》（Billboard）排行榜首位。他们的单曲第一年就在全球范围内卖出400多万张，并助推该组合的首张专辑销量突破100万张的大关。

当兄弟们在1970年2月发行了位居榜首的歌曲《ABC》（ABC）及于1970年5月发行了《你保留的爱》（The Love You Save）之后，戈迪的预言实现了。接下来《我会在那里》（I'll Be There）成为这个组合第四首蝉联冠军的单曲，这很快引起了主流媒体的关注。

"源自摩城流水线的优秀编排和伴奏支持，让这群来自印第安纳州加里市的男孩们的表演充满连当时众多老牌组合都鲜有的热情和天赋。"《滚石》（Rolling Stone）杂志曾这样描述，此外，它还高度赞扬了"杰出的主唱歌手"。

一年后，杰克逊登上了这本杂志的封面，标题是《这个11岁男孩为何熬夜》。多亏摩城的又一次商业炒作，杂志上列出的杰克逊年龄是错误的——他再过几个月就是青少年了——但好像没人注意到，杰克逊兄弟们正逐步成为美国的偶像。

迈克尔和其他人一样，理解他的家庭新得到的名气所带来的一切。基斯·杰克逊还记得和堂兄弟们一起走向国内舞台之路时所亲眼所见的情形。一天早上，男孩在11楼的酒店房间醒来，发现一大群女歌迷聚集在楼下的街道上。基斯和迈克尔的几个哥哥恶作剧，让后来的"流行音乐之王"大为懊恼。

"我们找了些气球，装满水，然后向楼下那些人扔去，"基斯·杰克逊回忆道，"迈克尔看到说，'基斯，你在做什么？不！不要那样对我的歌迷。'于是我说，'噢，对不起，兄弟。'"

第 2 章
摩城大学

基斯的惊讶不仅来自于迈克尔对这些陌生人的关照，更来自于强大的歌迷力量。过了一会儿，当他和堂兄弟们走到屋外的走廊，他们发现歌迷们通过扔水球这一举动锁定了男孩们的行踪。

"我后来听到人潮涌动，我以为楼要塌了，我看看左边——当然了，那时候我们全都留着爆炸头，他们想当然地认为我是成员之一。我们一起看去，我的天啊，大概有 200 个女孩子尖叫着朝我们跑来，"基斯说，"兄弟们和所有人，迈克和他们，都跑回房间并上了锁。猜猜谁被关在了外面？我。我又被抓又被打，挨了个够，我的天。他们一直叫我'迈克'。我一直说，'我不是他，我不是他啊！'于是我就被这些女孩揍得不轻。"

———

在没有演出安排时，杰克逊兄弟则在加州过着日渐舒适的生活。一拿到摩城送来的钞票，乔·杰克逊就为家人买下了位于恩西诺地区海文赫斯特大道 4641 号的房子，离好莱坞中心地带不过 12 英里。虽然乔·杰克逊和贝里·戈迪的意见不时相左，但其子女与戈迪的关系却越来越近，尤其是杰梅恩和戈迪的女儿黑泽尔（Hazel）很处得来。当功课、录音、巡演占据了兄弟们绝大多数的时间时，戈迪每周还为孩子们挤出一点时间组织他们喜欢的棒球赛——这恰恰是这些男孩们的父亲并不熟悉的东西。

迈克尔通常是"杰克逊对垒戈迪"棒球赛中的接球手，但他远不如舞台上那般眼明手快（"他老漏接球。"戈迪回忆说）。但提托常常能打出超多的本垒打来弥补弟弟的失误，而杰基投球就像小鲍勃·吉布森（Bob Gibson）似的。虽然迈克尔的运动天赋欠佳，但他的参与热情依旧高涨。"他看似一个有着小孩外表的老人，但他有着既美丽又纯洁的童真，"戈迪说，"他为世界所做的，和他想为世界和儿童所做的一切都无比真挚。他想成为一个孩子，而我让他有成为孩子的机会。"

同时，杰克逊也在录音室里不断地接受着音乐教育。贝里·戈迪当时说了很多格言，如"胜者来自竞争""歌曲创作者的作品应是半自传式的"，他的学生也将这些教诲应用到了日后的单飞生涯中。据戈迪说，一旦听众被某支歌曲吸引，你必须要用接下来的 3 分钟时间讲一段有始有终的故事。

副歌要概括故事情节，歌曲力度要保持强劲直到结束，最后要提及歌名，才能被人们记住（比如小迈克尔·杰克逊在"杰克逊五兄弟"首支冠军单曲的渐隐结尾处吼着"我要你回来！"）。

戈迪记得不曾专门花大量时间传授杰克逊关于音乐方面的技能，但他相信他的行为对后来"流行音乐之王"的商业天赋有着潜移默化的影响。戈迪在录音室里频繁地接打商务电话，很少压低嗓音或刻意隐瞒，杰克逊全神贯注地听到了一切。

"因为我总要同时处理一大堆事，所以我对任何事情都不隐瞒，"戈迪说，"多项工作同时展开，你知道，这儿也有问题，那儿也有问题。如果我正在录音室混音或干别的，我抓起电话就说。迈克尔听得一清二楚，他总是在倾听一切。"

当步入少年时期，更为自信的迈克尔开始寻求更多的艺术自由。他告诉戈迪他想用自己的方式演绎歌曲；而摩城的制作人们却太"机械化"了。戈迪的回应是允许这位少年之星添加更多的自创元素，并发行单飞作品。

杰克逊的首张专辑《必须去那里》（Got to Be There）在1972年1月问世。其中收录了像《没有阳光》（Ain't No Sunshine）和《摇滚罗宾》（Rockin' Robin）这样的经典翻唱。同年，杰克逊接着发行了专辑《本》（Ben），其同名歌曲亦被用于同名电影《本》里（一部1972年的恐怖电影，主人公是一只杀人老鼠）。这些早期的专辑反响不错，分别登上过美国排行榜的第14名和第5名。但和10年后超新星般的巨大销量相比，这不过是中学化学课上的爆炸实验般微不足道。

杰克逊的国际听众终于成为他成功路上不可或缺的一部分。他在美国每卖出一张专辑，在海外就能卖出两张，这股潮流始于1972年《颤栗》时代。那一年，杰克逊兄弟们开始了他们的第一次世界巡演，那是一场始于英国、持续两周的旋风式演出，其中包括在英国女王面前献艺。

在大西洋至伦敦的途中，杰克逊兄弟们第一次实实在在地展现出了他们在欧洲的魅力：飞行员告诉他们已有10 000名歌迷在希斯罗机场外等候。男孩们安全地穿过拥挤的人流，按时出场，跟李伯拉斯（Liberace）和埃尔顿·约翰（Elton John）同台演出。在后台，他们和戴着手套的女王

第 2 章
摩城大学

握手，之后便飞往法国、德国、意大利、荷兰和西班牙继续巡演。

"英国是我们的起跳点，它不同于我们去过的其他任何地方，"杰克逊写道，"而旅行得越远，世界就越奇妙。我们参观了巴黎的宏伟博物馆，游览了瑞士的美丽山峦。欧洲教给我们西方文化的起源。"

———

1973 年秋，被公众认为才 12 岁的迈克尔·杰克逊其实已经 14 岁了，他就像侏罗纪的昆虫被定格在某一年龄中，被无限期地固定在某一年龄框架中。这是由摩城、他的父亲甚至杰克逊自己一手设计的。但他的哥哥们成长迅速。1972 年，提托和他的高中恋人迪迪（Dee Dee）结婚；一年后，杰基和他的女朋友伊妮德（Enid）结婚。在这期间，杰梅恩和摩城总裁的女儿黑泽尔的婚姻则正式让戈迪和杰克逊家族成为一家。

就像贝里·戈迪不惜成本录制《我要你回来》那样，他也不会克扣长女的婚礼开销。1973 年 12 月 15 日——恰逢杰梅恩 19 岁生日的第二天——两人的婚礼在贝弗利山庄酒店举办。婚礼仪式包括人工造雪、放飞 175 只白鸽，还请来史摩基·罗宾逊表演助兴。

那一年，男孩们发行了两张录音室专辑——《空中书法家》(Skywriter)和《G.I.T.：聚到一起来》(G.I.T.: Get It Together)。前一张排在美国排行榜第 44 位，后一张最高排到第 100 位，与 1972 年的《向窗外看》(Lookin' Through the Windows)的第 7 位相比表现平平。男孩们接下来的两张专辑，1974 年的《跳舞机器》(Dancing Machine)和 1975 年的《交通违规》(Moving Violation)表现不俗，分别名列榜单第 16 位和第 36 位。

迈克尔也在长大，但从神童到青春期巨星的转变并非一帆风顺。除家人外，他跟外界有意义的互动少得可怜，这也成为他压力的主要来源。他的父亲和哥哥们无情地嘲笑着他的外表——尤其是他的鼻子和脸上突然冒出的大片青春痘。杰克逊后来承认，沮丧的他常常在黑暗中洗脸，以免在镜子中看到自己。"我就是讨厌它，"1993 年他对奥普拉·温弗里说，"我每天都会哭泣。"

20 世纪 70 年代初，男孩们忙于全球巡演，鲜有时间思考。他们曾到达过日本和中国，尽管这些国家的经济已经开始快速发展，但让迈克尔·杰克逊感兴趣的还是当地人如何"更加关爱动物和自然，而非物质生活"。

他们抵达澳大利亚和新西兰，受到英语母语人士和部落成员的热情欢迎。但对杰克逊而言，非洲之行恐怕是影响最为深远的。从他和哥哥们抵达的那一刻起，看到土著们表演舞蹈和鼓乐的欢迎仪式，杰克逊就神迷于此。当他访问游戏小屋、拥挤的市场和废弃的奴隶营时，他被那片大陆的节奏与风光深深地吸引。"非洲人民所给予我们的勇气和忍耐力，令我们无以回报。"他日后写道。

无论杰克逊兄弟们走到哪里，人群似乎都不会退散。在1975年抵达牙买加时，他们计划和当地的中学强队打一场篮球赛。他们从附近的普里奥里（Priory）学校挑选了学生入队，尽管这个学校的校队不太合格。这支篮球队在室外主场的比赛一般能吸引20人到50人到场观看，但当迈克尔和他的兄弟们到场时，情况发生了明显变化。

"人潮汹涌，水泄不通，"时年14岁的普里奥里校队球员尼尔·温伯格（Neil Weinberg）回忆说，"你几乎走不进篮球场。"

迈克尔没有参赛，他的哥哥们和新队员被轻松打败。出于友好，杰克逊兄弟们邀请普里奥里校队球员到喜来登酒店参加之后的泳池派对。人潮并未退去（甚至有女孩朝温伯格要签名，哪怕他一点也不像杰克逊家的人）。当众人到达酒店时，泳池的四周已被热切期待一瞥杰克逊兄弟风采的女孩们挤满。"这真够吓人的，"温伯格回忆，"我猜这就是成名后的滋味，但我感到有点紧张。"

迈克尔·杰克逊已经习惯了娱乐圈的方方面面，包括人群。但回到洛杉矶，他已经开始感觉到在音乐上的压抑。看到史蒂夫·旺达从戈迪手中夺回了自己职业生涯的创意控制权，他希望"杰克逊五兄弟"也能做到，而不是继续制作多年来一成不变的泡泡糖流行乐。

"基本上，那时候我们不喜欢我们音乐的表达方式，"杰克逊写道，"我们有强烈的竞争欲望，我们感觉我们有被其他在音乐上更新潮的乐队所取代的风险。"

另外,杰克逊越来越清晰地意识到创作歌曲的金钱价值。他从小就学到的,歌曲收入的两大来源分别是母带录音和发行权。前者是音乐作品的录音,未来所有的拷贝皆出自于此。唱片公司想要拥有这些"母带",每卖出一份CD、磁带、黑胶或数码下载,公司都会向艺人支付版税(一般为唱片零售价的10%~15%)。

而从另一方面讲,发行权则围绕作词作曲。这个概念至少可以追溯至1501年,当时威尼斯印刷商奥塔维亚诺·佩特鲁奇(Ottaviano Petrucci)获得发行《复音音乐百曲集》(*Harmonices Musices Odhecaton*)21年的权利。从那时起,发行就不单单只是卖乐谱了。如今,利用电子合成器完成一段说唱歌曲背景音乐的制作人也有资格与写出歌词的说唱歌手分享版税。当人们购买唱片时,创作者和歌手一样能获得分红,但只有创作者能从美国电台播放中收取版税,他们还能从为电影电视翻唱或授权的歌曲中获益。

像早期的"杰克逊五兄弟"一样,许多流行音乐人并不创作歌曲,自然也失去了相关收益。而绝大部分创作型歌手都将发行权签给了音乐发行公司,公司再和创作者分成。只有那些对作品发行权有完全掌控的少部分音乐人,他们要么一开始就未交出发行权,要么是日后赎回,他们只需要向音乐发行商支付一小笔管理费(5%~20%)来确保他们的作品能带来收益,而想从唱片公司要回母带录音也同样不易。

迈克尔·杰克逊就是拥有两者的少部分艺术家之一。他的问题从一开始就切中了要害。"他对出版很感兴趣,不时会问'这是什么,那是什么',"戈迪说,"你知道,他就是个好奇心强烈的人。"

随着20世纪70年代的推进,摩城的诸多顶尖艺人离开公司寻求更大的艺术自由。1973年,"格蕾迪丝·奈特和果核"(Gladys Knight and the Pips)离开,接着是1977年"诱惑"乐队的离开。马文·盖伊(Marvin Gaye)说服戈迪允许自己写歌,曾为杰克逊兄弟的部分巡演暖场的"海军准将"(The Commodores)组合也是。但摩城严格地要求迈克尔和他的哥哥们演唱"公司"创作的歌曲。这让这位年轻的歌手和他的父亲倍感失望。"我希望我的孩子们有能力制作自己的东西,写自己的歌,"乔·杰克逊回忆说，"但对贝里来说，这并非易事。"

关于两人是如何解决这个问题的，双方说辞各有不同。迈克尔·杰克逊曾写道："在未告诉兄长和父亲的情况下，我在20世纪70年代中期与摩城创始人进行了单独谈话，讨论这个状况。但我未能让戈迪同意我们兄弟谱写自己的音乐。"可是戈迪却不记得有这么一次会面。

"我根本不知道迈克尔能把歌写得那么好，他从没对我提起过，"戈迪说，"他太忙着倾听了。他也许想那么做，但他从没向我提起。在我看来，他挺高兴的。"

因此，当杰梅恩在1976年带着令人担忧的消息找到戈迪时，戈迪非常惊讶："乔·杰克逊已经签下一纸丰厚的协议，要把他的儿子们转入哥伦比亚唱片公司（CBS）旗下的史诗唱片（Epic Records）。"在"杰克逊五兄弟"和摩城的合约到期之际，乐队将转投出价最高公司的怀抱。

"杰梅恩说他的父亲拥有绝对控制权，并签下了协议，"戈迪说，"我认为孩子们没有和那家公司交流过。"

杰梅恩不得不在追随兄弟们和留在岳父及良师身边两者之间做出选择。岳父和夫人告诉杰梅恩，无论哪种选择都不会影响他们对他的支持。最后，他选择了摩城，专注于个人事业生涯。但对包括迈克尔在内的其他兄弟们来说，他们的摩城生涯就此戛然而止。

———

贝里·戈迪已经讲了1小时15分钟，几乎喝光了他的胡萝卜汁，他马上又要投入到《摩城：音乐剧》的工作中。他已讲了不少，从迈克尔·杰克逊10岁踏入摩城时的天真无邪，到40年后的英年早逝。

在采访之初，谈到他和这位新秀在录音室的初次会面，贝里·戈迪的双眼闪闪发光。而当话题转入杰克逊最后的时光时，他的语句变得缓慢，忧愁的面容取代了他原本活跃的姿态。每一个音节，都仿佛让人感受到他目睹亲人离去的切肤之痛，那种近在眼前却遥不可及的悲伤。

"让我们再一次强调他是史上最伟大的艺人这一事实，"他说道，"只是……你不让最杰出的人伴随身边时，这就太糟糕了。"

第 3 章

Michael Jackson, Inc.
The Rise, Fall, and Rebirth of
a Billion-Dollar Empire

史诗变局

"你真的很饿。"沃尔特·耶尼科夫看着我面前的空盘子说,那盘子里刚才还盛着一大份煎蛋卷。

哥伦比亚唱片公司的前总裁本想在曼哈顿上东区的"第二大道熟食店"(实际上位于第一大道)用午餐,但是因为逾越节的关系,餐厅暂停营业。我们退而求其次去了一家低调取名为"三星餐厅"的餐馆,他没办法把他硕大的身躯挤进卡座里面,所以一位女服务员把我们领到一张更宽敞些的餐桌就坐。几十年前,耶尼科夫因其他的一些重口味习惯而闻名——女人、酒,尤其还有可卡因——但他已经戒掉好些年了。

不过,他依然喜欢不停地唠叨,几乎没有什么是他不能聊的。在过去的那半个小时中,他在谈话的间隙会谈及一些迈克尔·杰克逊的轶事,此外他还谈了对我工作单位的看法(如《福布斯》的确是有些影响力的。也许不应该,也许应该,但它就是有"),我的感情状况(如"你有考虑过结婚吗?你有婚前协议吗?"),以及他对于无酵饼配料的看法。

"我会加点'什摩兹'(schmaltz),"他说,"你知道什么是'什摩兹'吗?炼制鸡油。"

"不错啊,"我回答,尝试把眼前跑偏的话题引导回来,"你说你觉得迈克尔有很好的生意头脑。"

"一直都是。"

第一次看到杰克逊兄弟在舞台上表演时,沃尔特·耶尼科夫并不确定是否要把他们签下来。那是在 1976 年,他刚刚接任成为哥伦比亚唱片公司的最高负责人,当他在长岛举办的韦斯特伯里音乐集会上看到这些男孩的演唱会时,他注意到了在台上演唱《本》的迈克尔·杰克逊,那是首关于一只老鼠的歌。

他最杰出的两个副手——哥伦比亚旗下的史诗唱片的最高负责人罗恩·亚历克森伯格(Ron Alexenburg)和艺人发展主管史蒂夫·波波维奇(Steve Popovich)——准备掏出 350 万美元把杰克逊兄弟乐队从摩城手上挖过去。让耶尼科夫困惑的是,似乎没有人可以确认这个乐队到底卖出了多少张唱片。那时,还没有一家权威机构像今天的尼尔森音乐统计(Nielsen SoundScan)一样去跟踪唱片的销量。只有部分唱片公司知道他们旗下艺人唱片的销量数字,而贝里·戈迪就没打算提供任何信息。

"350 万美元,我不知道我们是否应该这样做,"耶尼科夫对他的同僚说,"我们不知道他们是否能卖出唱片。"

"你才刚上任,当然没有足够经验去判断是否要推掉这样一笔交易。"他们回答道。

他思考了一会儿。

"或者你说得没错。"

同年,杰克逊兄弟正式加入到哥伦比亚旗下的史诗唱片。除了得到不错的合约担保外,乔·杰克逊还争取到了更高的版税,并拿到了零售额 14% 的分成比例(大约是批发价的 28%)——这是一个比他们在摩城时得到的更好的版税。

这笔交易主要的不足之处是:因为乐队名称版权在摩城唱片手上,他们必须要摒弃"杰克逊五兄弟"这一组合名称,而改为"杰克逊兄弟"(The

第 3 章
史诗变局

Jacksons）乐队。但他们终于获得了自己创作歌曲的权利，这个条款使得迈克尔作为优秀的歌曲创作人的潜能得以释放。

"我认为当初（摩城）觉得迈克尔可能达不到他后来的高度，"乔·杰克逊说，"我想试着走别的路，做更好的事。"

然而，在贝里·戈迪眼中，这个举动并不是为他们自己争取创作主导权，而是一个大家长的权力游戏，乔·杰克逊渴望重新掌控孩子们的事业："他总是在用尽方法介入进来并发号施令。我觉得因为乔在摩城完全没有控制权，（所以他们跳槽的原因）是他要在哥伦比亚唱片获得完全的控制。"史摩基·罗宾逊则补充说："乔一直看不惯贝里对他的孩子们大呼小叫。他说因为孩子们身上流着他的血，他们就该永远归他管。"

乔或许控制不了戈迪，但他依然继续左右着他的孩子们，尤其是比较年轻的那几个。迈克尔和马龙还小，于是他限制了他们为哪家唱片公司工作的选择权。再者，乔认为在经历许多年的严厉斥责后，他所有的孩子——甚至那些已经长大成人开始成家立室的——都已经习惯了唯命是从。不过他低估了 21 岁的杰梅恩，他坚决不与哥伦比亚唱片公司签约。

杰梅恩无法相信他的父亲竟然在强迫这个乐队跳槽离开贝里·戈迪的摩城，从一个把"杰克逊五兄弟"打造成美国本土足以媲美"披头士"乐队的公司，跳到一个充斥着西装革履的生意人的公司，"这与我们成就的一切没有关联。"其中包括沃尔特·耶尼科夫，那个"让我们的父亲看起来像只温顺猫咪"的人，他之后写道。

乔非常强势，特别是当他处理杰梅恩的叛逆行为时。他终止了每周给他儿子的生活补贴，杰梅恩从此感到自己被家人抛弃了。在 1976 年的头几个月内，他都没有跟他的兄弟们说过一句话，直到他对巴里·怀特（Barry White）敞开心扉，他才看到这个僵局的尽头。"你的兄弟们会跟你和好的，"这位前辈歌手预测说，"家庭是家庭，事业是事业，千万不要把两者混淆了。"

1976 年的年末，杰梅恩受邀回到他们家庭的核心集团中，尽管他没有正式加入到杰克逊兄弟组合中。迈克尔此后回忆那份感觉，第一次没有他三哥在旁演出的时候，"就好像全裸站在舞台上一样"。但乔已经忙着为杰克逊兄弟乐队作规划，他打算用 14 岁的兰迪替换掉杰梅恩，并畅想着未来的商业投资发展。

其中一个项目是一台电视节目。杰克逊兄弟们之前在周六早间播出的卡通片中得到了不朽之名；这一次，乔把他们安排到了一个真人综艺节目上。每一集，杰克逊兄弟组合都会穿上浮夸的衣服，在摄像机面前表演舞蹈，伴随着滔滔不绝的笑话妙语和事先录制好的笑声。迈克尔对此十分反感。17岁的他，对自己在营销和宣传方面的直觉越发自信，他告诉父亲和兄弟们，这个节目会使他们曝光过度，影响唱片销量。

"你会失去你在行业中的身份，"他之后写道，"你的摇滚歌手形象会荡然无存。我不是喜剧演员，不是节目主持人，我是一个音乐人。我上节目爆几个烂笑话，只因为我是迈克尔·杰克逊，就必须强迫观众笑出声，但其实我心里知道我并不好笑，这种事情真的很有趣吗？"

但他们还是上了这个节目。果然，乐队的下一张专辑《杰克逊兄弟》（*The Jacksons*）在美国排行榜上最高只排到第36位。或许是要对这个不满意的结果予以纠正，迈克尔真的接手了生意上的事。耶尼科夫回忆起他拜访杰克逊家族在恩西诺的宅邸时，看见这个年轻人在细致地翻看演出和唱片的合同，在页边做着标注。

"他就像个律师一样在看那些合同，"耶尼科夫回忆说，"他凝视着、凝视着，然后在旁边做标注。我肯定他也让律师替他看过，但他想亲自阅读并且做上（自己的）注解。所以看上去，他很清楚他正在做什么。"

同时，杰克逊兄弟乐队的音乐继续反响平平。他们1977年的唱片《游走四方》（*Goin' Places*）的销量甚至比上一张唱片更差。虽然迈克尔从唱片的首席词曲创作人、费城灵魂之声的鼻祖肯尼·甘博（Kenny Gamble）和里昂·赫夫（Leon Huff）那里学到很多，但他觉得他们创作的作品与杰克逊兄弟的气质并不是很匹配。

"我们明白传达和平讯息和让音乐做主是件好事，"他写道，"但这更像以往的欧杰斯（O'Jays）组合和他们《爱的列车》（*Love Train*）中的作品，真不是我们的风格。"

虽然杰克逊兄弟组合已经被挖到一家承诺提供更多机会让他们创作自己音乐的公司，然而哥伦比亚唱片公司并没有在合同上明确表示一定会提

第 3 章
史诗变局

供这样的机会，而且杰克逊兄弟只能在他们发行的前两张唱片中加入两首他们自创的作品。所以，迈克尔决定和他的父亲一起，跟史诗唱片的罗恩·亚历克森伯格面谈，力保他的创作自由。

"我们跟亚历克森伯格先生讲，史诗唱片已经尽其所能了，但仍然差强人意，"杰克逊回忆道，"我觉得我们可以做得更好，我们可以拿名誉做赌注去冒个险。"

亚历克森伯格采纳了杰克逊的意见，于是杰克逊兄弟们——由迈克尔领军——包办了下一张专辑中除了一首外几乎所有的歌曲。因为对自己的音乐有了更大的创作主导权，《命运》(*Destiny*) 在 1978 年发售后，迅速夺得了北美排行榜的第 3 位，最终在全球达到了 400 万张的唱片销量。这张唱片收录了《摇摆你的身体》(*Shake Your Body*)，一首由迈克尔和兰迪创作的强节奏的迪斯科畅销曲，这首歌进一步验证了杰克逊兄弟在舞台表演之外的音乐才华。

迈克尔继续与他的兄弟们一起录音和巡演，此时他越来越觉得自己应该单飞。而且他注意到了一个潜在的盟友耶尼科夫，他们之间的合作可以延续下去，对双方都有巨大的好处。

"命运难料，我开始与迈克尔·杰克逊合伙，而且他在一定程度上成就了我的事业，"耶尼科夫说，"我好像变成了他的好爸爸一样。当家里的事情不如意的时候，我是他为数不多的倾诉对象之一。"

杰克逊兄弟组合来到哥伦比亚唱片公司的两年后，迈克尔开始构思一张专辑，这张专辑最后称为《疯狂》(*Off the Wall*)。他已经为摩城出过四张个人唱片，收录的全是由他人创作的歌曲。这一次，他想亲自谱写和制作大部分的曲目，但他并不确定他的新老板会不会满意最后的结果。

于是，年仅 18 岁的杰克逊安排了一次与哥伦比亚唱片公司总裁的面谈，解释了他的计划。耶尼科夫喜欢这位歌手说的每一句话，并鼓励他放手准备创作。如果唱片成绩最后不理想，他琢磨着，哥伦比亚公司也随时可以把杰克逊兄弟乐队的合同卖回给摩城。

"他是个纤瘦的男孩，穿着件 T 恤，他对我十分地尊重，"耶尼科夫回忆说，"还有，我们没有交谈太多。他说了'你知道，我觉得我应该走出来独自上台，我已经准备好了'之类的话。然后我说，'我觉得你应该试一下'。对我来说，这不算是个艰难的决定。"

———

迈克尔·杰克逊从贝里·戈迪身上学到了很多音乐商业知识，其中的一点就是——不管是好是坏——"经费不应约束艺术"这一概念。戈迪这一立场在《新绿野仙踪》的拍摄上贯彻得很彻底。这部电影改编自获过托尼奖的音乐剧《绿野仙踪》，不过把原版中的故事背景由堪萨斯替换成了纽约哈林区。

很快地，这部电影成为了当时成本最高的音乐剧电影，估计成本达到2 400万美元。戈迪请来了西德尼·吕美特（Sidney Lumet）执导，他刚因为电影《电视台风云》（Network）而获奥斯卡奖。剧本方面，他聘用了刚刚执笔完经典电影《洗车》（Car Wash）的乔·舒马赫。而稻草人这个角色，他找来了自己最得意的门生。

"当初是贝里·戈迪说他希望我去参加《绿野仙踪》的选角，"迈克尔·杰克逊写道，"在这方面我很幸运，因为在这次经历中，我爱上了演戏。所有的演员，所有的表演，还有这个故事，最后变成了一部可以被世界各地的人们代代分享的东西。"

戈迪还签下了斯蒂芬妮·米尔斯（Stephanie Mills），一个20岁的歌手兼舞台演员，她曾在这部电影的百老汇原型中扮演桃乐茜（Dorothy），戈迪计划让她在电影版的《新绿野仙踪》中再次扮演这个角色。然而黛安娜·罗丝想要得到桃乐茜这个角色，尽管她的年龄已33岁。最终，戈迪让步了。他没有透露选角的细节，只简单地说："大家都在质疑黛安娜会不会是合适的人选，但黛安娜想演这个角色。"

罗丝加入了有杰克逊在内的传奇明星阵容。在选角的过程中，杰克逊就令吕美特印象深刻，从而赢得稻草人一角。该片的演员表中，还有莉娜·霍恩（Lena Horne）、理查德·普莱尔（Richard Pryor）以及尼普西·拉塞尔（Nipsey Russell）等。电影于1977年年中在纽约开拍，未来的"流行音乐之王"在片场中展现了出彩的演技和专业精神。

第3章
史诗变局

"迈克尔是一个伟大的完美主义者,这一直都是有目共睹的,"舒马赫说,"我是说,他好像一点失误都没有。迈克尔真的是非常、非常、非常腼腆,而且说话非常、非常、非常温柔,举止优雅,显而易见,他是个天赋异禀的人。"

就一个年轻人来说,他的工作态度特别让人佩服。他与姐姐拉托亚住在曼哈顿豪华的萨顿酒店的高层公寓里。大部分时候,他都在早上4点钟起床,5点30分到达皇后区的拍摄地,以便化妆师能够用几个小时帮他穿上精心特制的戏服:脖子上下垂的皱纹,一个瑞西花生酱瓶包着的鼻子,以及一顶看似用又大又软的布瑞罗钢丝球做成的凌乱假发。

杰克逊的工作方式——以及他的父亲——令他自小在家庭以外就无法拥有太多的社交生活。所以尽管在《新绿野仙踪》剧组里需要工作很长时间,但杰克逊依然会找时间去亲身考察纽约市。在歌曲《人性》中,他吟唱了这段经历:"倘若这个城镇就是一只苹果,那就让我来尝一尝。"杰克逊至少轻轻咬了一口这个"苹果",他与当地的一些名人有了来往,比如杰奎琳·肯尼迪·奥纳西斯(Jackson Kennedy Onassis)此后她得到了在双日出版社出版杰克逊自传的权利。

在他人生中的这一时间点,杰克逊始终把自己看作是耶和华见证人的教徒,就如他母亲一样。虽然他在"54工作室"那样的舞会俱乐部感受了一下夜生活,但他并不像其他很多客人一样,沉沦于毒品和肉欲中。反而,他发现自己十分陶醉于被旁人当作一个普通狂欢者。

"每个人都觉得他们是'54工作室'的明星,"苏珊·布朗德(Susan Blond)说,她是杰克逊兄弟在哥伦比亚/史诗唱片公司的公关,并在之后的《颤栗》时期继续与迈克尔共事,"那里有很多非常有趣的人,迈克尔对那个地方喜欢得不得了,胜过其他任何地方,因为里面的每一个人都太棒了。"

同时,杰克逊还有着孩子般的顽皮,他的一个习惯很好地证明了这点。他喜欢拿起布朗德的手提包,把它整个翻转,将里面的东西全部倒出来。然而,对于他的粉丝,他一直都很认真。有一天,杰克逊在签名的时候,布朗德建议他只简单地把名字的首字母写上就够了,而不必写上全名,这是安迪·沃霍尔(Andy Warhol)经常用的节省时间的方法。"不,不可以，"杰克逊说，"他们是我的歌迷，是他们成就了我，我永远都不会这样马虎地对待他们。"

除了专注地对待崇拜者，杰克逊对《新绿野仙踪》的同事来说还保留了一些神秘感。"我不知道在 1977 年的时候，19 岁的他到底有多少人生阅历，我不知道他在家庭外生活过多长的时间，"舒马赫说，"而且他一直保持隐遁的状态，除非聚光灯打在了他的身上。当迈克尔沐浴在聚光灯下时，他就会为你使尽浑身解数。"

杰克逊是个天生的表演家，而且他会周密准备让本已瞩目的天赋更为耀眼。他会看录像带研究羚羊和猎豹，希望可以将他们优雅的体态加入他在《新绿野仙踪》的舞蹈动作中。在片场，他展示了他学习舞蹈的能力，别人的一个舞步，他看一次就能马上学会。舒马赫回忆道："在所有剧组的演员当中，迈克尔才是真正的舞者。"

他的天赋是那么耀眼，耀眼得让和他对戏的明星都感到一丝紧张。有一天，在拍摄现场，罗丝把他拉到一边。"她告诉我，我让她很尴尬，"杰克逊回忆说，"我只是一直盯着她啊。让黛安娜·罗丝尴尬？因为我？她说她知道我没有意识到，但我学习舞步的速度实在太快了。"

杰克逊也有过一些让自己尴尬的时候。在早期排练的时候，他在读苏格拉底的名言时发错了音，把这个哲学家的名字读成"苏荷—克拉提丝"。随后，他听见附近有人在窃窃私语："苏格—拉—底（Soc-ruh-tease）"。他记得自己当时四处张望，然后看见了一张友善的面庞。"昆西·琼斯，"那个男人说，并伸出了他的手，"我负责配乐。"在杰克逊 12 岁的时候，他与这位制作人在洛杉矶曾初次见过面，小萨米·戴维斯（Sammy Davis Jr.）是引荐人，他介绍昆西是"有史以来最美好的存在"。

据杰克逊说，他在《新绿野仙踪》的拍摄现场，询问琼斯关于为他下一张个人专辑聘请最好的制作人和录音师的意见。"为什么你不找我呢？"琼斯回答，这让杰克逊很惊讶（"我没想到他会对我的音乐感兴趣。"这位歌手在他的自传中解释说）。"噢，当然，好主意，"杰克逊结巴着说道，"我之前从未想过。"

琼斯对这段合作关系的记忆有点不同，这要追溯到在他洛杉矶的家中

第 3 章
史诗变局

所开的一个会议。杰克逊求助他想要找一个唱片制作人，而琼斯把这解读为这个项目的工作邀请，并说他会考虑一下。直到与杰克逊在《新绿野仙踪》剧组共度了一段时间，见识到他的工作态度和天赋异禀后，琼斯才想起有这么一件事。正是苏格拉底造成的小意外促成了这次合作。当制作人纠正这个年轻人的发音时，杰克逊只是简单地说："真的吗？"

"这个反应太棒了！"琼斯之后写道，"他如此地和蔼温柔。看着那双睁得大大的眼睛，我就在那一刻被征服了。"

似乎他们两个都承认，当杰克逊与哥伦比亚唱片公司的高层交涉的时候，并没有太多人支持让琼斯上位，他们觉得昆西这个制作人的音乐太爵士化了。杰克逊回复他的唱片公司说："我不在乎你们怎么想，我的唱片昆西是做定了。"

杰克逊和琼斯召集了一群出色的音乐人在录音室中协助他们，其中包括英国籍的创作大师洛德·汤普顿（Rod Temperton），他是艾瑞莎·富兰克林（Aretha Franklin）和唐娜·萨默（Donna Summer）众多金曲的幕后功臣；还有"约翰逊兄弟"乐队的贝斯手路易斯·"雷拇指"·约翰逊（Louis "Thunder-Thumbs" Johnson）；葛雷格·菲林金斯（Greg Phillinganes），他是一个5年前辍学后就开始跟随琼斯工作的键盘天才；以及声乐编曲汤姆·巴赫勒（Tom Bahler），他因曾和雪儿（Cher）合作过而知名。

另一个加入的得力成员是录音师布鲁斯·斯维迪恩（Bruce Swedien）。他又厚又白的胡须，再加上他魁梧的身躯，几乎能让这个红脸颊的人赢得圣诞老人模仿比赛。他在明尼苏达大学的电气工程专业副修音乐，在明尼阿波利斯交响乐团工作之后，又跨越风格跟随贝西伯爵（Count Basie）和艾灵顿公爵（Duke Ellington）。即使在这么强大的幕后阵容下，杰克逊看起来依然不同凡响。

"在录音室中，跟迈克尔一起工作是一种快乐，绝对是最棒的快乐，"斯维迪恩说，"好得没法再好了。比如说，在我的事业生涯中，有两位共事过的歌手是不需要我去做音调修正的，一位就是迈克尔·杰克逊，另外一位是塞伊达·加内特（Siedah Garrett），他不会浪费每一条录音。"

斯维迪恩之后一直为杰克逊的每一张个人录音室唱片效力，而加内特则在《飙》（Bad）专辑中加入，与杰克逊合唱《我不能停止爱你》（I Just Can't Stop Loving You）。斯维迪恩与他的妻子碧儿（Bea）最终成为了杰克逊的亲密好友，杰克逊也会经常拜访这对夫妇位于加利福尼亚的牧场（"迈克尔曾经非常爱吃我们做的鸡肉。"斯维迪恩回忆说）。

这支卓越的团队完成的第一件作品是《疯狂》。1978年12月，这张唱片在好莱坞的艾伦·甄兹录音室里开始录音。在那里，琼斯和他的团队（统称"顶尖团队"）开始实验一些罕见的录音技术。实验的范围从相对常规（使用从斯维迪恩100多个收藏中挑选出来的多个话筒）到稀奇古怪（有一天杰克逊跟录音师到阁楼去录击打各类物体时产生的声音）。

杰克逊是录音师们的梦想。斯维迪恩建议在黑暗中录音，杰克逊欣喜地答应了。他有时会通宵达旦地记歌词，这样第二天他就可以在关灯的情况下把它们都唱出来。这让他感到无拘无束，尤其是在录制情歌的时候。他渐渐地爱上了斯维迪恩的这个点子，并在他未来的专辑录制中一直沿用着这一方法。

尽管他的摩城时代已经过去了很久，但杰克逊从未忘记贝里·戈迪在他早年时给他灌输的理念。"他是一个完美主义者，"他的堂弟基思·杰克逊（Keith Jackson）说，"无论他做什么，不管是生意上的还是音乐上的，或只是在录音室里还是在写东西，他总是相信，如果你想要做一件事，就务必要把它做好。"

《疯狂》也不例外。从唱片的第一首歌——律动强劲的迪斯科曲《满足为止》（Don't Stop' Til You Get Enough），到其他金曲，如柔滑、芳醇的《与你共舞》（Rock with You），以及温柔、震颤的《她离开了我的生活》（She's Out of my Life），这些杰克逊成年后的单飞新曲把他带到了一个"杰克逊五兄弟"时期所望尘莫及的音乐高度。

"和迈克尔共事就是件快乐的事，非常舒心自然，"斯维迪恩说，"音乐就像从他身上的每一个毛孔里散发出来。"

第 3 章
史诗变局

———

《新绿野仙踪》在1978年10月首映，差不多是在《疯狂》专辑发行的前一年。罗杰·埃伯特（Roger Ebert）是赞扬杰克逊演技的影评人之一。"稻草人是黛安娜·罗丝扮演的桃乐茜遇到的第一个旅伴，这实在太好了，"他写道，"迈克尔·杰克逊用幽默和温暖丰富了他所扮演的角色。"

影片的其余部分则没那么激动人心。《新绿野仙踪》绝对有成为经典的潜力，它本可以是一个音乐剧版的《星球大战》（Star Wars），"《环球邮报》（the Globe and Mail）哀叹道，"但现在，这部电影只适合让所有12岁以下的孩童观看。"TimeOut 杂志之后把它列为影史最大的失败作品之一。

这部电影的票房也遭遇了滑铁卢，仅仅收入了1 300万美元——比投资成本还低1 100万美元。甚至在参与这部电影制作的人中也有一些认为这部电影很糟糕，但是杰克逊却是为数不多的亮点之一。

"让人惊叹的是他在里面是那么耀眼，还有他的舞步实在让人叹为观止，"舒马赫说，"这是部甜得发腻的电影，因为这就是我们当初期望的效果。但那些快速转圈和一些他陆续加上去的动作，让一切看起来更加精彩。在《新绿野仙踪》里，你可以看到迈克尔·杰克逊一些标志性舞步的雏形。"贝里·戈迪补充道："我真的很喜欢他在《新绿野仙踪》里的表演，迈克尔就是想做到一切。"

杰克逊的天赋和野心并不能拯救《新绿野仙踪》的票房，但其大力推动了在次年夏季上市的《疯狂》专辑的成功。截至1982年，这张唱片在美国共卖出了700万张，全球销量达3 000万张，成为了当时销量最高的黑人专辑。《滚石》把它称为"一场精致而老道的节奏布鲁斯（R&B）流行乐盛宴"。耶尼科夫补充说："我认为，《疯狂》真的是一张打上了迈氏烙印的突破性唱片。"

毫无疑问，杰克逊已正式成为了一个单飞艺人，从组合或是家庭角度上来说，他都远不只是"杰克逊五兄弟"乐队中的一员了。受到独立发展意识的鼓舞，迈克尔开始思索，要在不同阵线开拓自己的道路，包括商业方面。尽管他的父亲筑造了"杰克逊五兄弟"乐队的早期辉煌，但他在很多方面却是个有缺陷的经纪人。他强势的个性在黑人剧院年代确实有用，可以用来和小规模的承办商讨价还价，从普通的演出中赚到更多的钱。但是，当他儿子的事业已经发展到了超级巨星的级别时，这就不那么有用了。

"乔·杰克逊不是一名商人，"史摩基·罗宾逊写道，"到最后，他带来的更多是妨碍而不是帮助，做生意的人不喜欢和他有生意来往。可悲的是，当他的孩子们足够大后，也纷纷到外面去寻找自己的经纪人，迈克尔就是第一个这么做的。"

杰克逊很清楚，要作为单飞艺人走向下一步的话，就要摆脱他父亲的束缚。《疯狂》发行后不到3周，他就迎来了自己21岁的生日，但他并没有浪费任何时间宣称自己已经成年。他通知他的父亲，他将不再是他的经纪人。

"想炒了自己的父亲并不容易，"他在他的自传中解释道，"但我就是不喜欢他有些处理事情的方式。"

儿子的这一举动，乔当时并没有放在心上，或许是因为迈克尔保留了弗雷迪·德曼（Freddy DeMann）和罗恩·威斯纳（Ron Weisner）继续作为他新的经纪团队的成员——这两人都曾负责过一些"杰克逊五兄弟"乐队的事务，但迈克尔却是把这件事当作是他走向独立自主的关键一步。

"我想要的是对自己生活的控制权，"他写道，"现在我得到了。"

———

"我们超时了，"在餐厅里交谈了大约一个半小时后，耶尼科夫说，"我要开始给你记账了。"

"好，最后一个问题。"

"你总说这是最后一个。"

耶尼科夫在我们结束访问前又谈到了另一个话题——杰克逊的多面人格。他见证了这名歌手在其职业生涯中，有时他的有些性格会不一致。

"对我来说，非常简单，"这位哥伦比亚唱片公司前总裁说，"这些人格是共存的，他有孩子气，有多愁善感之类的性格，也有精明的一面，商人那种精明。"他继续道。

"一个人拥有多面人格，这并非不可能。或许我是唯一一个这么说的，'对我而言，听上去没有问题'。不是听上去没有问题，应该是，听上去几乎一切正常。"

第 4 章

Michael Jackson, Inc.
The Rise, Fall, and Rebirth of a Billion-Dollar Empire

建立帝国

约翰·布兰卡洛杉矶办公室的墙上挂满了纪念品，全都来自他代理过的客户——其中有 25 位入选了摇滚名人堂——这其中最具代表性的纪念品来自迈克尔·杰克逊。琳琅满目的墙上挂着一张这位歌手与丽莎·玛丽·普雷斯利婚礼上的照片，题有"致约翰·布兰卡，我们这个时代最伟大的律师"。下面是杰克逊的签名。

20 世纪 80 年代，这位老牌律师帮助杰克逊建立了他的事业，谈下了各类重大协议，其中包括一份与哥伦比亚唱片公司签订的打破纪录的唱片合约。在接下来的几十年中，两人的工作关系分分合合。但 2009 年，在杰克逊去世前不久，他被重新召回了杰克逊阵营。现在他和共同执行人约翰·麦克莱恩管理着这位歌手的遗产，使其盈利超过 7 亿美元。所以令人毫不惊讶的是，即使在 8 月某个周五的下午，他的电子邮箱还是挤满了邮件。

"喔！"他叫道，"这是太阳马戏团最新的票房报告，我们在墨西哥城卖了 103 000 张票。9 场演出都售罄了，他们刚刚又在那个篮球场增加了 4 场。"话音未落，他又收到另一封邮件——这次是索尼/ATV 音乐出版公司（由杰克逊遗产管理委员会和索尼共同拥有）的主席马蒂·班迪尔发来的。

是一组在伦敦奥林匹克运动会闭幕式上播放的歌曲名单。

"这大概能给你一些我们拥有的歌曲的概念，"布兰卡说道，接着一串名字被娓娓道来，"《在灵魂深处翻滚》（*Rolling in the Deep*）、《反叛反叛》（*Rebel Rebel*）、《波希米亚狂想曲》（*Bohemian Rhapsody*）、《我们将震撼你》（*We Will Rock You*）、辣妹组合（Spice Girls）、艾米·怀恩豪斯（Amy Winehouse）、赶时髦乐队（Depeche Mode）、罗比·威廉姆斯（Robbie Williams）、《永恒的钻石》（*Diamonds Are Forever*）……"他微笑道，"还不错吧？"

———

布兰卡第一次见到迈克尔·杰克逊是 1980 年 1 月。那时候他只是个 29 岁的娃娃脸律师，唯一的职业经历就是和会计师迈克尔·梅斯尼克（Michael Mesnick）为"海滩男孩"乐队做过一些法律工作。而正是梅斯尼克安排了他和杰克逊的会面。这位刚刚 21 岁的歌手正在寻找一位律师。迈克尔坐在会议室里，戴着墨镜，静静地听着布兰卡和大卫·布劳恩（David Braun）——这个布兰卡所在的律师事务所年龄稍大的合伙人——阐述他们的工作。然后，在会议期间，这位歌手放低了墨镜，直勾勾地盯着布兰卡。

"我认识你吗？"杰克逊问道。

"嗯，不认识，"年轻的律师回答道，"但是我很期待咱们能了解彼此。"

"你肯定咱们以前没见过面吗？"

"迈克尔，要是有的话，我肯定不会忘记的。"

"哦，"杰克逊说罢又把墨镜推了上去，"好吧。"

第二天，布兰卡接到了梅斯尼克的电话。"迈克尔喜欢你，"他说道，"他决定雇用你。"杰克逊并没有面试其他的律师，但是在这件事上相信直觉是个明智的决定——他知道这家律师事务所在音乐界很有名，代理的客户包括鲍勃·迪伦（Bob Dylan）、尼尔·戴蒙德（Neil Diamond）和乔治·哈里森（George Harrison）。而且杰克逊的墨镜并不仅仅是为了时尚。

第 4 章
建立帝国

"开会时他也总戴着墨镜，"20 世纪 80 年代早期就开始为杰克逊工作的凯伦·兰福德（Karen Langord）回忆道，"你真的不知道他投入了多少精力在听，但他总是能说出一些关键的话，你就知道其实开会时他躲在墨镜后面是很认真的。他就是喜欢坐在那仔细倾听，这是他学习的方式，整个世界就像是他的教室，他想学习一切。"

布兰卡受雇后不久就接手了他的第一个任务——与表演艺术著作权代理机构美国广播音乐协会（BMI）谈判新协议。他回忆道，当时他问迈克尔想要多少歌曲版税的预付金。杰克逊虽然很年轻，但他知道自己的价值。杰克逊说，至少 20 万美元。于是布兰卡到 BMI 拿下了这笔合同。

很快，他就知道他通过了第一项测验。"我拿到了 3 倍的金额，"他回想道，"我永远不会忘记那天我们坐下来，然后我说道，'迈克尔'。当我告诉他我帮他搞定了什么的时候，他脸上露出了大大的微笑。所以从那时起我就知道，我们会继续愉快地合作下去，路还很长。"

就像他在摩城时期所做的那样，杰克逊不断地从音乐行业中汲取经验。"尽管我想他可能从我身上学了很多，"贝里·戈迪说道，"但我觉得是约翰·布兰卡告诉了他所能做的事。"

下一个项目是与哥伦比亚唱片公司的史诗唱片续签协议。为一位发行了如《疯狂》这般成功专辑的歌手谈判续签合同是很平常的，但是布兰卡不仅出色地完成了这项工作，更拿下了一座金矿。他说服了史诗唱片与这位歌手签订了一份新的单独表演合同。从上一张专辑中，杰克逊获得了唱片批发销售额的 32%，布兰卡把这个数字推高到了 37%~39%——约等于零售额的 20%——这是当时行业中最高的价码。该合同使杰克逊的收入比在摩城时期上涨了 30 多倍（那时他们兄弟每人大约获得批发销售额的 1%），并且确保该公司即使在迈克尔单飞离开了组合的情况下，也可以继续保留杰克逊兄弟乐队。

布兰卡还在该合同中加入了一项精明的条款：杰克逊从《疯狂》开始的 5 张专辑合同，将会由加利福尼亚州法律管辖，这是由位于纽约的哥伦比亚唱片公司大家族唯一签订的此类条款，听起来可能没什么大不了，所以公司也没有反对。但其实这是很精明的手段——与纽约法律不同，加州的法律规定员工有权在合同执行 7 年后终止任何合同——这给杰克逊团队未来的谈判增加了一个极其重要的筹码。

几乎与此同时，布兰卡已逐渐习惯了杰克逊夜间打来的电话，基本上是谈论他最新的专辑或生意。从一次特别的深夜电话中，这位律师意识到也不是所有的事务都那么重要。"约翰，我们需要谈论一件非常重要的事情。"杰克逊说道。"什么事，迈克尔？"布兰卡一边问一边从床边的桌子上抓起了笔和纸。"我的弹球机坏了。"

———

事实上，布兰卡的工作超出了法律、生意和弹球机（后来他找了一个游戏机修理工）的范围。在家庭事务方面杰克逊也总是依赖他的帮助，在这方面这两个人还有很多共同点。和杰克逊一样，布兰卡也是在娱乐业的环境下长大的。他 4 岁时，妈妈把他和爸爸留在纽约，自己一人搬去好莱坞追寻演员梦。他的叔叔拉尔夫·布兰卡（Ralph Branca）是美职棒大联盟的全明星投手，也是杰基·罗宾逊（Jackie Robinson）在布鲁克林道奇队的第一个朋友。像这支棒球队一样，约翰最终也去了西部。青少年时期的他是一个乐队的键盘手，有时给大门乐队（The Doors）做暖场演出，混迹于洛杉矶的大小俱乐部。同一时期，他未来的客户正在这个国家另一头的加里市做着同样的事。

在为杰克逊工作的同时，布兰卡常常被派去刺探杰克逊的父亲。虽然老杰克逊已不再管理迈克尔的事务，但是迈克尔还是觉得他能影响自己圈子里的所有人。"我见到乔时，他说基本上我要听他的，让我做什么我就要做什么，"他回忆道，"迈克尔对我说，'布兰卡，告诉我父亲说了什么，一字不落'。于是我就全盘复述，然后他说，'你别听他的'。实际上我这么做（复述乔的话）就是让迈克尔知道我是在为他工作，而不是为他父亲。"

与迈克尔的家庭打交道意味着也要去解决一些乔和一些同伴在 20 世纪 70 年代搞出来的麻烦合同。其中一个特别的问题出在音乐出版领域。虽然迈克尔那时已经意识到了歌曲创作在收入中的重要性，他——和他父

第 4 章
建立帝国

亲——却并不了解版权法的错综复杂。

在杰克逊兄弟乐队离开摩城不久后，乔·杰克逊就帮他的儿子组建了一家公司把歌曲版权收归门下，比如像与兰迪共同创作的《摇摆你的身体》，但是他或他当时的同事几乎把歌曲的国际发行权拱手送人。更糟糕的是，这项协议没有终止期限。后果就是，迈克尔的歌在国外播放，他却收不到一分钱，而且这种情况似乎也是不可能解决的。但最终这事解决了，因为布兰卡注意到了一个纰漏，在制定这些不利合同时，杰克逊兄弟乐队的工作团队中没有人正式填写过那些文件。

"我没有看到有关于迈克尔把所有权转交给那些公司的法律文件，"布兰卡说，"所以我就把这些公司踢到了一边。我告诉那些海外公司，这些公司并不拥有这些歌曲的版权。"这些歌曲催生了一家名为"Mijac 音乐"的新出版发行公司，其一并负责杰克逊未来的歌曲版权。现在这家公司由索尼/ATV 运营，所有权归杰克逊遗产管理委员会所有。整个曲库大概价值 1 亿美元（很可能更多，这取决于用哪种市盈率标准来判定这些歌曲的价值）。

在《新绿野仙踪》里小试身手后，杰克逊在电影领域就越来越大胆了。他想出了杰克逊兄弟乐队 1980 年金曲《你能感觉到吗》（*Can You Feel It*）的音乐录影创意。一群来自充满迷幻色彩的未来世界的人们，在嬉闹中撒下金粉。这些人由杰克逊兄弟们扮演，并被塑造成巨人般的、穿着闪亮外套的超级英雄。乐评家后来称赞这部 9 分钟的作品是超前的；2001 年，MTV 把它评为有史以来最好的百部音乐录影之一。

对杰克逊单飞后的音乐的全面认可似乎也被延后了。1980 年 2 月，杰克逊作为独唱歌手获得了第一座格莱美奖杯——他凭借《满足为止》获得"最佳 R&B 男歌手奖"，还因此曲获得了"最佳迪斯科唱片"的提名，但作为一名极度雄心勃勃的歌手，这一切的关注还远远不够。

"我曾引以为傲的节奏、先进的技巧以及《疯狂》专辑的成功，都在格莱美提名被揭晓的那一刻被一扫而光了，"他在自传《太空步》（*Moonwalk*）中写道，"我还记得我是在哪儿听到这个消息的，当时我有一种被同行忽视了的感觉，很受伤。"

杰克逊在家中的电视上看了颁奖典礼。在他心里，《满足为止》不该只在冷门奖项中被提名，而应该是"年度最佳歌曲"。那一届"杜比兄弟"组合（Doobie Brothers）的《傻子信什么》（What A Fool Believes）赢得了该奖项。在杰克逊看来，《疯狂》专辑还应该获得综合类奖项的提名，如"年度最佳专辑"。

杰克逊敏锐地察觉到黑人音乐人是怎样被当权者利用或无视的，"前事不忘，后事之师"，他之后在没公开的笔记中这样写道。在这届格莱美上，没有获得足够的认可让他觉得自己被边缘化了，他对创作黑人音乐不再抱有很大的兴趣。自杰克逊五兄弟乐队的早年生涯开始，他就多次提到要创作不受肤色限制的专辑，他的目标是"用音乐团结各种族的人们"。

尽管感到很失望，但杰克逊在这次格莱美受到的挫败最终成为有用的一课。"那次的经历点燃了我灵魂深处的一团火，"杰克逊写道，"我脑海中只有下一张专辑，以及我会怎么去做。我希望它是真的很棒，我对自己说，'下次等着瞧'，他们不能再无视我的下一张专辑了。"

―――――

1982年夏，杰克逊召集了昆西·琼斯和其他顶尖团队成员，一起在洛杉矶的西湖录音室里为他的下一张专辑录音。这张后来被称为《颤栗》的专辑一开始用的却是另一个名字——《星光》（Starlight）。

资深创作人洛德·汤普顿最初给专辑同名歌曲起了这个名字（副歌歌词为"星光啊！星光闪耀的太阳"），要是琼斯没有在某天晚上挑战自己想出更好的东西的话，可能这首歌的歌名将就此定案。汤普顿回家头脑风暴了几百个名字，包括《午夜男人》（Midnight Man），但他觉得还有改进空间，有天早上起床后，"颤栗"这个标题便跃入他的脑海。

下一个任务是要调制出更多的热门曲。迈克尔·杰克逊不仅仅想要拿到奖项，写出完美的歌曲，他还想要唱片大卖，要让唱片比以往任何人的专辑都畅销。"当我还是小孩子的时候，我就梦想着要创作出史上销量最高的专辑，"迈克尔·杰克逊写道，"我记得我小时候去游泳，在跳进泳池前都会许下这个愿望。"

第4章
建立帝国

杰克逊如此专注于他的目标，以至于当琼斯和汤普顿问起他，如果新专辑销量没有《疯狂》高他是否会失望时，杰克逊对他们居然提出这样的可能性感到非常生气。幸好，他在录音室有一位新人帮助他——来自锡拉库扎的录音师马特·佛杰（Matt Forger）。马特·佛杰是一名飞行员的儿子，他在成长过程中维修了不少飞机，在高中时学会了吉他，大学念的是机械工程专业。在业余时间，他运用多方面的才华，起初为他的朋友做现场混音；由于不满其工作地方音响设备的低音质，佛杰开始为自己做一台设备。

"这个挑战教会了我很多，但我希望在一个严肃认真的环境下录制专辑，"马特·佛杰说，"我在很小的时候就能感觉到，在我听电台时，每三到四首歌里就会有一首让我觉得，'哇，这首歌很棒，有些不一样的东西，这首歌里有一些其他歌曲不具备的，其他歌曲虽然好，但并没有这首歌的魅力'。"

马特·佛杰在西湖找到了家的感觉，在认真制作《颤栗》专辑前，他担任了昆西·琼斯一段时间的技术专家。当佛杰第一天为《这女孩是我的》(*The Girl Is Mine*)这首杰克逊和保罗·麦卡特尼合唱的专辑首发曲工作时，他和杰克逊见了面，这位工程师马上意识到杰克逊是一位极度好学的人。作为一个对书本如饥似渴的人，杰克逊常常说要在各个领域向伟人学习，然后变得更伟大。

"他不仅仅在音乐上向伟人学习，"佛杰回忆道，"他向米开朗基罗、'披头士'乐队学习，向托马斯·爱迪生、亨利·福特等人学习，他想要了解清楚这是什么，是什么特质成就了他们，是什么让他们获得了成功。"

其中一点就是对细节的关注。杰克逊和顶级团队听了600多首歌曲的粗剪版，包括汤普顿递交上来的33首歌。在专辑的9首歌曲里，杰克逊自己创作了其中的4首，包括《比莉·珍》和《避开》。为了增加专辑的吸引力，他还请来了其他一流艺人：艾迪·范·海伦（Eddie Van Halen）来了一段吉他独奏；麦卡特尼在《这女孩是我的》里献唱；还有来自流行摇滚乐队托托（Toto）的史蒂夫·波尔卡洛（Steve Porcaro），他为《人性》一曲进行了创作。

在说服一些巨星来参与专辑录音上，昆西·琼斯帮了很大的忙。他用一打啤酒说服了范·海伦参与录音，并承诺在《避开》中施展他的吉他绝技。这首歌太火了，以至于早期在某次歌曲的回放中，真的让一个扬声器着了火。

音响设备并不是唯一因为《颤栗》的音乐热度而损毁的东西。有一天，杰克逊在录完音回家的途中，还沉浸在《比莉·珍》的旋律中，脑海里还在谱着曲子。由于太过投入，杰克逊完全没注意到自己座驾劳斯莱斯的底部在冒烟，直到有人骑着摩托停到他旁边喊："你的车着火了。"

在20世纪80年代，电脑和采样器还不是很普遍，数字音乐也在发展初期。但他们这支顶尖团队将当时的技术玩得淋漓尽致，例如一种"24音轨"录音带。布鲁斯·斯维迪恩当时尤其喜欢将两盘多轨录音带用同步器连接起来。这种方法使他们拥有的不是"24音轨"，而是几乎两倍的音轨（因为其中两条音轨要对应上时间码，确切来说就是46音轨）。在《颤栗》上，他和佛杰将这种方法发挥到极致，在一首歌中常会用到一堆不同的"24音轨"录音带。当时不那么先进的录音手法可能会用一条音轨录下整个弦乐部分，而这支顶尖团队会为录一台小提琴用上整条音轨。

"制作出《颤栗》丰富而有特色的声音的一大功臣，便是使用多音轨录音带技术，"佛杰说，"我们有一整套系统的程序去实现它，我们每天都坐在录音室里使用这项技术。昆西在声音的特点和质感这方面具备广博的知识，洛德具备编曲能力，布鲁斯具备如何打造标志声效的声音知识……一切都由创作直觉驱使，以求尽可能做出最好的录音。"

1982年10月，当史诗唱片准备把《这女孩是我的》作为专辑的首发单曲来发行时，杰克逊和顶尖团队还在不懈地工作，他们常常好几天都一起工作16小时以上，以最后润色《颤栗》中的其他歌曲。在史诗唱片公司订下的专辑截稿日的前一天，杰克逊、布兰卡、顶尖团队和耶特尼科夫一起在录音室里首次听了最终的混音版。他们聆听时，很快就发现显然有什么地方出错了。

"它没有让我有想跳舞的感觉。"杰克逊说。他在自传里表达得更直接："《颤栗》听起来太糟了，我眼泪都气出来了。"

第 4 章
建立帝国

问题不是出自歌曲本身，而是它们的声音效果。因为杰克逊喜欢歌曲有较长的前奏，他称之为"臭果冻"（Smelly Jelly），也叫"疯克节拍"，于是他们在唱片两面各录满了 28 分钟。在数字专辑上，这不会有任何问题；但在黑胶唱片上，每一轨都要被刻在盘上，这就很不一样了。为了在唱片的每面各录上近半小时的音乐，每一道唱片槽就必须比平常窄一点。对《颤栗》来说，最初的成果是歌曲的声音又细又小，顶尖团队夜以继日的努力工作都白费了，而杰克逊是不会同意专辑以这种状态发行的。

为了冷静下来，《颤栗》团队休息了一个周末，之后开始了非常紧凑的日程，要在一周内重修、剪辑、重混整张专辑。所有人都做了妥协：杰克逊同意去掉一些他很喜欢的"果冻"，汤普顿砍掉了《我生命中的女郎》（*The Lady In My Life*）中的一个唱段。其他歌曲也做了不同程度的修正，节省出了宝贵的几分钟，使最终成品每面大概只有 19 分钟。最终，他们剪出了一张被琼斯誉为"节奏带劲，音效带劲"的唱片。

斯维迪恩还记得杰克逊第一次听到调整后的专辑时的反应："他两眼放光地说，'噢，它让我想跳舞了！'"

但还是有人怀疑杰克逊。在专辑发行之前，布兰卡去游说《滚石》杂志主编扬·温纳（Jann Wenner）发表一篇关于新"流行音乐之王"的文章。虽然温纳曾把"杰克逊五兄弟"全盛期的迈克尔放上了杂志封面，可他对单飞后的迈克尔并不是很感兴趣。他当时的理由是："迈克尔·杰克逊不是上封面的料。"

————

当《颤栗》最终发行后不久，昆西·琼斯慌了神。他发现杰克逊决定不和他的经纪人迪曼和韦斯纳（他们两人都婉拒为此书作评。"我已经不想再谈迈克尔·杰克逊了。"后者说）续签刚到期的合同。没有代理人和经纪人，这位年轻歌手似乎毁了他本可预见到的最大辉煌。

唯一留在杰克逊商业团队的只剩布兰卡，这位长着娃娃脸的律师和杰克逊共事才两年时间。琼斯拿起了电话致电这位律师。

"布兰卡，发生什么事了？"制作人焦急地问，"现在就像一架没有驾

55

驶员的波音 747！"

"有驾驶员啊，昆西。"

"谁？"

"迈克尔。"

第 5 章

Michael Jackson, Inc.
The Rise, Fall, and Rebirth of
a Billion-Dollar Empire

亲吻怪物

"迈克尔绝不会去亲吻那只怪物!"电话那头的声音咆哮着。

"你在说什么?"刚从会议室匆忙跑出来接电话的布兰卡问道。

"告诉他们他不会亲吻那只怪物!"这声音来自耶尼科夫。

对话中提到的怪物指的是 E.T.,一个热爱煲星际电话粥的可爱外星人。这个形象是一部同名科幻电影的主角,赢得了无数观众的喜爱——这其中也包括迈克尔·杰克逊。并且他刚刚答应了导演斯皮尔伯格私下的请求——为这部电影录一首歌以及配套朗读的有声读物。杰克逊与 E.T. 相拥的形象将出现在这张专辑的封面上。MCA 唱片公司[①]打算发行这张作品。但这一项目却并未得到哥伦比亚唱片公司的官方许可,耶尼科夫也因此大为恼火。

之前的成功使得这位脾气暴躁的总裁变得比以往更加自信,也更加暴躁。在他的监管下,哥伦比亚唱片公司旗下其他的顶尖艺人,包括布鲁斯·斯普林斯汀(Bruce Springsteen)、马文·盖伊,以及比利·乔尔

---

① 后来的环球唱片公司。　　　　　　　　　　　　　　　　——译者注

（Billy Joel），他们近期发行的作品都已飞升至一个前所未见的商业层级。在这个节骨眼上，他绝不会允许迈克尔·杰克逊参与制作竞争对手公司的项目，更何况此时《颤栗》即将发行。

"那个怪物！他是不会去亲吻那个怪物的！"耶尼科夫重复道，"让MCA那些该死的家伙滚开！不准他们动我的艺人！"

耶尼科夫最后威胁MCA要告他们，除非他们同意把E.T.专辑下架或者提供适当的补偿。"我那时总在打官司，"哥伦比亚唱片公司的前任总裁在回忆起这些时也忍俊不禁，"我们那时处在无休止的竞争中，而我总在和MCA打官司。"

和耶尼科夫的通话结束后，布兰卡感到惊慌失措，他觉得杰克逊也许会为此责怪他，甚至还会把他开除，好在这位歌手随即就意识到这不是律师的错。最终，MCA唱片公司以50万美元的赔偿金与哥伦比亚唱片公司达成和解。

然而最终，杰克逊本人却从这个失败的项目中获得了最大的收益。

———

在1983年的美国，汽车的年销量是910万辆。而同一年，迈克尔·杰克逊的专辑《颤栗》，卖出了超过1 000万张。

对于这张之后成为"有史以来最畅销专辑"的唱片来说，《颤栗》在商业上成功的攀升速度更像福特斑马车（Ford Pinto），而不是像保时捷那样迅猛。《颤栗》大碟的首发单曲是《这女孩是我的》，这支单曲最终取得了《公告牌》榜上第二名的成绩。乐评人们批评这支单曲与《疯狂》专辑的歌曲多变的节奏相比，是一种退步。《滚石》的一位乐评人甚至把它批为"窝囊"，并且攻击这首歌曲的客串合唱者保罗·麦卡特尼的表现太过"平淡"（考虑到歌曲的副歌以一句"这个可恶的姑娘是我的"的歌词结尾，他或许说的有几分道理）。

在整张专辑发行后，《颤栗》受到了其他乐评家和消费者们更为热烈的欢迎。《颤栗》发行于1982年11月30日，随即登上《公告牌》"黑胶大碟与磁带"榜（即现在《公告牌》200强专辑榜的前身）的第11名，排

第 5 章
亲吻怪物

在"流浪猫"（Stray Cats）乐队的《为速度而生》（Built for Speed）和"超级流浪汉"（Supertramp）乐队的《著名遗言》（Famous Last Words）等经典作品之后。然而，这仍可说是一个超好的开局，因为在当时，几乎没有专辑能够空降冠军，大多数专辑在登顶之前都要经历一段漫长而缓慢的攀爬。

乐评人对《颤栗》专辑的喜爱远远超过了其首发单曲。《公告牌》赞扬其蕴涵"无法抗拒的节奏和能量"，同时《纽约时报》（New York Times）将其称为"一张精彩的流行唱片，当代乐坛最棒流行歌手之一的最新宣言"。或许更为重要的是，耶尼科夫爱上了这张专辑。在听过最终版并看到了它的最初的销量后，这位哥伦比亚唱片公司老总以几周前对待布兰卡时的那种激动给杰克逊回馈了他的看法。

"该死的你做到了。"

"请不要用那个脏词，沃尔特。"

"你像天使一样做到了，大天使米迦勒。"

"这样说好点，现在你会帮我大力宣传吗？"

"像个混账那样去宣传它。"

《颤栗》在唱片店里甚至卖到断货，但杰克逊仍不满足。由于他还没有雇用经纪人，于是就把商业相关的任务指派给布兰卡，自己处理其他事务。他会全天候地打无数个电话给耶尼科夫讨论专辑的实时销量，而他认为还可以卖出更多专辑的想法是正确的。

在 20 世纪 80 年代初期，宣传意味着不仅仅要让电台 DJ 循环播放专辑中的大热单曲，还要打破界限让《颤栗》成为主流的流行音乐专辑，所以耶尼科夫必须让它的音乐录影在 MTV 频道播放。该频道于 1981 年 8 月开播，但在不到一年的时间里，就已从拥有 300 家有线播出平台、250 万收视家庭的规模壮大为 2 000 家联播电视台和超过 1 700 万的收视家庭。音乐产业能够实现从 20 世纪 70 年代后期的负增长到 1983 年以 5% 的速度正增长的逆转的部分原因，正是因为 MTV 的迅猛发展。

"在最初，也就是 1956 年以来，摇滚乐和电视从未有过真正的交集，"

《滚石》杂志的基斯·理查兹（Keith Richards）对《时代周刊》（Time）说，"但突然之间，他们简直就像结了婚似的，两者再也离不开彼此。"

杰克逊顺势而动，并有了为《颤栗》专辑拍摄三支音乐录影的初步构想。在完成了《新绿野仙踪》和《你能感受到吗》（Can You Feel It）两项工作后，他脑子里充满了许多新想法，决心要单枪匹马去提升音乐录影这个类别，在他看来，20世纪80年代初的音乐录影是"原始而不堪一击的"。他认为音乐录影不该是那种用过即可丢弃的广告传单，而是应该作为一种艺术独立地存在。

杰克逊说服哥伦比亚唱片公司投入了25万美元为《比莉·珍》拍摄录影。该录影由史蒂夫·巴伦（Steve Barron）执导，他随后在1990年导演了《忍者神龟》（Teenage Mutant Ninja Turtles），在1993年导演了《尖头外星族》（Coneheads），杰克逊在录影中旋风般地穿过一片荒芜的黑色电影场景（这位歌手说服导演相信录影中必须要有舞蹈）。在杰克逊的狂想曲中，他始终被一个穷凶极恶的狗仔尾随。在录影的高潮，杰克逊溜进一家酒店的房间钻进了被窝，而在被单的掩盖下，隐约可见一名女子的身形，暗示观众这就是比莉·珍本人。当狗仔赶到现场准备透过窗户拍照时，被子下仿佛发生了一次小型原子弹爆炸，杰克逊则在炸开的金光中消失了。

"我想要制作出能牢牢吸引住大众的东西，"杰克逊之后写道，"我想成为这个新媒介的先锋人物，并尽我们所能去做最棒的短篇电影。"

尽管杰克逊完成了他这一方的承诺，但在把录影带放到MTV频道去播出的过程中，耶尼科夫却遭遇了巨大的阻力。这个频道的高管坚称杰克逊的音乐不属于摇滚乐，而他们只会播放摇滚乐的录影，因为这才是听众想要的。这里的潜台词是：他们只会播放白人音乐家的作品。

"MTV当时对黑人音乐有着真正的种族隔离心态，"非凡五人组之弗雷迪"回忆说，在MTV终于不再仅仅播放摇滚乐后，他在该频道主持了一档名为《哟！MTV说唱》的节目，"他们当时想要仿效主流电台在节目安排上的某种隔离的模式。"

杰克逊对这一现实相当不满。耶尼科夫也一样，尤其是现在这个政策影响了他最成功的艺人，并触及了哥伦比亚唱片公司的底线。他给MTV

第 5 章
亲吻怪物

的办公室打去了电话,没多久,他便与首席执行官鲍勃·皮特曼(Bob Pittma)取得了联系。和往常一样,他没有以客套话来开场。

"你就是那个白痴总裁?"耶尼科夫记得当时是这样问的。

"啊……?"

"我要你播放《比莉·珍》。"

"这事可不是你说了算。"

"好啊,那就让我告诉你接下来会发生什么,"耶尼科夫接着说道,"我会把哥伦比亚唱片公司旗下所有艺人的录影全部撤回。"

"你旗下艺人该怎么办?"

"他们并不需要操心 MTV 的感受。如果我撤回所有东西,昆西·琼斯也肯定会退出,他和史蒂夫·罗斯(Steve Ross)关系不错,而罗斯手里还握着 MTV 一半的股权。接下来你还要对付华纳和哥伦比亚唱片公司,他们都会撤走所有的东西。"

当时,并不是所有哥伦比亚唱片公司的艺人都拍摄了音乐录影,但理论上来说,耶尼科夫的最后通牒就意味着像比利·乔和布鲁斯·斯普林斯汀这种大牌艺人的作品将不再在 MTV 播放。为了施加压力,耶尼科夫还告诉皮特曼,如果该频道继续拒绝播放杰克逊的录影,他会对外宣称,MTV 有种族歧视倾向("我并不认为所谓的'我们不喜欢黑人'就意味着种族歧视,"耶尼科夫解释道,"真正意义的种族歧视是'我们是白人摇滚乐的播出平台,我们只想播放白人的摇滚乐'")。

MTV 屈服了,《比莉·珍》开始频繁地重复播放;然后,《颤栗》在《公告牌》榜单上的排名迅速飞升。当时的排行榜对黑人艺人实际上有着单独的榜单(名为"黑人大碟榜"和"黑人单曲榜")。到了 2 月底,《颤栗》在流行乐总榜、黑人榜、单曲榜上全部登顶冠军,杰克逊也因此成为史上第一个有此成就的艺人。

几周后,耶尼科夫喋喋不休地威胁占据了报纸杂志的许多版面,但当时它们只是谣言,而不是业内真相,并且 MTV 也出面进行了澄清。"哥伦比亚唱片公司给我们施加的压力仅仅在于比利·乔的歌曲。"MTV 母公司的一位代言人说道，这里所说的歌曲指当时红极一时的《钢琴人》(*Piano Man*)。

尽管耶尼科夫承诺"要不择手段"地大力宣传《颤栗》，但杰克逊的专辑本身已经风生水起。"这张专辑差不多是径自起飞了，"这位哥伦比亚唱片公司前总裁回忆道，"我觉得我们没有必要去大力宣传，我们只不过做了该做的，并没有什么特别投入，因为我们不需要。我认为在当时，聪明的做法就是别挡道。"

杰克逊决定继续拍摄录影，或者说是"短篇电影"，他喜欢这么叫它。他紧接着推出的是《避开》，它将由经典影片《五星级杀人夜》(*Dinner Rush*)的导演鲍勃·吉拉尔迪（Bob Giraldi）执导。杰克逊希望影片能按照歌曲字面上的意思来拍摄：在都市中的反乌托邦里，两个处于敌对状态的黑帮暗中准备要来一场火拼。为了使录影的效果看起来尽可能更加真实，杰克逊派出他的团队找遍洛杉矶，找到了真正的黑帮成员来拍摄。

在录影中，杰克逊最终用舞蹈化解了双方的战争（类似的故事在他下一张专辑的同名主打歌中又出现了一次）。奇怪的是，这却能在现实生活中引起共鸣。杰克逊发现，那些曾在大街上剑拔弩张的帮派成员在拍摄现场却表现得很和善。他们夸他跳舞跳得好，客气地向他索要签名，甚至会在午餐时自己清理托盘。

"我开始意识到人们变坏、变粗鲁的目的，也不过是想要得到外界的承认，"杰克逊后来写道，"这些家伙想要的不过是存在感、获得尊重，而现在我们要让他们上电视。我觉得他们对我都很好——礼貌、文静、对我的工作也十分支持。"

但《避开》就如之前的《比莉·珍》一样，其影响力是杰克逊和其他参与录制的人们难以预料的。"它真的引起了一个潮流，排名前40位的电台都开始播放那些声音硬朗粗犷、同时又带着R&B风格的艺人们的作品，"伯克利音乐学院教授约翰·克罗格（John Kellogg）说，他说的是像空中铁匠乐队（Aerosmith）和Run-D.M.C.合作的《这边走》(*Walk This Way*)这样的歌，"而这所有的一切都源自《避开》和迈克尔·杰克逊。"

第5章
亲吻怪物

———

然而，真正帮助《颤栗》获得前所未有的商业成功，缘于一次与众不同的录影。1983年，苏珊·迪·帕西决定举办一次电视特别节目《摩城25周年庆典：昨天、今天、永远》，她首先必须说服戈迪批准这个项目。戈迪不想在舞台上面对那些已经离开他的公司的人"虚伪地假笑"，他说。

"回来一个晚上就为了给我和摩城庆祝吗？"他问帕西道，"这有什么意义？我去那里干嘛？"

"大家都会来的，"她回答道，"你必须去，因为这是由你在25年前创下的文化基业。"戈迪考虑的却是另外一件事：他当时有财务上的麻烦，并且认为自己也许得卖掉摩城（5年后，他也确实以6 100万美元的价格卖掉了摩城）。与此同时，帕西请来史摩基·罗宾逊做说客帮助说服戈迪。"谁拥有这家公司并不重要，"这位传奇歌手说道，"这是爱的遗产，你必须帮帮苏珊。"

戈迪刚一点头，帕西就让他去说服迈克尔·杰克逊，因为他当时对摩城的态度很矛盾，并不想参与这次特别节目。这位摩城老板此前表现出的勉为其难瞬间转化为对自己曾经的手下排头兵的愤怒："他怎么敢说不想来？"

所以戈迪直接去了史诗唱片公司的录音室，要求见杰克逊。他开门见山地说："你说不想来摩城25周年的庆典是什么意思？"

"我最近上了太多次电视了。"杰克逊答道。

"这不是电视，这是摩城25周年的庆典。他们要向我致敬，可你竟然说你不想来？"

"啊，他们没告诉我这是有特殊意义的。你希望我去吗？"

"是的，我希望你去。"

杰克逊同意和兄弟们表演他们在摩城时的热门单曲串烧，在那之后还会表演《比莉·珍》，然后他就回到录音室去工作了。

后来，因为担心节目会使他过度曝光，他曾短暂地反悔过，并借口说布兰卡不想让他在电视上表演《比莉·珍》，然而却被戈迪一眼识破。

"我太了解你了，这借口还是我教你的，"这位摩城老板说道，"'如果你不好意思拒绝某件事情，就让我来做坏人替你拒绝'，现在这一套不管用了，你到底去还是不去？"

"我会去的。"

杰克逊在海文赫斯特的家里花了几天时间设计舞蹈动作，和兄弟们彩排，并且用摄像机记录了每一次彩排，这样他们就能倒带检查并分析哪里好、哪里不好。在为数不多的休息时间里，杰克逊苦苦思索着他的单人表演。

"该怎么表演一开始我完全没有思路，"他在一张没有公开的便条上写道，"我的脑子里和心里只有一个重点，那就是这个表演必须是最棒的、最了不起的、最不可思议的。我的决心好似燃着的火焰在强迫我做一场精彩绝伦的演出。"

演出前夜，他决定在单人表演时跳一段舞蹈，那是他自己根据当时在城内的霹雳舞者中很流行的舞步改编的（"我所做的只不过是强化了这种舞蹈。"他在1993年这样告诉奥普拉·温弗里）。他将这个舞步命名为"太空步"（Moonwalk）。

1983年3月25日，在帕萨迪纳市民礼堂演播厅热情的观众面前，杰克逊和兄弟们表演了他们的经典曲目。之后，他拿起麦克风作了一小段独白。"都是美好的往日啊，我喜欢那些歌，"他说道，"那是我和所有兄弟们在一起的神奇时光。不过，我尤其喜欢新歌。"

说完，杰克逊将一顶黑色软呢帽扣在头上，随着《比莉·珍》的节奏跳了起来。当他在舞台上扭动时，观众们报以愉悦而热烈的尖叫。但真正在杰克逊的个人表演史上留下浓墨重彩一笔的，还是在歌曲过渡段的那5秒钟。在指向人群并发出标志性尖叫后，杰克逊踩着滑步向舞台后方滑去——他的脚看上去像是在同时前进和后退，好似一个神秘的活塞——随后他轻松旋转并踮起了脚尖。现场观众对他报以狂热的喝彩声，但是完美主义者杰克逊的第一反应却是沮丧。

第5章
亲吻怪物

"观众们很喜欢,他们的回应令我难以置信,他们全体起立鼓掌,尖叫着,手舞足蹈着,"他写道,"但在那个大幅度的旋转之后,我很失望,因为我没有用我的脚尖定住足够长的时间。"

沃尔特·耶尼科夫对杰克逊的感受做出了解释:"他从6岁起就是个明星。他父亲给他的阴影一直都在,每当他做不好,他父亲便会当头棒喝。这样的经历迫使他成为了一个完美主义者。"

而当他接到弗雷德·阿斯泰尔的电话后,一切关于那次演出的小遗憾全都烟消云散了。"你真是一个超棒的舞者,"这位舞蹈界的传奇人物说道,"伙计,你昨晚把他们都给震住啦。"

差不多5 000万观众通过美国国家广播电视台(NBC)收看了摩城25周年的特别节目,显然,这些人当中有许多人和阿斯泰尔有着同样的看法。他们许多人后来跑去买了《颤栗》。1983年3月,这张专辑在美国地区的销量已达到200万张,在摩城庆典、《避开》和《比莉·珍》的录影之后,《颤栗》在年终前又多卖出了1 000万张。这张专辑在美国榜单的前10名中停留了80周,其中有37周蝉联冠军。

《颤栗》在海外的反响也同样非同一般:它在日本榜单上停留了65周;在苏联,它成了黑市中最畅销的商品;在南非,它成了当时这个种族隔离之国的销售冠军。1984年,《吉尼斯世界纪录大全》正式认证《颤栗》为有史以来最畅销的专辑,而这个纪录直到今天仍没有被打破。

"他做到了别人做不到的事,"Def Jam唱片公司前任总裁凯文·莱尔斯(Kevin Liles)说,"这是他做事情的原则,'我将表演太空步,而你们却无法理解我刚才做的是什么。'""他激励了我们中的很多人,"饶舌歌手卢达克里斯(Ludacris)补充道,"在我眼里,他就是超级巨星的代名词,不论何时何地,只要听到他的音乐,你总能感受到难以名状的能量。"

就像他所激励的那些嘻哈大佬一样,杰克逊当时决心把自己的成功提升到更高的层次。他常常为20世纪五六十年代那些伟大的音乐人出头,尤其是黑人音乐家。这些黑人音乐家因为急于取得唱片合约,而自愿授权放弃了自己未来在音乐上可以取得的巨额利润。

"他研究过那些在各自领域内功成名就的人,但他同时也研究那些受大众欢迎但却没有在商业上取得成功的人,"佛杰回忆道,"他研究他们,好让自己不去犯他们犯过的错误。"

————

在《颤栗》热销时期的一个下午,杰克逊和布兰卡坐在海文赫斯特的客厅里,这位歌手决定给他的律师做一次动员演说。那个时候杰克逊经常鼓励他的亲信们,这是他从贝里·戈迪那里学来的。这次,他有着非常明确的目的——重新谈他的唱片合约。有了《颤栗》打破各种纪录的成功作为筹码,杰克逊知道他可以让哥伦比亚唱片公司接受任何他想要的条件。

"你确定你可以让我从沃尔特·耶尼科夫那里拿到更好的合约?"

"没错,迈克尔。"

"那你应该知道,法兰克·辛纳屈的麾下是米奇·鲁丁(Mickey Rudin)。"

鲁丁于1999年过世,是20世纪后半叶好莱坞响当当的人物之一。作为辛纳屈的左膀右臂,鲁丁在对他客户利益的保护上是非同凡响的。鲁丁曾将作家凯蒂·凯利(Kitty Kelley)告上法庭,因其1987年出版的传记《他的方式》(*His Way*)未获得授权。4年后,他又因这个作家在接下来出版的一本书的鸣谢里提到了他的名字而起诉她,那是一本关于南希·里根魅力的大部头的书,书中暗指第一夫人与辛纳屈有着长期不正当关系。

杰克逊对他的律师是否也有同等力度的手段和犀利的风格。

"你能做到和米奇·鲁丁一样好吗?"杰克逊问道。

"当然,迈克尔,"布兰卡答道,"你也知道,米奇·鲁丁现在岁数大了,我可能比他更有精力哦。"

"好,我很高兴听到你这么说。你知道吗,当人们形容辛纳屈和鲁丁的时候,(我想让他们)也那样形容我们,布兰卡。我们得成为这个世界的楷模。我们需要成为那样一种人,就是当人们指着我们的时候他们会说'我想做得和这些家伙一样好'。"

第 5 章
亲吻怪物

显而易见，杰克逊知道如何去激励那些为他工作的人。在《颤栗》创造历史的那个时代，布兰卡为了杰克逊的唱片合约去唱片公司重新谈判了三次。在海文赫斯特的那个下午谈完话后，杰克逊宅在家中，酝酿着比版税分成更重要的事，即他的录音母带的所有权问题。布兰卡知道要想拿下如此重大的战果，他需要等待绝佳时机。

———

随着 1983 年的时光一点点过去，《颤栗》继续在以创纪录的节奏狂卖不止。但在夏季来临之际，它已不再名列榜首，为此，杰克逊非常恼火。与其袖手旁观静等版税到手，他决定要再给耶尼科夫打一个深夜电话。

"专辑已经不再是第一名了，"他说，"我们该怎么办呢？"

"迈克尔，我们要做的就是先去睡觉，明天再谈。"

但史诗唱片公司的宣传总监弗兰克·迪里奥（Frank Dileo）却有一些想法。他是一个身材矮胖、叼着雪茄，类似消防栓模样的男人，看上去活脱脱就是一个匪徒，以致于他之后在马丁·斯科塞斯（Martin Scorsese）的电影《好家伙》（*Goodfellas*）中出演了图迪·西塞罗（Tuddy Cicero）一角。正如杰克逊起初计划的那样，他建议杰克逊着手拍摄计划中的第三部音乐录影。《颤栗》专辑的同名曲看上去像是一个不错的选择（"很简单，"迪里奥说，"你要做的就是跳舞、唱歌，然后将气氛搞得恐怖点就行。"）。

一旦杰克逊对录影的拍摄有了想法后，事情就没有那么简单了。他想让约翰·兰迪斯（John Landis）来执导一部时长为标准音乐录影 3 倍的带有跳舞僵尸的短篇电影，这位导演的作品包括《美国狼人在伦敦》（*An American Werewolf in London*）和其他许多电影。耶尼科夫并不买账："你想干嘛？难道疯了吗？想拍一部关于怪物的录影？"

对耶尼科夫来说，公平地讲，《比莉·珍》和《避开》两部音乐录影已经让哥伦比亚唱片公司耗费了巨资，而唱片公司一般不会给每张专辑提供多于两部音乐录影的制作费用，大部分原因是由于在当时，一张专辑很少发行两首以上的单曲。最重要的是，杰克逊给《颤栗》定的预算为至少

90万美元——在那个时代，每支录影的预算很少超过5万美元——而且影片还要拍得完美无瑕。

"他比我更追求完美，"贝里·戈迪回忆说，"我会不惜成本，他也知道的，我说和作品质量本身比起来，钱并不重要。所以当他开始做（他自己的项目）时，他会发挥到极致。"

关于预算，杰克逊给布兰卡传达的信息是："我不管，你去想办法。"这位律师的解决方案是去寻找一些愿意为《颤栗》录影的制作花絮特辑投资的合作伙伴，从而也能同时解决录影本身的预算。他成功地说服了表演时间（Showtime）和MTV两家公司每家拿出30万美元，这也是MTV首次为节目制作支付费用，另外40万美元则由家庭录影设备公司威斯统（Vestron）提供（当影片预算增长到120万美元后，哥伦比亚唱片公司同意支付额外的10万至20万美元）。

到1983年年中，兰迪斯和杰克逊创作好了剧本并完成了拍摄。拍摄成果看来达到了杰克逊的高期望值。参与的每个人都各有特色：文森特·普莱斯（Vincent Price）朗诵的恐怖旁白，曾登上《花花公子》（*Play boy*）中间插页的奥拉·雷（Ola Ray）有着姣好的面容，以及在开场画面中一个世界顶尖艺人变成了狼人（又变成了后来众所周知的僵尸形象）。然而就在将影片递交给MTV的前几天，布兰卡接到了一个电话，那个电话听上去比影片中的任何故事情节都恐怖。"把《颤栗》的带子拿回来，"杰克逊小声说道，"我们要销毁它们。"

"迈克尔，你今晚再好好想想，明天再打给我吧。"

第二天，杰克逊又打过来。

"你还没拿到胶片卷筒吗？"

"还没，迈克，但它们已经在路上了。"

在接下来的几天里，布兰卡和杰克逊进行了几次类似的通话后，他意识到，出于某种原因，他的客户是认真的，他真心想把这部片子销毁。所以他给约翰·兰迪斯打了电话，因为后者手上有所有那些珍贵的胶片。

第 5 章
亲吻怪物

"约翰,你得把(胶卷筒)给我。"

"为什么啊?"

"约翰,你就把它们给我吧,"布兰卡急切地说,"你还想不想(《颤栗》)发行了?"

"想啊。"

"那行,先把片子给我!"

兰迪斯刚把胶卷筒交给布兰卡,杰克逊就打电话过来。

"你拿到了吗?"

"拿到了,迈克。"

"毁掉它们。"

当布兰卡逼问杰克逊为什么要销毁这些带子时,这位歌手终于承认:耶和华见证人已经获得了他拍该影片的消息,而他当时仍然是耶和华见证人的信徒。该教派被影片中的超自然主义暗示所激怒,他们直截了当地告诉杰克逊说,如果他胆敢发行这部录影,他将会失去他在天堂的位置。

布兰卡赶紧找出一个办法来安抚他的客户。

"迈克,你还记得贝拉·卢戈西(Bela Lugosi)吗?"

"记得啊。"

"他可演过德古拉,"布兰卡在故意耗时间,"你知道他可是一个非常有信仰的人啊。"

"你想说什么?"

"他是个非常有信仰的人,可他演过德古拉。你看到他在电影中的免责声明了吗?说电影本身并不能反映他的个人信仰?"

杰克逊说他没看过。

"迈克尔,我们干嘛不也在影片开始的地方加一个免责声明呢?"

很长一段时间的沉默之后,杰克逊同意了。他不知道的是,布兰卡其实对卢戈西的虔诚度并无了解。这个演员从没有在他的电影里加上巧妙的

69

免责声明的习惯。但布兰卡的这一精明策略最终挽救了《颤栗》录影,更不用说也挽救了那部用来支付账单的拍摄花絮特辑。更重要的是,这让杰克逊免于做出一个当时还很少出现的灾难性商业决定,这种类型的灾难性决定,是后来任何围绕在杰克逊身边的谄媚者们永远没有精力去帮他避免的。

布兰卡接着给兰迪斯打去电话,通知他加上一个附加声明。导演一开始是拒绝的,但当这个律师向他充分说明了情况的严重性后,兰迪斯同意了。影片在1983年12月首播,开头部分加上了这样一句:

基于我坚定的个人信仰,我要强调此片绝不是在为神秘主义教派代言。

——迈克尔·杰克逊

这部14分钟的影片随后被MTV评为史上最佳音乐录影,当然也成为迈克尔·杰克逊对这种传播媒介的修正与重塑的最重要篇章。《颤栗》拍摄花絮录影带最终卖出900万套,成为了那个时期最畅销的家庭录影带。

"迈克尔是把录影变成艺术的先锋人物,"布兰卡说,"我真的认为当你谈论他的商业贡献和商业头脑的时候,尤其应该谈到他在营销和音乐领域的贡献。"

同时,杰克逊鬼魅般的舞蹈让专辑本身的销量再次冲上云霄。"在《颤栗》的录影播放后,我记得唱片销售势如破竹,"耶尼科夫说,"当时他一周就能卖掉100万张唱片。"

杰克逊在25岁的时候就已经成为地球上最富有的艺人之一,1983年其收入为4 300万美元,1984年其收入为9 100万美元。在经济上取得成功的同时,《颤栗》也赢得了众多的荣誉。除了如潮的好评外,专辑还得到了12项格莱美奖提名。杰克逊想确保他能拿到名分,哪怕有时牺牲他的合作者也在所不惜。洛杉矶典礼的前一晚,他给耶尼科夫打电话。

"我将赢得一堆格莱美奖,昆西也会赢得一堆,"杰克逊说,"但是他不应该因为制作唱片而得奖,唱片是我制作的。"

"迈克尔,你疯了吧。"

第 5 章
亲吻怪物

"我没疯，去告诉格莱美，让他们把昆西的提名去掉，我想成为格莱美专辑制作奖的唯一获奖人。"

"迈克尔，我做不到，做不到。第一，已经太晚了。第二，这是个电视节目而已，他们才不管你和我现在都做了什么，那是昆西的地盘，不是我的，他们不会这样做的，他们才不会信我而不信他。第三，我确实看到他制作了这该死的唱片！我看见他摆弄均衡器之类的器材了。这太荒唐了，你说的我做不到。"

在耶尼科夫的自传中，这位哥伦比亚唱片公司前总裁写道，在最后结束通话时，他对杰克逊说："去那该死的格莱美现场吧，迈克尔，表现出你很开心的样子。"翌日，在抵达颁奖典礼现场时，杰克逊似乎是把耶尼科夫的话听进去了。他满脸笑容地和琼斯一起庆祝《避开》获得了年度唱片制作奖，《颤栗》获得了年度专辑奖。

最终，杰克逊将 8 项格莱美奖收入囊中，直至今日，还没有哪位艺人在一个晚上能收获比他更多的奖项。考虑到奖项的种类已从第 26 届格莱美奖的 67 个一跃增加到 25 年后的 110 个，这项成就现如今更加引人瞩目。在随后的一年中，更多的荣誉也接踵而至，而不仅仅是来自格莱美奖的投票人。5 月，因为杰克逊同意全国反酒驾运动无偿使用他的歌曲《避开》，而换来了一次白宫之旅。在一个艳阳高照的春天，美国总统罗纳德·里根（Ronald Reagan）在镜头前介绍杰克逊说："唔，这不就让人'颤栗'了吗？"总统在正式欢迎杰克逊来白宫的开场白中，在开始严肃发言前说了一个赢得满堂彩的双关语。

"迈克尔·杰克逊本人就是一个可以不沾染酒精和毒品而获得成功的最好例子，"里根说，并转身为杰克逊颁发了一块小咖啡桌大小的奖牌，"谢谢，迈克尔，感谢你为数百万的美国青年所树立的榜样，你的成功代表着一种美国梦的实现。"

―――――

"约翰，我觉得我搞砸了。"

电话来自耶尼科夫，他给布兰卡打电话，用一种最接近道歉的口吻。

"怎么了，沃尔特？"布兰卡问道。

但他已经知道原因了：耶尼科夫在为惨败的《E.T.外星人》项目上痛斥布兰卡而感到懊悔，也为没有考虑到杰克逊的想法而懊悔。自那时起，《颤栗》几乎打破了所有销量记录。甚至出了问题的《E.T.》专辑也在英国榜单上冲进前100名，并为杰克逊赢得了格莱美最佳儿童录音奖。由于《颤栗》的成功，耶尼科夫的声望也不可思议地与日俱增，所以他也想让杰克逊开心。

"迈克尔告诉过我（《颤栗》）会有多受欢迎，"耶尼科夫继续道，"但当时我没有意识到它会这么受欢迎，我就是没有意识到。我觉得我搞砸了，他生我气了吗？"

"不知道，沃尔特。如果换做你是他，你会生气吗？"

"我得补偿他，"耶尼科夫说，"你觉得我该怎么做呢？"

布兰卡等候的绝佳时机到了。

"把他的歌曲母带权给他。"

电话那头沉默了许久。

"好吧。"

第6章

Michael Jackson, Inc.
The Rise, Fall, and Rebirth of a Billion-Dollar Empire

胜利生意

查尔斯·苏利文把很多事物都描绘为"超凡脱俗"。我们在第一次通电话时,他用这个短语形容了高等教育机构(他的母校是哈佛)出版的一些出版物(比如《福布斯》),以及他那天的心情。

几天后我们在纽约的耶鲁会所共进午餐,他依然容光焕发,身着蓝色的休闲西装、蓝白条纹的正装衬衫,打着一条体面的黄色领带。年过70的苏利文来自一个显赫的家庭,他的父亲创立了国家橄榄球联盟下的新英格兰爱国者球队,并拥有这个球队长达30年。不出所料,当服务员问他今天过得怎么样时,苏利文脱口而出:"超凡脱俗。"

同样,"超凡脱俗"这四个字也正好可以用来形容迈克尔·杰克逊和兄弟们的《胜利》(Victory)巡演。这场1984年举办的巡演正是由苏利文出资赞助的,是杰克逊兄弟乐队在《颤栗》发行之后的重组演出。这场巡演的总票房高达7 000万美元,苏利文保证了杰克逊兄弟们能从中分得5 500万美元。他自己没从巡演中赚到1分钱,而迈克尔·杰克逊自己也没有。

两人或多或少都是这么计划的:对苏利文来说,他的目的是为了扩大他公司的经营范围,从最初的体育赛事领域扩展到现场音乐表演领域;而对杰克逊来说，这不仅是为了回馈社会（在巡演一开始他就已经声明他将捐赠 600 万美元给慈善机构），也是为了他的家族而做的善举（这次旅程将成为他和兄弟们的最后巡演），这样他才能问心无愧地步入他单飞生涯的下一阶段。

"然而我还有个更好的事情要宣布：杰克逊五兄弟要重组演出了。这个乐队真的定义了摩城乃至全美国的音乐风格，"苏利文说，"而这条信息就是我可以拿去卖钱的。"

尽管杰克逊最终并没有从门票销售中获利，但《胜利》巡演让他从一颗闪耀的星辰变成了超新星，他随后找到了别的方法给他的金库再添数百万美元。

————

当杰克逊在唱片销售和格莱美奖上斩获辉煌时，他的家庭成员饶有兴致并带着不止一点的嫉妒注视着他爆炸性的成功。单飞效果不理想的杰梅恩正打算离开摩城另寻出路，其他几兄弟自 1980 年的《凯旋》（Triumph）专辑后也未出新作，《凯旋》虽卖出超过 100 万张并获得白金唱片认证，但其总销量也只相当于《颤栗》高峰时期的周销量而已。

鉴于迈克尔不可思议的成功以及在摩城 25 周年上杰克逊兄弟重聚演出所引起的强烈反响，也许是时候推出新作了。如果能和迈克尔一起出一张新专辑并再开一场巡演，杰基、马龙、兰迪、提托和杰梅恩就能重振他们的事业，同时也能让钱袋子鼓起来。

凑出一张新专辑并不是一件难事。从 1983 年 11 月开始，杰克逊兄弟们就开始了《胜利》（Victory）专辑的录制，他们把这张专辑做成一张以独唱曲目为主的合辑，以保证他们成员们在音乐风格和录制日程上形成互补。杰梅恩带来了一首由杰基·杰克逊创作《折磨》（Torture）做开篇曲，而迈克尔则贡献了好几首作品，包括迈克尔和米克·贾格尔合唱的《休克》（State of Shock）。当时，贾格尔也是布兰卡的委托人（"他唱得很乏味，"杰克逊在录完这首歌后和他的律师打趣说，"我不敢相信你竟然把他推荐给我。"）。

第6章
胜利生意

而谈到巡演，迈克尔则非常为难。他和兄弟们已经一起辛苦巡演了十多年，甚至连他的父亲都承认，迈克尔早已厌倦了这种苦差事。"他渐渐受够了巡演，"乔·杰克逊说，"他只想创作和制作音乐。"

迈克尔不愿巡演还有一个经济原因：尽管迈克尔一直是团队里无可争辩的顶梁柱，但杰克逊兄弟们依然平分着演出收入。这还不是让他最烦扰的一点，更重要的是，从曲目到舞步，所有东西都要由大家集体决定。但正如一直以来的那样，迈克尔还是发现自己很难说"不"，尤其是当他母亲介入的时候。她敦促他考虑和兄弟最后一次上路巡演，最终，他的态度软化了。

"我觉得对我来说，不做这次巡演才是最明智之举，"迈克尔后来解释道，"可是我的兄弟们想做，我是为了他们而做的。"

即使有迈克尔的参与，这场巡演伊始也并没有那么超凡脱俗。在最初寻找演出承办商时，音乐高管塞西尔·霍尔姆斯（Cecil Holmes）给了一个出价。此人后来签下了"新街边男孩"（New Kids on the Block）的首张唱片合约。霍尔姆斯与乔·杰克逊和他的儿子们见了面，带来一张25万美元的支票作为整场巡演的预付金，这笔钱大概只够制作一只迈克尔想要在舞台上呈现的巨型机械蜘蛛。

"你在逗我？"乔·杰克逊怒吼道，他撕碎了支票并将碎片扔到霍尔姆斯脚边，"我们可不打算这样贱卖自己。"

不久之后，又有一个候选人出现了：唐·金（Don King），一个招摇的拳击比赛承办商。他给每个杰克逊兄弟送去了一张50万美元的支票以拿下这笔交易。杰克逊兄弟与唐·金最初达成的协议是，承办商从巡演收入中提成7.5%，杰克逊父母提成7.5%，剩下的85%平分给杰克逊兄弟。

每个人都能大赚一笔——这场巡演预计最多将卖出价值5 000万美元的门票。为了筹备，迈克尔雇用了弗兰克·迪里奥作为他的经纪人。这个身材圆胖的史诗唱片前高管（2011年因心脏手术并发症而去世）有着敏锐的商业才智和推广手段。"当我俩站在一起时，"他曾这样谈到杰克逊，"就像数字'10'一样。"他很快就领略到他的新雇主的智慧。

"很多艺人对生意一窍不通，但迈克尔参与了他自己事业的方方面面,"迪里奥在签约成为经纪人不久后说,"他不是那种走出录音室或走下舞台就停止思考的人。"

迪里奥和布兰卡联手化身为商业双头怪,监管着蒸蒸日上的迈克尔·杰克逊商业王朝,但这位歌手会对所有的重大决定有最终决定权。"商业方面归我管,品牌和营销归迪里奥管,而迈克尔管我们俩,"布兰卡说,"所以迈克尔是老板,我们向他汇报。"

就这样,迪里奥和布兰卡陪伴迈克尔去了《胜利》巡演的所有策划会议,而杰梅恩也雇用了自己的律师,其他四个兄弟也有了自己的代理人。一天,在海文赫斯特豪宅里,杰克逊一直住在那儿,布兰卡了解到,唐·金还有一个不同寻常的计划,要拉拢所有的参与者。唐·金的一个合伙人悄悄找到布兰卡,告诉他,金想把一个拳击手"给"这位律师。

"他想买通我,"布兰卡回忆说,"所以我没和他多说。我只问,'你什么意思?'"

"唐想给你一个拳击手。"那人说。

布兰卡礼貌地回绝了。

"那简直就是一场战争,"他说,回忆起接下来几天的情形,"有时迈克尔会把自己锁在房间里,然后乔·杰克逊和唐·金就会砸门,'给我开门!''我不想开!''开门!'"

唐·金在宣布巡演的新闻发布会上的表现,再加上迈克尔发现了唐·金曾因1966年的一起杀人指控蹲过4年大牢,把这位年轻歌手推到了心理承受能力的边缘。在纽约时髦的绿茵餐厅举办的新闻发布会上,唐·金不但没有夸耀迈克尔的成就,反而大肆吹嘘自己的成功,神侃自己操办的一些传奇拳击赛,比如他在马尼拉组织的一场名叫"颤栗"的比赛。

"此'颤栗'非彼'颤栗'!"苏利文解释说。经过那次灾难后,苏利文成为了取代唐·金的候选人。"迈克尔对他父亲说,'我不想和这个人再有任何关系,'他说,'这场巡演要推广的是我,不是他。'所以他说,'我们需要摆脱他。'于是,布兰卡随后给金发了一封(辞退函)。"

此时,苏利文联系上了迪里奥,希望把《胜利》巡演带到他家族名下

第6章
胜利生意

有6万人座位的橄榄球场举行（他的父亲在1959年花2.5万美元买下了波士顿爱国者队，并在1970年把这只球队搬到了福克斯堡，好让他们在后来的苏利文球场里比赛，这只球队也改名为国家橄榄球联盟新英格兰爱国者球队）。迪里奥则询问苏利文是否愿意赞助所有的《胜利》巡演。几天后，苏利文便乘飞机到洛杉矶与杰克逊家族会面。

苏利文温文尔雅，穿着布克兄弟风格的西服，受过哈佛的高等教育，和之前粗鄙不堪的唐·金形成鲜明对比，这当然也提升了他在迈克尔·杰克逊面前的形象。更重要的是，苏利文是纽约奥梅尔文尼和梅尔斯律师事务所的主任律师，哥伦比亚唱片公司也是他们的客户之一。苏利文和杰克逊家族的首次见面也许并不是"超凡脱俗"，但达到了理想的效果。

"我们一见如故，"苏利文回忆说，"我见了迈克尔，还见了其他人。他们都让我接手整个巡演。"

即使在最初，这纸提议中的交易对苏利文来说，也并非简单地冲向球门区。虽然他拿到了门票收入25%的分成以及周边产品销售额22.5%的分成，同时杰克逊家族获得剩下的全部收入，但苏利文必须要支付给他们5 500万美元的保证金（其中7%给乔和凯瑟琳，3%作为辞退金给唐·金，剩下的平分给杰克逊六兄弟，他们保留着原始的支票）。苏利文还预先给了每个兄弟50万美元。为了承担这巨额资金以及筹办开销，苏利文从银行借贷了1 250万美元。如果销售未达预期的话，苏利文将一人承担全部损失。

最初，苏利文的这个项目本来会有一个合伙人：旧金山49人队的老板小埃迪·德布陀罗（Eddie DeBartolo Jr.）。可老德布陀罗否决了这个交易。其实苏利文家人对此也持保留态度，查克自己都承认，他只期望能从巡演中赚到50万美元，对于一个拥有橄榄球队的人来说，这个数字似乎有点少，尤其考虑到他还背负着八位数的财务风险。

可对苏利文来说，短时的经济效益并非主要目标。在那个年代，国内的演出商是不会提前为整个巡演支付预付款的。艺人们必须与很多更小规模的区域性操盘手谈判，后来企业家罗伯特.F. X. 西勒曼（Robert F. X. Sillerman）一口气收购了这些小型的演出商，并组建了规模庞大的莱恩公司（Live Nation）。苏利文在20世纪80年代初帮麦当娜（Madonna）和大卫·鲍伊（David Bowie）成功举办了门票售罄的演唱会，之前的经验给了他创立属于自己的现场音乐巨无霸的信心——而《胜利》巡演则是一个完美的证明。

"我觉得它可以为将来的巡演奠定基础，"苏利文说，"我还认为它能帮我把更多的大型演出带到福克斯堡，这就是我这么做的根本原因。"

苏利文和杰克逊家族达成了协议。双方都很愉快，甚至连唐·金都勉强接受了辞退金。他们还让阿尔·夏普顿担任"顾问"，以防唐·金改变主意拉着区域和地方的承办商抵制这次巡演。当唐·金在操办巡演的时候，承办商们认为他会采用传统模式，将规划演出的任务分包出去。演出商们将收取他们的费用，订下场地，雇用供餐和豪华轿车公司以及安保团队，从而维持盈利的现状。

当苏利文接手后，他们看起来都被排除在外了，他计划亲自做外勤，绕过中间人，以创造一个更高效的未来商业模式。区域和地方的演出老板们对此当然很是不满。因为他们之前也协助举办过杰克逊兄弟的演唱会，他们觉得自己也曾在杰克逊兄弟的成名路上发挥了至关重要的作用。

"他们本打算举行大型示威来抵制这场演唱会，但他们最后没有这么做，因为我们用钱摆平了区域演出商，区域演出商又拿钱解决了地方演出商，"律师辛西娅·米诺尔（Cynthia Minor）回忆道，她当时被请来做地区演出商的顾问，"每个人都拿了好处。很多家伙拿到了演唱会门票作为补偿，这取决于你在这个产业链里的级别有多高，因为当时演唱会一票难求。"

为了加快出票，门票只能通过邮政购买，而不是通过第三方票务公司。苏利文补充说，最开始票只能四张四张的买，单张票价为30美元（算上通货膨胀因素，相当于现在的65美元左右）。但粉丝们对此表示不满，于是迈克尔让苏利文调整卖票策略，苏利文照做了。

百事赞助了这场巡演，要求杰克逊兄弟为其拍两支广告。可是问题来了，因为迈克尔不愿碰可乐罐。他坚持要把这项条款写入合同，规定他不必拿着汽水罐上镜，且他在广告里的出镜时间不能超过3秒，以免让他的

第6章
胜利生意

形象掉价或过度曝光。

第一支广告由《避开》的导演鲍勃·吉拉尔迪执导,在好莱坞拍摄,但把布景做成了纽约街头的样子。第二支广告拍摄于洛杉矶另一端的神殿礼堂:杰克逊兄弟在台上举行演唱会,台下的粉丝们一齐高举起手中的百事可乐杯,但这次出了意外。

迈克尔本将出现在台阶最上方,届时,他身旁的镁光弹会炸开并照出他的侧影。但时机很难把控。在拍摄了五遍之后,导演让迈克尔在走到舞台加入兄弟的队伍前,在台阶上多待一会儿。第六次拍摄时,迈克尔在台阶上逗留得太久,导致炸开的火花点燃了他喷满发胶的头发。

"我当时跳着舞走下台阶,旋转,再旋转,却没有意识到我着火了,"杰克逊写道,"突然我感觉我的手反射性地伸向头部去试图扑灭火焰。杰梅恩回过头,看到我倒在地上,正巧当时响起了一阵爆炸声,他还以为我被人群中的什么人开枪击中了呢。"

杰克逊被紧急抬上救护车送往附近的布洛特曼医疗中心,在那里,他被诊断为头皮三级烧伤,火几乎烧到了头骨。在庆幸这位歌手没有生命危险后,百事的高层又立刻开始担心他会起诉他们。最终,迈克尔没有起诉他们,但拿到了价值520万美元的新合约。这是当时音乐人拿到的史上最高的广告代言费,他还让百事捐赠150万美元在医院里建了一个"迈克尔·杰克逊烧伤治疗中心",这个烧伤中心现已不复存在。

10天之后,迈克尔又投入了工作。他出席了在纽约自然历史博物馆举办的庆祝《颤栗》专辑卖出3 500万张的晚会。来自史诗唱片的苏珊·布朗德设计了别出心裁的邀请函:一只在手掌位置印有晚会时间地点的白手套。当晚,有1 000位嘉宾出席,其中包括杰克逊兄弟、安迪·沃霍尔、卡尔文·克莱恩(Calvin Klein)和波姬·小丝(Brooke Shields)。数千只摇曳的蜡烛令博物馆熠熠生辉,照亮了馆内庞大的恐龙骨架,并在与会的人群中投下了怪异的影子。而在博物馆外的寒冷二月夜中,更多的人聚集在那里,希望能一瞥迈克尔·杰克逊的风采。

"尽管迈克尔烧伤了,但他还是念念不忘他的粉丝们,"布朗德说,"外面很冷,而他走了出去,向人群挥手致意,确保所有人都能看到他。粉丝们都要疯了，尖叫声此起彼伏。"

迈克尔又回到晚会上待了很久，但他总是不停跑出去向粉丝挥手。他这么做的原因很简单，布朗德说："他想出去，让他们看到到这儿来想看到的。"

但这次百事意外事件还是对迈克尔造成了很大的伤害。他不得不去做手术拉伸头皮以盖住被烧伤的区域，这给他带来了无尽的痛苦。他唯一缓解痛苦的办法就是使用处方止痛药，比如杜冷丁，而他也无法很快摆脱这些药物。

———

当杰克逊身体好转可以表演了，他就开始在阿拉巴马州的伯明翰排练。为了使《胜利》巡演成为史上最宏大最耀眼的演唱会，舞台设计和表演同样重要。

舞台场面包括：马龙有一组空中悬浮的镜头；在一个滑稽短剧中，杰梅恩威胁说，如果大家不表演他的一首独唱单曲的话，他就再次离队；迈克尔有一个华丽的出场，他从地面上升起的一个洞中开唱《避开》。苏利文在全国各个城市预定好了演出场馆，但讽刺的是，杰克逊兄弟却没能到苏利文在福克斯堡的主场体育场演出（福克斯堡市政委员会嫌演唱会太吵而否决了原计划中的连续三晚的演出）。为了宣传好演唱会，苏利文向迈克尔寻求帮助。

"我会和他讨论每一个场地的营销计划，"苏利文说，"他毕竟从 5 岁就开始巡演了，对于我们要到访的市场，他会有一种细致入微的感觉。他知道人们更爱听哪个电台，谁在哪个市场比较受欢迎。他是一个非常与时俱进的人。"

随着夏天日益临近，杰克逊兄弟先后有许多新曲供那些电台播放。6 月 5 日，迈克尔和米克·贾格尔合唱的《休克》首发；接下来 7 月 2 日，《胜利》(Victory) 专辑发行。布鲁斯·史维迪恩记得他曾告诉贾格尔，洛杉矶有一家电台的主持人曾连续 27 小时播放《休克》（这位摇滚歌手的回答是："那得有多无聊啊。"）。

第6章
胜利生意

而在录制《告诉我我不是在做梦》(Tell Me I'm Not Dreamin')时，至少在迈克尔这边热情并不高。这首合唱曲是为杰梅恩1984年的同名专辑准备的。两兄弟录完这首歌后，迈克尔给耶尼科夫打了电话。

"我不想单曲发行这首歌。"

"你疯了吗？这可是你哥哥。"

"我知道，所以我录了它。我就不应该录，但我还是妥协了。我不想让它发行。所以你给克里夫（戴维斯）打个电话，告诉他不能发行这首歌。"

"你是不是疯了？那是你哥哥。"

"这就是我想要的。"

耶尼科夫随后致电将发行这首合唱的爱丽斯塔唱片公司（Arista Records）老板戴维斯，向他解释了情况。迈克尔似乎并不想让这首合唱作品和他已在榜上的独唱单曲竞争。戴维斯最终妥协了，并将这首歌作为宣传曲发行，这就意味着它依然可以在电台滚动播出（它确实播了），但却不能在《公告牌》的权威单曲榜上打榜。随着时间的推移，杰克逊越来越厌倦了让兄弟们搭他的顺风车。

1984年7月6日《胜利》巡演在堪萨斯城的箭头体育馆开演时，外界并不知道杰克逊兄弟内部已有不和。首秀吸引了来自亚洲、南美洲、中东、欧洲和整个北美的记者，申请记者证的总人数甚至超过了之前报道"超级碗杯"的记者总数。

就在杰克逊兄弟们准备上台之际，全场45 000名观众开始在黑暗中齐声呐喊他们的名字，所有歌迷最先看到的是插在巨石上的宝剑。打扮成骑士的兰迪从石中抽出剑，然后跑回后台与兄弟们一起站在舞台下方的平台上。他们穿着军事风格的服装、戴着太阳镜，蓄势待发地站在平台上缓缓升向观众。强光照亮了整个体育场，杰克逊兄弟们迅速摘下了他们墨镜，随着迈克尔·杰克逊戴着亮片手套的大手一挥，他开始了《颤栗》专辑完成后的首次舞台表演。

"我都不知道该怎样形容当时的疯狂场面，"米诺尔回忆道，"狂喊、尖叫、痛哭、晕倒、推搡……我印象最深的就是这些，持续不断的尖叫。我想说，当你在尖叫时，你还怎么听他们唱歌啊，每场演出都是这样。"

相比这个乐队早期，现在粉丝们对杰克逊兄弟的反应似乎更加极端。许多人哪怕只看上迈克尔一眼就会陷入歇斯底里的状态，甚至昏倒过去，还有一些人坚信迈克尔是超人。"他们看到你时，就感觉看到了奇迹之类的东西，"他写道，"甚至还有粉丝问我上不上厕所。我想说，这真的很尴尬。"

有天晚上，在达拉斯的一家酒店，一个年轻女歌迷打开了20层楼的一扇窗户，把床单绑在一起做成绳子，试图让自己空降到迈克尔的房间。当迈克尔的随从看到她在玻璃的另一边晃荡时，他们报了警，警察迅速把她带走，所幸没出更大的乱子。

巡演还有一些其他问题，尤其是苏利文这边。因前期投入成本太大，许多内部人士开始认为苏利文会提早结束巡演。这群人中就包括迈克尔·科尔（Michael Cohl），他是莱恩公司的未来总裁，当时负责《胜利》巡演的营销环节。

"我只知道，如果像大家说的那样，这场巡演在三到四周内停止的话，我们肯定会血本无归，"科尔说，"我们这个营销公司将会被冲进厕所。"

8月时，科尔劝说苏利文在10月抽出一个空闲的周末来，把巡演开到多伦多去。为了增加收入，他们多增设了一些VIP贵宾票和附带酒店住宿的旅行套餐。由于这几场演出的收益非常好，所以苏利文决定让科尔上位帮他继续推进巡演。科尔立马着手削减开支，开始裁员，扔掉不必要的道具，之前这些道具被装运到一座又一座城市。虽然这些改变还不足以让苏利文从巡演中赚到钱，但它们保证了其产生足够的资金来维持运行。

尽管有各种戏剧性的状况，但杰克逊兄弟们依然在纵情狂欢。杰梅恩决定带着他的宠物老虎巴卡纳一起巡演；迈克尔更是喜欢把宠物们带到酒店的厨房里瞎逛。杰克逊兄弟们还喜欢到阳台上向楼下无辜的行人泼水，以此自娱自乐。有时，他们还会撒下多张100美元的现钞，演出过后经常会进行食物大战。

"我感觉得到他们之间浓浓的手足情，也很爱闹着玩，"米诺尔说，"但

第6章
胜利生意

他们各自分开行动，因为他们带了家属；他们中的有些人还时不时带着老婆、孩子一起巡演。"

然而迈克尔心头却阴云密布。他感觉受到了限制，一部分原因也许是耶和华见证人派了两个教徒来"监督"迈克尔，因为教会对它最著名的信徒非常担心，毫无疑问，他们是被《颤栗》刺激到了。出于对他的保护，大部分时候他都关在自己的酒店套房里，因为粉丝会在外面围追堵截。一些他身边最亲近的人，比如耶尼科夫，认为他从未原谅他的家人逼他参与这次巡演。

"据我所知每个家庭都是不健全的，"这位哥伦比亚唱片公司的前任总裁说道，"我确信艾森豪威尔也许有过（一个正常的家庭）；因为他家里没有多少人。我在嗜酒者互诚协会里待过，所以我知道很多人都不健全，但迈克尔的家族是最为失调的。"

除了巡演路上来自家庭和教会的压力外，迈克尔还觉得群体决策限制了他的艺术自由，特别是在如何呈现他的最新个人作品方面。"我很开心能和兄弟们再次一起演出，"迈克尔在自传中讲道，"但从一开始我就对这场巡演感到失望。我曾想要以前所未有的方式打动这个世界。《比莉·珍》的舞台效果令我失望，我想要它比现在这个样子更好。我不喜欢灯光的效果，我也从未让我的舞步完全达到我想要的样子。我一想到不得不接受这些事情，并以我曾经方式勉强去做这个演出，我就难受得要死。"

有些人在巡演途中一直观察着杰克逊的一举一动，他们注意到，他时常在焦躁和孤独中挣扎。一次在达拉斯的演唱会结束后，大约是凌晨四点，米诺尔无意间向酒店房间窗外瞥了一眼，看见楼下有一个纤细的身影在酒店庭院里漫步，一个保镖尾随其后。那个人是迈克尔，晚上演出时产生的肾上腺素依然在他血管里翻腾，让他兴奋地睡不着，但他又不能离开酒店，不然必定引起一场骚动。

"他生活的所谓天堂可不是乐土，"米诺尔说，"哪儿都不能去，什么都不能做，这应该很难过吧。就像生活在囚笼中，那些人会把你撕成碎片。"

1984年12月9日，《胜利》巡演在洛杉矶道奇体育馆落幕。结束之前，杰克逊兄弟已经在这里连续举办了 7 场门票售罄的演出。人群在加州温暖的细雨中舞动欢呼，歌曲间隙迈克尔却停顿片刻，宣布了一条惊人的消息。"这是我们最后的演出，"他说，"感谢大家 20 年来的陪伴，我们爱你们所有人。"

迈克尔的声明让其他兄弟们不开心，他们还想将《胜利》巡演开到海外，但迈克尔已经放出了话。迈克尔给家庭带来了巨额的收入（尽管这阻止不了家人在未来的日子里继续找他要钱）：杰克逊兄弟乐队卖出了 225 万张门票，加上周边产品收入，最后的收入总数字超过 7 000 万美元，远远超过了预测中的 5 500 万美元。如果杰克逊在《颤栗》发行后举办一个单人巡演，能赚到这么多钱吗？"能，"科尔说，"当然可以了。"

虽然杰克逊兄弟每个人都能分到 600 万美元，但对查克·苏利文来说，情况就没那么乐观了。早在《胜利》巡演宣告结束以前，苏利文就意识到无法收回成本了。哪怕科尔对开销做出了调整，在新泽西梅多兰体育场举办的三场门票售罄的演出中，舞台安装费还是暴涨到了 100 万美元；再加上另外 100 万美元的拆装费用，其中包括巡演的所有装备，从石中剑到升起的平台，再到魔术戏法的道具，演出至全国各地都是一样的情形。

最终，这场巡演的成本高达 7 800 万美元，比门票收入还多了 800 万美元，然而苏利文一人承担了所有的亏损。

———

迈克尔·杰克逊将他在《胜利》巡演中的所得收入捐给了一些慈善机构，其中包括 T.J. 马特尔基金会和联合黑人学院基金会，捐款总额达 600 万美元，就如之前迈克尔所承诺的那样。不过，他不会再在路上忙活大半年却空手而归了。

1984 年的夏天，杰克逊在巡演途中就发现，许多来看他和兄弟们演唱会的歌迷们都穿着他在录影中展示的那些时尚风格的服装。有人在靠仿制"颤栗"里展示的夹克获利。所以杰克逊和他的顾问们碰头制订了一个计划。与其让第三方的仿冒产品泛滥市场，为什么不主动提供正版的产品售卖呢？而资金方面，查克·苏利文就可以解决。苏利文投资了 2 800 万美

第6章
胜利生意

元，包括1 800万美元的预付款。授权交易中还包括一款香水——杰克逊在尝试了50多种不同的香料组合后才最终确定了一款。

"他很懂版权和版权价值，"苏利文说，"这些产品都是由他而产生的。"

于是，在1984年，迈克尔·杰克逊成为了第一个拥有自己服装品牌的音乐明星。苏利文请来时尚专家沃伦·赫什（Warren Hirsh）来帮忙监管这个项目。赫什曾在20世纪70年代末帮歌莉亚·温德比（Gloria Vanderbilt）创立了品牌牛仔裤。1986年秋，就在杰克逊新专辑将要发行之时，他们打算发布杰克逊的时装品牌。他们的期望值很高：前15个月拿下7 000万美元的零售额（算上通货膨胀因素，相当于今天的1.5亿美元）。

对苏利文来说，不幸的是，《飙》专辑延迟了一年发行，但服装却按时发布了。由于无法利用专辑的热度来宣传，更重要的是，无法利用杰克逊的新音乐录影做免费广告，服装销售一直不温不火，最终销售数字远远低于苏利文为买下授权而花费的2 800万美元。但迈克尔又有千万美元进账，并给后来90年代和21世纪初兴起的嘻哈时尚潮流铺平了道路。

至于苏利文，1986年他的家族以8 700万美元的价格把爱国者球队转手给了雷明顿剃须刀公司的老总维克托·基亚姆（Victor Kiam）。苏利文说，这个交易并不是因为《胜利》巡演或杰克逊的服装品牌带来的财务困境，而是因为他要为他父亲规划遗产，当时他父亲被诊断出了前列腺癌。

两年之后，苏利文家族又卖掉了爱国者队的球场。买主罗伯特·卡夫特（Robert Kraft）为此支付了2 500万美元。他在1994年以1.72亿美元的价格收购了爱国者球队，在4年内带领这支球队三度赢得超级碗杯冠军，同时也给自己积累了数十亿美元的个人财富。从导致这一系列结果的状况来说，爱国者队的球迷们应该感谢迈克尔·杰克逊。

――――

回到耶鲁会所，苏利文并未对迈克尔·杰克逊、他的家族或他的代理人们表现出一丝一毫的怨恨。更了不起的是，苏利文貌似从未后悔资助过"胜利"巡演。尽管他在那个项目中损失了数百万美元，但他还是得到了间接的回报。

比如，他解释说，"滚石"乐队2003年在麦迪逊广场花园举办了一场演唱会，HBO有线电视台录制了这场演出，将其做成一期特别节目。那时，苏利文的哥哥帕特（Pat）正在运营一家名为"赛事通路"（Game Creek）的移动电视广播公司，帕特想要为这个演出提供制作服务。于是查克给正在为滚石巡演工作的科尔打了电话，希望能够合作。

"赛事通路"之前的经验仅限于体育赛事，但科尔为这家公司说了好话，于是"滚石"乐队同意让这家公司来承担麦迪逊广场花园演出的制作工作。HBO对成果非常满意，后来又再次雇用了"赛事通路"。在此之后，这家公司陆续为奥普拉·温弗里、贾斯汀·汀布莱克（Justin Timberlake）、大卫·莱特曼（David Letterman）、席琳·迪翁（Celine Dion）等人提供制作服务，甚至还制作了巴拉克·奥巴马（Barack Obama）的两场总统就职典礼。

"所以最起码的是，尽管不是直接来自杰克逊兄弟，但作为举办《胜利》巡演的结果，我们还是赚回了亏损，"苏利文说，或者换句话说，"《胜利》巡演给苏利文家族带来的是一次超凡脱俗的一线希望。"

第 7 章

Michael Jackson, Inc.
The Rise, Fall, and Rebirth of a Billion-Dollar Empire

收购披头士

当索尼/ATV 的总裁马蒂·班迪尔还是一个 23 岁的小伙子时，留着一头长发的他只是因为看起来像搞音乐的，上级合伙人只看了他一眼便把他分配到了音乐出版部，他也因此得到了自己在音乐界的第一份工作。

"'我们想做一些收购，我们认为你对音乐应该有一定了解，'"班迪尔记得他的上级是这样说的，"从我的发型就看出来了。"

在 2012 年收购 EMI 音乐出版公司后，索尼/ATV 就掌控了超过 200 万首歌的版权，其中包括了从阿姆（Eminem）到"披头士"等艺人的作品，并以此成为了世界上最大的音乐出版公司。而此时的班迪尔看起来依旧挺像那么回事的：在麦迪逊大道和 56 街的交汇处的索尼纽约总部，一个 70 岁的高管坐在一张巨大的浅褐色书桌后，身着有字母印花的正装衬衣，上面的两粒纽扣敞开着，他的长发依然在，虽然现在可能短了一点，亮白的头发全部整洁地梳到脑后。

班迪尔的办公室里满是公司发展史上最重要的艺人们的纪念品：他电脑旁摆着约翰·列侬、保罗·麦卡特尼、乔治·哈里森和林戈·斯塔尔的小塑像；"猫王"埃尔维斯·普雷斯利噘着香肠般大小的嘴唇的黑白海报则占据着西边整个墙面。

窗边，有一件不那么引人注目的物件，它属于一位与班迪尔关系更为密切的艺人——迈克尔·杰克逊，是他成就了这个班迪尔正在运营的价值20亿美元的公司。在这个特殊房间里，他化身为这本血红封面、有两本电话簿厚的巨书，书名为《迈克尔·杰克逊官方作品集》(THE OFFICIAL MICHAEL JACKSON OPUS)。

"我一来这里，首先签下的艺人就是Lady Gaga，"班迪尔回忆说，"我们还有泰勒·斯威夫特。所有这些，迈克尔都拥有一半版权。"

虽然在公司招揽这两位艺人的事务中，杰克逊并没有参与其中，但正是他出钱购买了曲库中的核心曲目。班迪尔说："对音乐的价值，迈克尔有着敏锐的直觉，这个家伙买的歌都是传世金曲。"

———

1981年的一天夜里，在伦敦城外的保罗·麦卡特尼的家中，这位前"披头士"成员递给了迈克尔·杰克逊一本活页夹，里面全是麦卡特尼拥有出版发行权的歌曲目录。年轻时的麦卡特尼不小心让自己的创作曲库流落到了外人手上，这些年来他一直在忙于收购版权。

"这就是我做的事，我买了巴迪·霍利（Buddy Holly）的曲库，还有一个百老汇音乐的曲库，"麦卡特尼告诉年轻的迈克尔说，"这是我拥有版权的歌曲清单。"迈克尔对此着了迷。他也想开始做同样的事，他的商业直觉迅速启动了。"保罗和我都在这上面吃过苦头，我们认识到出版发行、版税和创作尊严的重要性。"杰克逊在自传中这样写道。

当他返回加州后，杰克逊发现他正面临着一个让人艳羡的难题：在1980年，他一共入账了900万美元，另外还有一大笔闲钱可以用来投资。20世纪80年代初，通货膨胀严重，闲钱贬值很快。简而言之，他需要找到一个值得投钱的地方来为迈克尔·杰克逊商业王朝安放储备金。

他的会计们帮他物色了一些房地产项目，但他对购置房产没有任何兴趣。布兰卡甚至还发现哥伦比亚唱片公司洛杉矶总部所在的世纪城大厦也在出售，并试图劝说这位歌手可以考虑下手。"买完后你就是沃尔特·耶尼科夫的房东了！"布兰卡相当热心。但迈克尔对这个想法一笑置之，他

第 7 章
收购披头士

拒绝了。他想买的是歌曲版权。

于是布兰卡开始到处打听,询问出版界人士,看有什么歌的版权正在出售。他获知歌曲创作者厄尼·马雷斯卡(Ernie Maresca)手头正好有两首热门摇滚歌曲出售,即《骗人的苏》(Runaround Sue)和《流浪汉》(The Wanderer)。布兰卡告诉了杰克逊,杰克逊表示没听过。于是这位律师便给他的这位客户送去了一盘磁带,让他先听听看。几天后,杰克逊回电说,"你必须把这几首歌买下来!"他说,"我整个周末都在跟着歌跳舞。"

由此,布兰卡和杰克逊便一发不可收拾地开始了购买狂潮。他们先购买了一个小曲库,其中包括伦恩·巴里(Len Barry)20 世纪 60 年代的轻柔摇滚情歌《1-2-3》;由甘博(Gamble)和赫夫(Huff)作曲,"灵魂幸存者"乐队(Soul Survivors)于 1967 年发行的《通往你心灵的高速路》(Expressway to Your Heart);还有"入侵者"乐队(The Intruders)1968 年的大热单曲《牛仔致女孩》(Cowboys to Girls),这首歌也是由甘博和赫夫二人组创作。如果杰克逊没听过某首歌,布兰卡就会给他寄去录音;如果这位歌手喜欢,他就会同意买下来。

多年的同事凯伦·兰福德回忆起那段时期,他们和杰克逊一起讨论了哪些是史上最值得拥有的顶极金曲(杰克逊总是提起"披头士"、"猫王"、雷·查尔斯等艺人的作品)。有时杰克逊还会考考兰福德,哼唱一小段歌曲后问她是否知道曲名和表演者。那时,他就盯紧了版权所有权,专注程度超出了绝大多数同龄人的理解。

"他想成为世界第一的出版人,"兰福德说,"而且,这种雄心会以许多不同的方式呈现,但(他的目标)总是要争当第一,要拿第一名。成为最大的,成为最好的。"

有一天,布兰卡与电台老板肯尼·罗伯茨(Kenny Roberts)进行了交谈。罗伯茨拥有"斯莱和斯通一家"乐队的一半曲库。他一直在凭着出版版税给斯莱预支现金,并正在想办法将其转手。杰克逊都不用在电话上试听这些歌,它们正好是他感兴趣的东西,直接就以 25 万美元买下了罗伯茨拥有的一半版权。曲库的另一半版权在华纳音乐公司的出版部门手上,而那时华纳又管理着杰克逊自己的歌曲。布兰卡觉察到其中又有新的机会，于是便安排了与该公司董事长雷斯·拜德（Les Bider）的会面。

"我们想买下你手上的那一半歌曲的版权。"布兰卡说。

"我们凭什么卖给你？"

"嗯，如果你们还想与（杰克逊）续约的话……"

拜德同意以约 25 万美元的价格将曲库卖给杰克逊，条件是华纳可以保有对 Mijac 音乐公司曲库的管理权。于是，杰克逊以 50 万美元的价格买下了"斯莱和斯通一家"乐队的全部音乐版权。其后不久，"现状"（Status Quo）乐队翻唱了其中一首歌，并在英国榜夺冠，杰克逊一下就收回了成本。

杰克逊其实也很挑剔。有一次，有人送上了一个包含克里斯·克里斯托弗森（Kris Kristofferson）的大热单曲《帮我熬过这个夜晚》（*Help Me Make It Through the Night*）在内的曲库，但杰克逊却选择不予购买——因为这个曲库里的歌对他来说意义不大。最终，从 1981 年到 1984 年，他只在呈递给他的 10 到 15 个曲库中，选了 3 个买了下来。

而这位歌迷真正想要的，是戈迪的乔伯特曲库。这个曲库囊括了大部分摩城旗下的最佳金曲，包括杰克逊五兄弟的作品。戈迪说杰克逊有次给他开出了一个十分"可观"的价格，但这位摩城老板当时还没准备要卖掉曲库——当时也没有卖。直到 1997 年，EMI 公司才以 1.32 亿美元的价格买下了一半乔伯特曲库。但在观察贝里·戈迪怎样经营他的出版生意的同时，杰克逊也点燃了内心的火焰。

"他的热情上来了，"戈迪说，"这促使他想要干出一番更大的事业。"

———

"迈克尔，"在 1984 年 9 月的一次会议中，布兰卡试探性地提出，"我听说有个曲库将被出售。"

"是什么？"

"ATV。"

第 7 章
收购披头士

"是吗,什么样?"

"我不知道,他们拥有几首歌的版权,让我努力回忆一下,"布兰卡说,他故意停顿了一下,然后说出了几首歌名,"《昨日》、《一起来》、《潘尼巷》(Penny Lane)、《嗨,朱迪》。"

"'披头士'?!"迈克尔惊呼道。

唯一的问题是,这个曲库在澳大利亚亿万富翁罗伯特·霍尔姆斯·阿·库特(Robert Holmes à Court)手上。库特是一个公司蓄意收购者,以其钢铁般的耐心而闻名,此外他还有在最后一刻反悔退出协议的习性。他的固执可以与任何摇滚明星一争高下。当时还有很多人也想买他手中 ATV 的版权,其中包括亿万富翁房地产开发商塞缪尔·勒法科(Samuel LeFrak),维京唱片的创始人理查德·布兰森(Richard Branson),还有马蒂·班迪尔与同行的出版界高管查尔斯·科普曼(Charles Koppelman)等。

对霍尔姆斯·阿·库特来说,没有什么比磨人的谈判更让他痛快的了,他尤其喜欢折磨心急的美国人。

可杰克逊不在乎这些,他对布兰卡下达的指令是:"一定要给我搞到这个曲库。"

这位律师还记得接下来的那一段疯狂的岁月。他的第一个任务就是联系保罗·麦卡特尼(Paul McCartney)和小野洋子(Yoko Ono),他们都是杰克逊的朋友。洋子作为约翰·列侬(John Lennon)的遗孀,一直在打理列侬的遗产。当时有传言说,洋子想和麦卡特尼一起出资买下 ATV。杰克逊希望避免和他们开战。

"我在电话上联系到了洋子,"布兰卡回忆道,"然后我说,'迈克尔让我打电话给你,问问你是否打算竞标拥有所有'披头士'歌曲版权的 ATV 音乐出版公司。'"

"不,我们不会去竞标。"

"不会?"

"不会的,如果我们买了它,我们就不得不和保罗打交道,"洋子回答说,"整件事会变得很麻烦。他怎么会想起问这个?"

"因为迈克尔有兴趣出手。"

"噢,与其让某些大公司收购,我宁可版权在迈克尔手上。"(30年后,我再次向洋子问起那次谈话,我是在纽约ABC地毯和家居店举办的反水力压裂采油法的示威活动前短暂采访了她。她说她当年并没和杰克逊团队的人有过"复杂的长谈",但她也不愿细说。)

布兰卡说他的下一步是联系麦卡特尼的律师兼妹夫约翰·伊斯曼(John Eastman)。约翰和他的父亲李·伊斯曼(Lee Eastman)都在为麦卡特尼效力,李·伊斯曼在"披头士"解散之前就在为麦卡特尼工作。据布兰卡说,伊斯曼说麦卡特尼对此没有兴趣,因为这个曲库"太贵了"。

不管怎么说,布兰卡或班迪尔都不相信麦卡特尼会拿出这么多钱。尽管"披头士"的歌曲版权占了ATV 2/3的价格,但另外1/3是一些麦卡特尼不怎么想要的资产,包括其他人的几千首歌曲的版权、一个音效档案库甚至还有一些房产。

"保罗的行为很大程度上是取决于他的财务结构的。"班迪尔说。乔·杰克逊补充道:"迈克尔能买下那个曲库的唯一原因就是因为它当时在出售。(麦卡特尼和洋子)本可以自己买下,但他们并没有出手。"

麦卡特尼不愿购买自己的版权,还有一个艺术上的解释。"我从不认为保罗·麦卡特尼会出手,因为很难让创作者去花钱买回自己创作的东西,"班迪尔说,"这就像毕加索花一天时间画了幅画,然后让他在20年后再花500万美元去买回这幅画。保罗可不会做这种事。"

布兰卡开价3 000万美元。但霍尔姆斯·阿·库特想要更高的出价,特别是班迪尔、科普曼和其他一些追求者仍然很有兴趣买下ATV。11月,杰克逊已授权布兰卡提价到4 000万美元。除了约翰·约翰逊之外,杰克逊的顾问团——甚至于音乐高管大卫·格芬和耶尼科夫都认为迈克尔疯了。

耶尼科夫告诉杰克逊说他犯了错,他应该安心做一名艺术家。"这是我的建议,"这位哥伦比亚唱片公司的前总裁说,"幸亏他没听我的。"

杰克逊没有接受过商学院的教育,他也不常与现金流打交道,可他却

第7章
收购披头士

有极强的价值意识,而他的副手布兰卡则可以帮他获取绝大多数的价值。

"约翰是执行迈克尔商业直觉的财务官,"亿万富翁汤姆·巴拉克(Tom Barrack)说,在之后的日子里,他和杰克逊合作过,"迈克尔说,'哇,我认为披头士的歌曲价值无限'。其实老实说,迈克尔根本不知道它们到底值多少钱。1 200万美元?1 800万美元?还是2 500万美元?他只知道并正确地预见到:随着时间的推移,知识产权在将来会很值钱。"

迈克尔经常这么说:"你不能给毕加索的作品标价。你也不能给这些歌曲标价,它们是无价之宝。它们是有史以来被创作出来的最伟大的歌曲。"

在一个财务委员会的会议上,他给布兰卡写了张纸条,这张纸条至今依然被保存在这位律师的家中,"约翰,请不要讨价还价了,"纸条上这样写道,"我不想失去这笔交易……这是我的曲库!"

———

终于,高达4 500万美元的出价为杰克逊和布兰卡赢得了在那年冬季去伦敦面谈的机会,但霍尔姆斯·阿·库特本人不去。由于这笔生意八字还没一撇,所以布兰卡本人也不去,于是他派他的同事加里·斯蒂夫曼(Gary Stiffelman)替他去。

双方达成了一纸互利共赢的非约束性协议,之后杰克逊团队用了4个月的时间进行了全面调查,审阅了包含4 000首歌曲的曲库。为了确认ATV的版权,一个20人的团队在900个小时内审读了近100万页的合同。4月,布兰卡和霍尔姆斯·阿·库特在纽约见面并握手达成协议。但在几周内,这个大亨又反悔退出了协议。于是,在杰克逊的批准下,布兰卡又给他发去了一封信函:要么接受4 750万美元的最后出价,要么就取消交易。

与此同时,布兰卡得知霍尔姆斯·阿·库特暂时同意了以5 000万美元的价格把曲库卖给科普曼和班迪尔。但布兰卡了解他的对手以及对手的一些资金来源。当时发生的情况是,他们的公司拿到了MCA唱片公司的一大笔出版预付款,而MCA唱片公司当时的老板是欧文·阿佐夫(Irving

Azoff），此人也曾担任过《胜利》巡演的顾问。

"我找到欧文，跟他说，'你怎么能资助查尔斯和马蒂？他们在跟迈克尔竞价，而你是迈克尔的顾问'。"布兰卡回忆说，"（阿佐夫）随后取消了那笔生意，于是（他们的 ATV 协议）就搁浅了。"

不久之后，布兰卡接到了霍尔姆斯·阿·库特手下打来的电话。对方问他是否能到伦敦谈谈并完成交易。

"如果霍尔姆斯·阿·库特有话跟我说，他可以亲自和我说，"布兰卡答道，"我没必要和你浪费口舌。"

"好吧，我会向他汇报的。这事非同小可。"

"如果他不亲自去伦敦，我也不会去。别再给我打电话了。"

当霍尔姆斯·阿·库特终于亲自打来电话时，布兰卡还是佯装强硬地告诉他，他们已经准备购买另外一个曲库了。

"我们很高兴没买下你的公司，所以你可以继续随便卖给查尔斯、马蒂或其他什么人吧，"布兰卡知道那两人已经没有资金了，他故意这么说，"我们不买了。"

"请您再考虑考虑？"

"你过几天再打过来吧。"

"我保证会报销你们的机票。"

"我不需要你报销我的机票。"

"我向您保证，只要你 24 小时内到伦敦，我们立马成交。"

"是吗，价钱呢？"

最后他们同意以 4 750 万美元的价格成交。在得到杰克逊给予的委托授权后，布兰卡飞往纽约。布兰卡在约翰·F·肯尼迪国际机场的协和贵宾室候机准备前往伦敦时，听到大广播在喊着他的名字，于是他冲过去接起了电话。找他的人是理查德·布兰森，他当时也在跟进 ATV 的谈判。问题进一步地复杂化了，布兰卡一直在为这个亿万富翁的维京唱片公司做一些顾问工作。

"我该不该买'披头士'的曲库？"布兰森问。

第 7 章
收购披头士

布兰卡的律师事务所已经为收购 ATV 花了约 100 万美元的评估审查费,于是他现在的处境十分尴尬,但他不想让杰克逊到手的战利品飞了。

"你要知道,理查德,如果你要收购这个,你得和洋子打交道,还有这样或那样的麻烦事……"

布兰森放弃了。布兰卡在成功干掉了另一个潜在竞争对手后,安心地登上了协和式超音速客机。可当他一钻进机舱,就看到了两张熟悉的面孔:班迪尔和科普曼,他们也要去伦敦。

"你去伦敦干吗?"班迪尔问。

"一点生意。"布兰卡答道。

班迪尔也是去谈生意的。即使布兰卡让阿佐夫停掉了给班迪尔的注资,班迪尔和科普曼还是觉得他们能凑齐 5 000 万美元去竞标 ATV——他们只需要再多一些时间。班迪尔回忆道:"我们当时去伦敦就是为了制订一份更正式的合同。"

他和科普曼认为霍尔姆斯·阿·库特对音乐出版业其实毫无兴趣,所以只想尽快将 ATV 出手。他们没有考虑到库特的耐心,也没有考虑到他可能在从商业游戏中获得快感。所以他们当然也没有想到,当他们到达伦敦后,霍尔姆斯·阿·库特要告诉他们的竟是:他准备以比他们的出价低 250 万美元的价格把 ATV 卖给别人。

在马上就要失去这宗交易之时,班迪尔当着霍尔姆斯·阿·库特的面,在原有的出价上又加了 50 万美元。但这个澳大利亚人还是没有被打动。

"这个交易中有一方面是你们办不到的,"库特回应道,"那就是在珀斯为我最喜欢的慈善机构举办一场演唱会。"

"我们可以做慈善演出,"班迪尔赶紧追上一句,想着可以轻易地利用他的关系或金钱召来任何一位大明星办一场演出。

"不不不,你不懂,"霍尔姆斯·阿·库特接着说,"我要卖给迈克尔·杰克逊。"

杰克逊以私人露面作为附加好处，拿下了这笔人生中最大的交易。不过这可不是简单的举手之劳：他要从洛杉矶坐 15 个小时的飞机到悉尼，然后转机，再飞 5 个小时去珀斯。不过哪怕是一群澳洲的野狗都不能阻止他去拿到属于他的曲库。

班迪尔后来才知道杰克逊还给了另一个甜头：霍尔姆斯·阿·库特的女儿名叫潘尼，于是他们把《潘尼巷》这首歌排除在这笔交易之外，这样这个亿万富翁就能把它作为礼物送给女儿（杰克逊的公司继续为她管理这首歌）。这简直是一份豪礼。"你拥有'披头士'的任何一首歌都能赚大钱，"班迪尔说，"'披头士'只有大约 250 首歌，每个人都有特别喜欢的那么一两首。相信我，《潘尼巷》是一首很受欢迎的歌。"

不过临门一脚还是杰克逊在珀斯的露面。

"我们知道自己跳不了太空步，所以我们甘拜下风，"班迪尔回忆道，"合约没戏了。"

当布兰卡登上协和飞机从伦敦飞回美国时，他又惊讶地发现班迪尔和科普曼就坐在他后面一排。"好吧，你把我们给算计了，"班迪尔说，"下次如果我们有收购大公司的生意，我们要雇你来。"

其他 ATV 的竞购者就没这么友好了。"我觉得做出这样的事实在太狡猾了，"麦卡特尼说，"和别人交朋友，再对朋友釜底抽薪。"不过，在后来的某次采访中，这位前"披头士"成员承认杰克逊曾和他透露过收购 ATV 的意向，但他当时以为未来的"流行音乐之王"只是在开玩笑。

尽管杰克逊和洋子的关系依然和睦，但麦卡特尼从此再未邀请过他到他们家做客。同样不爽的还有理查德·布兰森。这个平日性格温和的英国人在得知杰克逊收购 ATV 的消息后，立刻打电话给布兰卡，"我该怎么'夸'你呢？"布兰森问，"你这'鸟'人？"

"我当时感觉很难受，"布兰卡回忆道，"如果是现在，我会告诉他说，'理查德，拜托，我都要签协议了'。我也许会用不同的方式来处理，但我当时还只是一个毛头小律师。我不能失去这笔交易。"

第 7 章
收购披头士

果不其然，布兰卡出色的表现得到了回报。他从律师费上赚到了一小桶金，还有这个曲库未来收益的 5% 的分红，以及一个杰克逊送的礼物：一辆全新的劳斯莱斯"险路"（Rolls-Royce Corniche）敞篷跑车。

6 个月之后，布兰卡接到了来自班迪尔的电话，问他是否可以翌日来纽约帮他签下一个大合同。他以为这是恶作剧，便挂了电话。一会儿，班迪尔的同事又打来电话问同样的问题，布兰卡又挂了。再过了一会儿后，耶尼科夫来了电话。

"约翰，听我说，那些家伙是认真的，"他说，"我要把哥伦比亚歌曲（CBS Songs）公司卖了……卖给他们，他们想让你做他们的代理人。你赶紧坐飞机来吧。"

于是布兰卡赶往纽约。那笔生意以 1.25 亿美元的价格成交。两年后，科普曼和班迪尔以 2.97 亿美元的价格把这家公司转手给了百代唱片（EMI）；科普曼后来成了百代唱片公司的老总，而班迪尔最后也成了百代唱片音乐出版部的领头人。

然后，像绕了一个圈似的，在 2007 年，班迪尔被聘为索尼 /ATV 的首席执行官。

———

自然，迈克尔·杰克逊对 1985 年收购了 ATV 十分激动。杰克逊团队用计谋战胜了当时一些业内最聪明的巨头，还在出价低于最高竞价者几百万美元的情况下，以某种方式让隐遁的澳洲亿万富翁心甘情愿地卖出音乐史上最值钱的资产之一。而这只是刚刚开始。

这个曲库里还包括一个叫"布鲁顿音乐"的背景声乐库，这个音乐库会授权普通声效（比如说，门关上的声音）给商业广告和低成本电影。布兰卡把它以 600 万美元的价格卖给了克里夫·考尔德（Clive Calder）的松巴音乐公司（Zomba Music），此举把杰克逊的收购成本降到了 4 150 万美元。杰克逊借了 3 000 万美元的商业贷款来支付收购的大部分金额，并用现金支付了剩余的部分。

然后布兰卡雇用了一个国际税务专家团队来处理这笔交易，又帮杰克

97

逊省了一大笔钱。在会计的建议下，他们先将ATV的公司资产转移到巴哈马，再进行清算并把资产分批过到杰克逊的名下。他的会计师也发现，税务法允许他们可以在为期8年时间里，每年以商务开销的方式抵税500万美元。这样下来，再加上卖掉的"布鲁顿音乐"，杰克逊的净收购成本降到了2 000万美元。

从那时开始，通过实体唱片销售和电台播放，ATV曲库里4 000首歌的版权每年可产生大约600万美元的利润，尤其得益于如《昨日》这样可以赚到小几十万美元的个别热门曲目。但还有机会可以挣得更多。在收购ATV不久后，杰克逊和他的团队决定把公司的40名雇员裁掉大半，再将版权管理权交给哥伦比亚歌曲公司来打理，并把出版收入的3%至5%分给对方作为代理费用，这就将ATV每年的日常开支费用削减了500万到1 000万美元。

为了防止在这么大的公司洗牌中失去版权，杰克逊雇用了老牌音乐版权专家戴尔·川岛（Dale Kawashima）担任ATV的总裁。川岛之前为"王子"（Prince）和布鲁斯·斯普林斯汀等巨星拿下过授权合约。川岛的主要任务是寻找新的方式为ATV以及Mijac曲库赚钱，挖掘、签约新的创作人，并向布兰卡和杰克逊直接汇报情况。杰克逊制订了一个清单，清单中的作品是不能随便使用的，至少不能用于商业广告。

"列侬和麦卡特尼最重视的就是音乐版权，像是《昨日》或《随它去》（Let It Be）等，永远不会出现在任何商业广告中，"川岛说，"没有在那五六十首歌曲清单中的歌曲，则允许授权使用在适当的场合。"

———

"我们是世界上最大的、最盈利的也是最好的音乐出版公司。而迈克尔从中获得了丰厚的利益，"班迪尔说，他就要结束我们的采访了（因为他即将会见贝里·戈迪），"所以他的这项投资是非常不错的，就好像在苹果电脑公司刚上市时就买了它的股票一样。"

这个比喻并不夸张。如果他是在1980年苹果公司公开上市时投资4 750万美元买下股票，到今天它的价值会高达65亿美元，远远超过索

第 7 章
收购披头士

尼/ATV 的价值。但投资时机很重要。如果杰克逊是在 1987 年苹果公司的一个巅峰期投资 4 750 万美元到其股票上，到今天他的股票市值也就在 16 亿美元左右。考虑到投资歌曲版权的分红更丰厚，所以投资苹果和购买 ATV 的收益也就差不多了。

杰克逊不顾众多唱片业内最聪明的人的劝阻执意收购 ATV 的行为，曾被一些人认为是冲动之举。但现在看来，他跟随自己的直觉走是正确的，那些原本质疑他的人现在也承认，他对版权价值的意识是无可挑剔的。

"如果你当时是他的顾问，你一定会告诉他，'别这么做'，"耶尼科夫说，"但我们没料到这的确是一笔超赚钱的生意，我不得不承认他的商业头脑确实比我的好。"

杰克逊当然也从未忘记自己的正确决定。2007 年在一次与班迪尔的电话会议上，这位首席执行官向他回忆起 1985 年收购 ATV 的事。迈克尔很高兴又重新听了一遍当年的经历。

"你看吧，"他说，"我告诉过你们我很懂音乐出版业的。"

第 8 章

与星共舞

Michael Jackson, Inc.
The Rise, Fall, and Rebirth of a Billion-Dollar Empire

2月里的一天，天气阴沉昏暗，迪士尼乐园里"明日世界"（Tomorrowland）的生意异常冷清，即使对于一个普通的星期四下午来说，这也太过反常："太空飞碟"空了一半；"星际漫游"前看不见斗志昂扬的"绝地武士"长队；游玩"飞越太空山"也仅仅需要10分钟的等候时间。全园只有一个亮点：一大群人摩肩接踵、熙熙攘攘去看一部由迈克尔·杰克逊主演，并在1986年上映的未来派短片：《EO 船长》（Captain EO）。

20年前，3D电影还未成为主流，《EO 船长》就已成为了第一部被称为4D电影的影片，意思就是观众不仅佩戴上了可以让屏幕上的小行星触手可及的眼镜，而且还能感受到太空船起飞时的"嗖嗖"气流，连座位也会因为星际湍流而晃动。

因此，《EO 船长》成为了当时平均每分钟耗资最高的电影。这部17分钟的电影的预算成本大约是3 000万美元（每秒1 764 705.88美元），其中包括杰克逊300万美元的片酬。本片由他领衔主演，对抗邪恶的宇宙女王安杰丽卡·休斯顿（Anjelica Huston），由弗兰西斯·福特·科波拉（Francis Ford Coppola）执导，乔治·卢卡斯（George Lucas）监制。该片在1986年到1998年间的不同时期在迪士尼乐园播出，并于杰克逊去世的同年重返乐园的屏幕。

今天，站在我身旁的是拉斯蒂·勒莫兰德，他应该是唯一一个对看《EO 船长》兴致不大的人。也怪不得他，这部电影就是他编剧和制作的。

"我不想扫你的兴，"他说，"但去看《EO 船长》并不是……"

"……最让人兴奋的事？"我接过话。

"如果我很多年没有看的话或许还会觉得很兴奋，但我上次到这来的时候才又看了一遍，"他接着说，"要是我和朋友们到这里玩，基本上就是'哇，我们一定要去看《EO 船长》'。"

"我能想象反复看自己的作品会产生的那种厌烦感"。

"对啊，你已经对每个镜头了如指掌。"

"它还有什么能让你心跳加快的吗？"

"当我们看到身边的观众反应热烈的时候。他们有时候很热烈，那感觉很棒；但有时则不然，毕竟这部电影在当时意识很超前。"

他停顿一下。

"《绿野仙踪》虽然已经过时了，但仍然屹立不倒。所以我很希望，你懂的，50 年后，人们还会重温《EO 船长》。"

———

1985 年，当制片人兼剧作家拉斯蒂·勒莫兰德（Rusty Lemorande）接到一个来自迪士尼的关于《EO 船长》的电话时，他正在西班牙。那时，他刚完成和芭芭拉·史翠珊合作的电影《燕特尔》(*Yentl*) 以及与理查德·布兰森联合制作的《神通情人梦》(*Electric Dreams*)，现在正在欧洲调研一台关于画家戈雅的舞台音乐剧。

"我们想要你马上过来，"电话那头的声音说，"我们会用飞机载你去见杰夫·卡森伯格。"

卡森伯格之后曾和大卫·格芬、史蒂文·斯皮尔伯格联合创立了梦工厂，而在当时，他已是好莱坞的权势人物，并刚刚执掌迪士尼的电影工作室。不过，勒莫兰德却无意缩短他的欧洲之行。

第 8 章
与星共舞

"我在西班牙,"他说,"我很忙。"

"我们会把你送回去的,你先来参加这个会议吧。"

"那么,告诉我是关于什么内容的。"

"不,我不能告诉你。"

在勒莫兰德的一再坚持下,这个高管才稍微吐露了一点关于这个项目的重要信息:乔治·卢卡斯和迈克尔·杰克逊都会参与。几个小时后,勒莫兰德便坐进了商务舱飞回了洛杉矶。

迪士尼高管想要与他进行紧急会面,是因为华特·迪士尼公司首席执行官迈克尔·埃斯纳(Michael Eisner)即将要开始的大刀阔斧的改革。埃斯纳1984年刚刚坐上这个娱乐帝国的最高位置,急于开展一个宏大的现代化计划,并要打破游乐园和制片厂各自为政的局面。正好,杰克逊和卢卡斯都是迪士尼的大粉丝,于是各方就开始讨论合作的可能性,以此将游艺项目和电影结合起来。

"他们说他们不在乎我做什么,只要做出来的东西足够有创意就行了,"杰克逊后来写道,"我和他们一起开了这个大型会议,我想和他们一起创作出一些能让迪士尼先生本人也能认可的东西。"

迪士尼著名的幻想工程师们随后设想出一个星际冒险的大致轮廓:在一个魅力四射的队长带领下,一群可爱又不合群的乌合之众,凭借音乐和舞蹈的魔力,解放了一颗行星上被邪恶的暴君奴役的生灵们。杰克逊所演的角色对他来说很有意义,在他出演《绿野仙踪》和《颤栗》录影取得创纪录的成功后,他希望乘胜追击,继续自己的好莱坞事业。就如以往一样,无论涉足哪个领域,他都希望成为其中的先锋人物。《EO 船长》貌似就是一个很适合的新奇项目。

"那个时候,真的没有什么 3D 电影,"布兰卡说,"所以这真是个去做领先于时代的项目的机会。"

卡森伯格与勒莫兰德见了面,讨论了他给这个电影创作剧本并担任制片的可能性。勒莫兰德曾制作过一个男孩漫游太空的 3D 影片(但从未能在影院上映),因此他在某种程度上已成为业内最新技术的专家。之后,卡森伯格将他送到旧金山去见卢卡斯，以求最后的批准。

"你真的懂 3D，"这位"星战之父"说，"你真的懂它，不错，你想要这份工作？"勒莫兰德同意了。

下一站，他去了伯班克迪士尼总部的会议室，一进会议室，他就注意到，周围氛围昏暗，迈克尔·杰克逊走了进来。"我跟其他很多超级巨星合作过，经验让我明白，迈克尔会通过我们的第一次眼神接触决定我们这段合作关系的潜在深度，"勒莫兰德说，"我确实记得'不要移开目光'的重要性，我能感受到这是个建立联系的重要时刻。我还记得自己说了些什么让他大笑起来。"

他们间的关系就这样破了冰，随后便是一段高产合作关系的开始。勒莫兰德对待杰克逊既亲密无间又敬重有加；作为回应，杰克逊给了他编剧兼制片人的无上权限和畅通无阻的意见反馈。杰克逊告诉勒莫兰德，他非常喜欢他写的第一版剧稿，包括对话、特征描述和故事情节。正如人们期待的那样，在音乐和舞蹈方面，杰克逊把控了更多的细节，但勒莫兰德并不介意。

"迈克尔风趣、爱玩、好奇心重、活泼，总是精力充沛，"他回忆说，"他还有极高的审美能力，无人能及，让你想要去取悦他。因为如果你能取悦他，就证明你做得真的很棒。这不是敷衍的赞美，这是该领域内的顶尖人物给予你的肯定。"

在《EO 船长》制作初期，勒莫兰德就逐渐明白了为什么杰克逊对他的角色、还有电影业有如此浓厚的兴趣。

"拍电影对迈克尔来说是生命中的头等大事。他已经征服了音乐录影，从某种程度上来说是他创造了它们。他已经征服了流行音乐。他在舞蹈界和舞蹈编排上也享有崇高地位。还剩下什么是他没有征服的呢？"

———

服装设计师迈克尔·布什（Michael Bush）在与迈克尔·杰克逊初次会面时，他走进了一辆昏暗的拖车，却发现有人正在用樱桃丢他。勒莫兰德当时雇用他来打造杰克逊在《EO 船长》里要穿的服装。

第 8 章
与星共舞

"我当时站在那里，紧张得要命，"布什回忆说，"迈克尔·杰克逊就在某个漆黑的角落里。又一颗樱桃扔过来，接着是第三颗，这次我把它捡起来，丢了回去。"

接着，杰克逊在漆黑中出现，捧着一大碗樱桃哈哈大笑。于是两人聊了起来，最后话题转到了音乐上面。布什提到他最喜欢的歌手是佩茜·克莱恩（Patsy Cline）。虽然杰克逊一开始对这位歌手知之甚少，但他翌日回到《EO 船长》剧组的时候，却唱起了这位歌手的一首歌，突然之间，他连她什么时候、怎样去世的细节都知道了。

"我惊呆了，'这个人怎么有时间去了解这个？'"布什回忆说，"他没有去查谷歌，那个时代还没有谷歌。这个人是为了了解我而去学习，以便和我说上话。他的人生一贯如此，哪怕要站到摄影机前表演了，他也知道怎么才能让我待在他身边时感觉舒适自在。"

之后数年，迈克尔·布什与丹尼斯·汤普金斯（Dennis Tompkins）联手，为杰克逊打造了许多标志性的服装，最瞩目的当属 20 世纪 80 年代末"真棒"巡演的舞台服。当时杰克逊的另一个长期合作伙伴马特·佛杰也在现场。这个技术超凡的录音师和杰克逊在《颤栗》以及之后许多经典专辑上有过合作。

在《EO 船长》中，他通过专业技术进行了一些技术革命。比如，这部电影是第一部采用了分离通道 5.1 声道数字环绕音效技术进行的制作，这后来成为了业界标准。当时，由于很多需要的器材都尚未开发出来，迪士尼的幻想工程师们就从零开始设计了一个专门的新系统。

该片当时还没有选定导演，卢卡斯和卡森伯格给了杰克逊和勒莫兰德足够的空间把自己的想法加到电影当中。同时勒莫兰德也在问自己，换做华特·迪士尼先生会怎么做呢？最终，他想出了在影院里添加现场特效的点子，这便让《EO 船长》成为了 4D 电影的先驱。他找来了伦敦戏剧界的服装和布景设计师约翰·纳皮尔（John Napier），他们和幻想工程师们将真实的烟雾、激光束和从天而降的光纤星空整合到一起，这也意味着定制的迪士尼戏院要进行大面积改装。

"我们必须把天花板升高大约 5 英尺。"勒莫兰德说，印象里这笔改造费大约是 50 万美元。"你要明白,就算你只把它升高 5 英寸①,你还是得把钢筋升高,这笔巨大的支出就是这样来的。乔治说,'我们就这么办',然后他给迈克尔·埃斯纳打了电话,并说服了他。"

然而,此时的《EO 船长》依然没有导演。杰克逊在他的自传中写道:"我曾想要史蒂文·斯皮尔伯格来执导,但斯皮尔伯格由于日程安排太满而无法成行。"不过这丝毫没有影响到杰克逊对这个项目的热忱。

"迈克尔是我坚定的盟友,"勒莫兰德记得很清楚,"他会毫不迟疑地做任何事,去任何地方,回答任何问题,放眼观察任何事。而且他是真心愿意去这么做的,因为这对他来说极其重要。他相信这可以向好莱坞证明,他也可以成为与'猫王'埃尔维斯·普雷斯利相媲美的电影巨星。"

———

"你觉得弗朗西斯·科波拉怎么样?"乔治·卢卡斯问勒莫兰德,看来他终于缩小了导演的搜索范围。

"哇,你是在开玩笑吗?"勒莫兰德回答说,"如果他愿意来,我会非常激动。你怎么想到了他?"

"他能让迈克尔发挥得淋漓尽致,他有音乐剧的经验,我们可以帮助他做特效。而最重要的一点是,他是一个真正的艺术家,而真正的艺术家是无所不能的。"

科波拉随后加入剧组,开始拍摄。尽管这个电影有着创纪录的预算,但也不是毫无限制的。拍摄时间规定只有两周。在那之后,科波拉要马上开始在卡尔弗城拍摄《EO 船长》的同一地点执导新片《佩姬·苏要出嫁》(Peggy Sue Got Married)。

杰克逊学习并掌握了拍摄阶段的每一个环节。据布什说,他甚至学会了怎么把摄影机拆开并组装回去。除了技术层面外,《EO 船长》的故事情节也与他非常贴合,有点像星际版的《避开》,简直好像他的水晶手套一样和他搭配完美。

① 1 英寸 = 2.54 厘米 　　　　　　　　　　　　——译者注

第 8 章
与星共舞

"他带来了爱的讯息、光明和音乐,并改变了世界,"马特·佛杰说,"这是在迈克尔的人生中和他的歌曲中反复出现的主题,怎样改变这个世界,怎样让这个世界变得更美好。"

在结束了主要拍摄任务后,《EO 船长》的团队开始了初剪工作。勒莫兰德记得他长途跋涉跑去卢卡斯的天行者牧场看电影的粗剪。在那个年代,对于还未拍摄完成的片段,屏幕上会以一块白色的纸板占位符来替代,上面画着这个片段的预想画面。这种情况在《EO 船长》中每三个镜头就会出现一次。卢卡斯向先看到粗剪的那小部分观众保证,待补上还没完成的特技片段后,这部片子会精彩绝伦,比如在类似死亡之星[①]的星球表面上进行星舰激光战。

而杰克逊在观看的时候,脑子里却生出了许多新的想法。他从一开始就相信,《EO 船长》会是音乐录影的下一步演化形态。迈克尔从《比莉·珍》和《颤栗》录影开始,就在把音乐录影这个表现形式从随意的专辑宣传片变成具有艺术价值的短篇电影。因此,他想要《EO 船长》有着同样的感觉,这就意味着要加入更多的镜头来捕捉他舞步的速度和爆发力。

勒莫兰德早就预料到了之后会补拍的可能。所以,他并没有如往常那样,将之前主要拍摄阶段的全部布景都扔掉,而是使用了一种整合储存的技术将主要的元素拆解并保留。如果有需要,工作人员可以把布景重新组合,以供拍摄。对已经耗费巨资的电影来说,这又是一笔开支,但现在来看却是无价之宝。当他把布景的重要部分复原后,就可以把杰克逊渴望的镜头加进去了。

之后,这部电影每完成一次剪辑,勒莫兰德都会带一份拷贝给杰克逊看。杰克逊喜欢他所看到的。"迈克尔的赞扬让我非常有成就感,因为他是不随意褒奖别人的,"勒莫兰德回忆道,"这让他越来越开心,因为这部电影可以成为一部真正的热门作品。"

―――――

[①] "死亡之星"是卢卡斯著名电影《星球大战》中反派的大本营。　　　――译者注

1986年秋，《EO船长》在迪士尼乐园首映。在首映仪式上，有高管讲话，有剪彩仪式，卢卡斯、安杰丽卡·休斯顿、科波拉等主创都有出席。甚至迈克尔的妹妹，这位刚在1986年发行了突破性专辑《控制》（Control）而一跃成为超级巨星的珍妮·杰克逊也到了现场，但她最著名的哥哥却不见了踪影。

　　"传言说，迈克尔·杰克逊就在场，但他扮成了一个机器人，或者是一个僵尸，或者是一个老太太，"迈克尔·埃斯纳对明日世界园区聚集的人群说，"所以你们左右看一看，也许迈克尔·杰克逊就在你身旁。"

　　为什么杰克逊会在最后一刻突然放弃了投入很多时间、精力而且寄托着好莱坞梦的项目呢？坊间有许多说法。耶尼科夫回忆说，杰克逊突然表达了不想在迪士尼乐园首映式上闲逛的想法，原因是他正准备为新专辑《飙》颠覆自己以往的形象，往硬派形象转变。

　　"我想要一个更成熟的形象，"杰克逊告诉耶尼科夫说，"我不再是孩子了，我不想被人拍到和布鲁托狗手拉手的照片。"

　　也有传言说杰克逊缺席首映是因为他对迪士尼的最终剪辑版不满意，而他认为是迪士尼不允许他继续追求电影的完美，至少在他眼中是这么看的。由于无法完全实现他的艺术目标，首映并没有得到他想要的结果，这对他来说不可接受，所以他缺席了。

　　不过，《EO船长》还是按计划公映了，媒体报道也很积极。《洛杉矶时报》（Los Angeles Times）称赞了电影的特效和服装，并指出首映式上的观众高呼"精彩""杰出""天才之作"。《纽约时报》则称它为"了不起的3D盛宴"。

　　《EO船长》放映多年，一直深受人们的喜爱，直到1993年，杰克逊首次遭遇娈童指控后不久，迪士尼乐园将其下线，换上了《亲爱的，我把观众缩小了》（Honey I Shrunk the Audience）的娱乐项目。2009年，在杰克逊去世后，《EO船长》随之重归迪士尼。《连线》（Wired）杂志预测说："基本上，这部24年前的太空歌剧依然经久不衰。"

　　勒莫兰德与我坐在一起重温了《EO船长》，不知道这是他第几次看这部影片了，在精彩之处，我们依然忍不住跟着观众们一起惊呼。影片结束

第 8 章
与星共舞

后,我们很认真地考虑了一下临走前要不要快速玩一趟太空山,最后还是决定趁着交通状况还好的时候赶紧启程回洛杉矶。

我们到达好莱坞的时候已是黄昏时分,这时候,勒莫兰德给我讲了一个故事。很多年前,他认识的一位编剧接受了一位身在伦敦的制片人的委托,答应为他工作,但这位编剧有点怀疑这个制片人最终会失信于他。"所以我说,'按照迈克尔·杰克逊的做法去做吧'。"他回忆说。

大多数的时候,杰克逊在演唱会开始之前,都会先在更衣室里亲自接收分账的票房收入,然后才登台演出。勒莫兰德建议他那位编剧朋友借鉴杰克逊的做法:联系他的雇主,亲自把剧本送到伦敦,然后当面收取酬劳。但是那位编剧心软了,他同意让对方汇款支付报酬,然而那笔钱现在还没到他手上。

"他应该照迈克尔·杰克逊说的那样去做,"勒莫兰德说,"那个时代的舞台表演者们大概都知道怎样应付这种把戏。但杰克逊在以前就已经十分提倡这种做法,我认为他哪怕拖到最后一分钟也会把他要的东西等来。"

这个策略在杰克逊的演艺生涯中屡试不爽,但也有例外,《EO 船长》就是其中一次。

"他应该到场去感受和欣赏一下这部片子,迪士尼也本应该从中获益的,"勒莫兰德说,"这个结局实在令人惋惜。"

第 9 章

Michael Jackson, Inc.
The Rise, Fall, and Rebirth of a Billion-Dollar Empire

好与坏

1986 年初，一名叫迈克尔·莱文（Michael Levine）的公关接到了一个电话，打给他的是一位金牌经纪人。对很多善于观察的人来说，与其说这个经纪人是混好莱坞，倒不如说他更像是混黑帮的，他准备给莱文提供一个无法拒绝的机会。

"莱文先生，我是弗兰克·迪里奥，"经纪人说，"我看你做得很好，代理了很多大人物。你想代理迈克尔·杰克逊吗？"

"好吧，"莱文说，"你勾起了我的兴趣。"

"到我家来一趟吧。"

这位经纪人住在洛杉矶西部的一个富人区里，他独自一人在门外迎接莱文，身边没有随从。

"是这样的，我们打算让你试试看。"迪里奥说。

"我不知道我是来面试的呢。"

"我们打算给你一个项目，你把它做好了，你就能代理迈克尔·杰克逊。"

"什么项目？"

回忆起 25 年前的那次见面，莱文当时在迪里奥家中觉得仿佛进入了一个平行宇宙空间。那位经纪人的提议可以说是疯狂、刺激、离谱的，某种程度上还很危险，而且不太会有什么经济收益，至少在短期内不会有。

"你不会有任何报酬，"迪里奥说，"这件事交给你了，如果你做得好，迈克尔·杰克逊（这个客户）就归你。"

———

同年，迈克尔·杰克逊给了布兰卡和迪里奥每人一本 P.T. 巴纳姆的传记《华丽骗局》，随后说了这么一句话："向伟人学习会变得更伟大。"

杰克逊已经是公认的有史以来最出色的流行音乐巨星之一，并且具备与之匹配的吸金能力。1986 年，他和百事签下了高达 1 000 万美元的代言合同，这个数目打破了他之前的个人纪录。他的 ATV 曲库每年产生的版权利润将近 1 000 万美元，而且他现在仍能从他的专辑《颤栗》中收获红利：在专辑发行后的 4 年里，他总共收入 1.91 亿美元。

截至 1984 年年末，《颤栗》仅在北美地区就已经售出超过 2 000 万张，但其他艺人也在奋力追赶。麦当娜在同年发行了唱片《宛若处子》（*Like a Virgin*），一年内便达到了 600 万张的销量；普林斯（Prince）主演了电影《紫雨》（*Purple Rain*）并发行了同名原声大碟，销量很快就突破 800 万大关。他们在商业上和文化上都在蚕食着杰克逊的领土。麦当娜专辑的同名主打歌以及普林斯的《亲爱的尼基》（*Darling Nikki*）把原始性欲的信息带入了流行文化圈，促使蒂珀·戈尔（Tipper Gore）推动定下一条新规定：有潜在冒犯性的音乐唱片上必须贴有"家长指引"的标签。

杰克逊要在《飙》中展现一个全新的前卫形象，为了增加公众的期待感，他决定先从公众的视野中暂时消失。传记作家和历史学家乔·沃格尔（Joe Vogel）也曾说过："杰克逊对自己在《颤栗》发行之后的过度曝光感到反感。"所以，1985 年，当他和莱昂纳尔·里奇（Lionel Richie）联合创作了慈善单曲《天下一家》（*We Are The World*），并与包括布鲁斯·斯普林斯汀、雷·查尔斯（Ray Charles）、黛安娜·罗丝以及比利·乔尔在内的一众歌手录制之后，杰克逊几乎消失了。那年，他避开了所有颁奖礼、采访

第 9 章
好与坏

和公开露面。

与此同时，他与迪里奥一同策划着他的盛大回归，莱文也在秘密协助。杰克逊在一系列未公开的笔记中阐述了这个计划的核心理念（其中一部分我在撰写此书的时候得以阅览），其中之一是"关于工作和保密的想法"：

> 为任何项目工作时，都要与业内最杰出的人合作，与全世界最杰出的人合作，集结每个领域中最强的专业能力、最佳的化学反应和最好的凝聚力，并秘密的开展工作。在最意想不到的时候，用最惊人、最震撼、最出人意料的作品冲击每一个人的眼球。它就能载入史册，因为你创造了一块完美无瑕的宝石。但最重要的还是要在每一方面追求卓越和完美。向伟人学习，变得更伟大——在保密之中。

杰克逊计划在 1986 年的 9 月正式回归，并发动一轮巴纳姆式的宣传攻势，一直持续到他新专辑的面世。杰克逊当时应该相当认可《华丽骗局》中描述的巴纳姆"智慧、充满活力、全心奉献的顾家男人，而且滴酒不沾"，再者，他表现出了"大师级的表演技艺"。

当然，巴纳姆并不是所有领域公认的楷模。书中提到，他曾靠着签下契约的"畸形怪胎"挣钱，过分夸大（甚至很多时候完全是捏造）自己的过去并广而告之，以博取同情甚至是利益。而且他有时还蓄意破坏自己事实上部分已经搁浅的生意，四处散播谣言说自己剧团中的一位老妇人是一个自动机器人，也曾说自己麾下的"胡子女士"的真身其实是一个男人。正如该书的作者所指"'欺诈、欺骗、哄骗'，美国人一般都会将这些词语与巴纳姆的人生及之后的一切联系起来。"

巴纳姆的首要兴趣点就是制造一些奇观。对于杰克逊来说，莱文的用处就在这里。迪里奥给了他一些迈克尔躺在高压氧舱的照片，这个医学装置看起来就像一个边上装了仪表的棺材，目的是让世人相信杰克逊为了能活到 150 岁而每晚都睡在这个舱里面。莱文的任务就是用尽一切方法向小报记者们植入这个故事。

"真相比小说还要离奇，"莱文回忆着他和迪里奥的对话，"我们第一次开会时想出来的东西，没有洛德·瑟林（Rod Serling）是写不出的。"

果不其然，《国家询问报》（National Enquirer）上了莱文的钩，报上《迈克尔·杰克逊睡在高压氧舱》的标题赫然醒目。出乎意料的是，主流的报刊也随之跟进。这些作者或许早就知道这是刻意炒作，但还是忍不住要报道这位歌手传说中的古怪。9月16日，美联社刊登文章揭示了杰克逊所谓长生不老的野心，并让医学专家解说这种做法的危险性。

事件的影响力持续发酵，在美联社（Associated Press）报道这件事几天之后，杰克逊的私人医生接着发言，增加了这个传言的可信度。"我不建议他接受这样的治疗，"史提芬·霍夫林医生如是说，"迈克尔·杰克逊有很多奇怪的想法，有时候他的想法超越了我们这个时代的理解范畴。"

媒体对这件事的报道持续进行，但是对于莱文来说，事态已经发展到了有些匪夷所思的地步。"到了这个地步，谁才是疯子？我吗？"他回想着那个时候，问道，"可能是我，对吧？肯定是，或者是迈克尔？"

一个月后，高压舱事件演变成了国际新闻，于是莱文打电话给迪里奥。

"弗兰克，这件事我免费帮你做了，"他说，"现在，我可以代理迈克尔·杰克逊了吗？"

"我稍后再打给你。"

但莱文在接下来的几天都没有接到回电，于是他又打了一通电话。

"出不了差错的，"迪里奥说，"请你相信我，迈克尔和我会聘用你。你很快就能看到我们给你的计划，我们刚刚开始预热。"

结果，莱文没有参与到下一轮的炒作，这一轮又掀起了轩然大波。尝到媒体疯狂报道高压氧舱的甜头后，杰克逊和迪里奥打算向外界披露一条消息："流行音乐之王"打算花费50万美元从伦敦医学院购买约瑟夫·梅里克（Joseph Merrick）的骨架，这个19世纪的杂耍演员因为身体的畸形结构而被称为"象人"。

消息传出，研究机构的发言人坚称他们没有收到杰克逊的出价，即便有，他们也绝不会出售那副骨架。这件根本不存在的事被突然拒绝后，据

第9章
好与坏

报道杰克逊铁了心要买下那副骨架。他开出了100万美元的价钱，当然，还是被回绝了（这一负面报道也导致杰克逊和耶和华见证人的关系产生越来越大的裂痕，他最后退出了该教会）。

或许他太执着于追随巴纳姆的脚步了。那本杰克逊热忱推荐给布兰卡和迪里奥读的《华丽骗局》一书作者解释说，巴纳姆并不认为争议是坏事，"你只需要让事件保持热度并被持续报道。任何舆论都比无人理睬要好得多"。

用真真假假的明星怪癖来喂养媒体和沦为小报话柄这两件事之间，仅一线之隔。通过购买人类遗骨，或者退一万步说，通过看似想要购买人类遗骨一事来制造舆论，杰克逊似乎做得有点过头了。

———————

到了1987年，杰克逊的商业行为依然是非不断。"披头士"乐队的歌曲一直都未被授权用于商业用途。随着耐克花费50万美元把《革命》（Revolution）插入电视广告中，这一状况才被打破。

杰克逊的团队在签署协议前得到了小野洋子的许可（"列侬的歌不应该被当作光荣殉难的献祭，"她说，"今时今日，它们也应该为孩子们所欣赏。"无论如何，杰克逊和他的公司并没有遭到起诉。虽然《革命》的歌曲版权归杰克逊所有，但EMI唱片公司拥有这首歌的母带——包含"披头士"乐队的原声——并有权禁止其使用。按照这样的规定，杰克逊仍有权给耐克授权一个翻唱版本。如果当初这样做的话，铁杆粉丝们可能也会不高兴，但却有可能大大降低事态的严重性。"（健在的）'披头士'乐队成员很反感他们的母带被用于商业用途。"班迪尔说。

保罗·麦卡特尼气疯了。他认为"披头士"乐队的歌不应该用于商业用途，就是这样。所以他和健在的"披头士"成员一起，针对耐克及其广告公司和EMI旗下Capitol唱片公司提起诉讼。杰克逊的反应是："为什么他这么大惊小怪？保罗也拥有巴迪·霍利的曲目版权，他也在把歌曲授权给别人。"麦卡特尼告诉大卫·莱特曼说，当他向杰克逊处置他歌曲的方式表达不满后，杰克逊对他讲："这只是生意嘛，保罗。"

尽管杰克逊拒绝了之后几十个曲目授权请求，其中包括"野兽男孩"（Beastie Boys）为专辑《获准生病》（*Licensed to Ill*）录制的歌曲《心情低落》（*I'm Down*），但这次《革命》的争议还是从一定程度上对杰克逊收购ATV曲库这盘生意造成了很大的负面影响。《休斯顿纪事报》（*the Houston Chronicle*）抨击这是以一双价值75美元的跑鞋的名义，对这首反主流文化赞歌进行"剥削利用"的行为。《洛杉矶时报》称这部广告是"令人作呕"的"亵渎"。

约翰·列侬的传记作家乔恩·维纳（Jon Wiener）在《新共和》（*the New Republic*）杂志上猛烈抨击杰克逊，他说，跟约翰·梅伦坎普（John Mellencamp）、鲍勃·西格（Bob Seger）和琼·杰特（Joan Jett）等这样"正直的、拒绝把自己的音乐授权给别人"的音乐人相比，杰克逊就是一个百事可乐鞭策下的出卖者（然而梅伦坎普却在2007年允许雪佛兰在商业广告中使用他的一首歌，从而也招致抨击）。

甚至汤姆·佩蒂（Tom Petty）也评论说，"我也很反感看见'披头士'乐队的歌被用于推销运动鞋之类的东西，"他说，"因为音乐对我来说有更深的意味。我不希望听到《良好共鸣》（*Good Vibrations*）时想到的是软饮广告，这会贬低歌曲的内涵。"

杰克逊的传记作家乔·沃格尔说："纵观那些年的新闻档案，你会发现他的形象被媒体撕得粉碎。很多人都很反感他持有'披头士'乐队的音乐版权（以及将其用于商业广告），那个曲库是一项很好的商业投资，但也让他在之后的岁月里成为众矢之的。"

在这个背景之下，杰克逊录制了继《颤栗》之后的续篇。布兰卡原本建议迈克尔在着手下一个原创项目之前，先发行一张翻唱专辑。

"我本来想让他翻唱'斯莱和斯通一家'的歌，我还为他选了一些其他的歌曲，我觉得翻唱专辑没准也能取得不俗的成绩，"布兰卡回忆说，"我跟他说，'这样你就没有要追赶《颤栗》和超越自己的压力了'。他用诧异的眼光看着我，好像我是一个不可理喻的火星人一样。"

第9章
好与坏

杰克逊无法彻底了解不要和自己竞争的涵义——无论是商业上还是艺术上。在他开始为新专辑录制歌曲的时候,他在浴室的镜子上贴了一张便签,上面写着唱片的目标销量——1亿张。

不少跟杰克逊关系亲近的人都认为,他为自己制定这么高的销量目标,是源自于父亲乔·杰克逊灌输的衡量成功的标准。"如果你的唱片大卖,如果你举办的演唱会门票一扫而空,那么你就把事情做对了,"佛杰说,他作为《飙》的录音师,和杰克逊相处了很长一段时间,"他们家曾经很穷,他再也不想回到没钱的日子了。"

为了超越《颤栗》,杰克逊明白一定要把《飙》做到极致完美。在进西湖录音室与昆西·琼斯会面前,杰克逊花了好几个月的时间,与连同佛杰在内的主要成员在他建于海文赫斯特的私人录音室中(他称之为"实验室")打磨歌曲。他们大概制作了60首歌,新专辑中的11首歌有9首选自其中。

杰克逊还聘用了一个名叫约翰·巴恩斯(John Barnes)的音乐家来负责《飙》中的钢琴和合成器部分,同时为专辑注入了当时主流流行乐专辑中不常见的音效。他们在加利福尼亚南部四处搜寻,从机器的叮当声、小鸟的鸣叫声到汽车呼啸而过的声音,他们全都录下来,期望可以捕捉到为歌曲画龙点睛的声音。

当杰克逊去西湖录音室与昆西·琼斯以及顶尖团队的原班人马开始录音时,他有非常多的新歌可以挑选。为了简化步骤,杰克逊和琼斯在录音室中找来了一块公告牌,贴上索引卡,并把歌曲的名字写在每张卡上。这样一来,不合格的歌曲很快就可以被剔除掉,剩下的就是脱颖而出的上乘之作。

杰克逊身边的人,甚至那些不是音乐迷的人都知晓他的卓越才华。"有一次,我问迈克尔,'你是怎样想出那些让人难以置信的歌词和旋律的?'"布鲁斯的妻子比亚·斯维迪恩(Bea Swedien)回忆道,"迈克尔说,'我一醒来,它们就已经在我的脑海里了。'"

20年后,在《就是这样》的排练时期,杰克逊曾开玩笑说,如果他没有把那些灵感记录下来并将它们谱成音乐,上帝就会把它们赠予普林斯

117

了。杰克逊最初曾打算和他的竞争对手普林斯合唱《飙》专辑中的同名主打歌，但没等到录音阶段，在洽谈可能的合作的时候，杰克逊就被普林斯送来的巫毒护身符吓坏了。"我再也不想和这个人说话了。"杰克逊之后说。

《飙》创造了连续5首单曲登顶各大排行榜的纪录，比《颤栗》多出3首（虽然《颤栗》发行的7首单曲全部打进了前10名，但实际上只有《避开》和《比莉·珍》登上过冠军宝座）。25年以后，才出现了另一张可以达到《飙》的高度的专辑——凯蒂·佩芮（Katy Perry）的《花漾年华》（Teenage Dream）。《飙》里面的11首歌，有9首是杰克逊亲自创作的——除了《只是好朋友》（Just Good Friends）和《镜中人》（Man in the Mirror）—— 当中的很大一部分，包括《风骚黛安娜》（Dirty Diana）、《别烦我》（Leave Me Alone）和《犯罪高手》（Smooth Criminal），至今仍然是他最具代表性的得意之作。

然而，1987年8月31日《飙》发行后，比起杰克逊的音乐，许多乐评人——尤其是白人乐评人——似乎更多地把注意力放在了杰克逊外表的改变上。因为接受白癜风治疗，杰克逊的肤色明显变浅，而且他还接受了数次整容手术。嘻哈先锋"非凡五人组"之一弗雷迪（Fab 5 Freddy）说："他的外表变化得太明显了。当你身在一个以貌取人的环境中，某种意义上，人的外表变成了你唯一关心的东西。"

《纽约时报》的乐评在讨论他的音乐之前，先提及了他新的颏裂；《洛杉矶时报》随之附和，开头便称杰克逊是"全球最受欢迎的脆弱大男孩"；《滚石》杂志称这张专辑比《颤栗》更出彩，但也只是到文章结尾才有所提及，前面的部分，开头便称杰克逊是"仿瓷象人"。

这本杂志所发起的读者投票把杰克逊评为年度最差男歌手。杰克逊的努力的确让他获得包括"年度唱片"在内的一些格莱美奖项提名，但《飙》只获得了"非古典类最佳录音工程奖"（《别烦我》的音乐短片在1990年也获了一个格莱美奖）。然而负面新闻并没有影响到《飙》空降美国和成为多个国家的排行榜冠军；到目前为止，这张唱片在全球范围内已经卖出了3 500万张，算得上是有史以来最成功的唱片之一，但离杰克逊最初预期的1亿张还有不小的差距。

第9章
好与坏

尽管如此，哥伦比亚唱片以 20% 的增幅超越了前年的 1.621 亿美元的利润记录（总收入 15 亿美元），《飙》就是其中重要的助力之一。由于有如此卓越的财务表现，以及驱动它的一众出色歌手，同年 11 月，索尼同意以 20 亿美元收购哥伦比亚唱片。

"看看他们的阵容名单——比利·乔尔、布鲁斯·斯普林斯汀，他们有很多艺人，"耶尼科夫说，"整个古典乐部分也很有意思。但迈克尔才是大明星，这为公司加了分。"

———

如果当时索尼的高管们还需要其他理由去说服他们完成这笔交易，那么 1987 年 9 月他们也许找到了：杰克逊在东京举办了一连串的演唱会，揭开了《飙》巡回演唱会的序幕。

就算是怪兽哥斯拉也很难再次引发当时杰克逊降临日本时所造成的歇斯底里的骚动。他乘坐的波音 747 客机运载了 22 辆卡车容量的舞台设备，其中包括 700 盏灯和 100 个音响。当局封锁了半个成田国际机场来容纳国内外蜂拥而至的媒体记者。布鲁斯·斯维迪恩对他和太太一起与杰克逊、迪里奥、昆西·琼斯、黑猩猩"泡泡"以及其他一行人到达机场时的那个场面，至今记忆犹新。

在感觉到危险的时刻，迪里奥命令杰克逊的随员在他身边围成一个保护圈把他安全护送到机场外。琼斯和其他人则排成一列把杰克逊安全送到豪华座驾上（斯维迪恩认为，当时他们应该直接把"泡泡"放出来，这样可以节省不少时间："它会把那些记者们清理干净！"）。

杰克逊在能容纳 4.5 万人的东京后乐园体育场举办了 3 场满座售罄的演唱会，以此揭开巡演的序幕，而这仅仅只是开始。长达 16 个月的巡演，他共举办了 123 场演出，总票房为 1.25 亿美元（算上通货膨胀因素，约为现在的 2.5 亿美元），吸引了 440 万粉丝前来观看——当时没有其他巡演能达到这个惊人的数字。莱恩公司（Live Nation）的前总裁迈克尔·科尔指出，如果巡演放在今天，杰克逊能从每张门票中赚到 300 美元。"这会是一个恐怖的数字。"他说。的确，按照这样来计算的话，《飙》巡演可以刮走 10 亿美元的票房，成为广义上的有史以来最卖座的演唱会。

在经历过《胜利》巡演时期繁琐的民主决策后，杰克逊在自己首个单飞巡演中充分发挥了自己的决策权。为了实现视觉上的创意，他私底下跟自己的服装设计师合作，其中包括迈克尔·布什。布什清楚地记得杰克逊在翻阅杂志的时候，会为了张给予自己鼓舞和启发的照片流泪，然后他把它们贴满整间屋子。他们通常拿一张白纸、一块橡皮、两支铅笔，然后坐下来，"他负责画，我负责把不好的擦掉，"布什说，"有时是我负责画，他负责擦。"

除了服装之外，布什还帮他设计了一双表演"犯罪高手"时穿的专用鞋。穿上它，杰克逊便可以施展他的魔法——反重力 45 度前倾。

"你确定能实现那个效果吗？"杰克逊看到布什的作品问道。

"迈克尔，如果实现不了，我就不会把它带给你了。"

他们都笑了，然后杰克逊又看了看鞋子。

"我觉得不行。"

"迈克尔，它可以做到，我已经试过了，丹尼斯也亲自试过，我们是来展示给你看的。"

杰克逊把脚伸进了鞋子里。

"现在，向我这边倾斜。"布什指示着他。果然，杰克逊向地面倾斜，他的身体和地面形成一个斜角，好像不用手地在做俯卧撑。等他重新站直了之后，他喜极而泣。

"天哪，我不敢相信你真的把它实现了！"

"这就是你给我的任务。"

"我们要给它申请专利！"

4 年后，布什发现杰克逊已经拿到了专利，并与布什和汤普金斯共同署名。

———

杰克逊即便到了日本之后，仍然深入参与每场演出的每个环节。他十

第 9 章
好与坏

分渴望了解他身边的人都负责什么,每个部分是怎样运作的,小至服装,大至舞台。"这次巡演,我还带着我的灯光师,"他说,"我需要知道这块板是用来做什么的。因为如果我告诉他我想让上面这盏灯这样,然后他说'做不到'的话,我想知道他为什么说做不到,但我同时也需要知道我们怎样才有可能做得到。"

在这期间,杰克逊在演出空隙仍然紧密关注乐坛的动态,在排行榜中网罗新秀作曲家去签约 ATV。其中一位是布莱恩·洛伦(Bryan Loren),一个为斯汀(Sting)和巴里·怀特制作歌曲的音乐人。杰克逊劝说 ATV 的总裁戴尔·川岛应该开拓一些新的可能性。

"他不想只参与收购'披头士'乐队那样的经典老歌,"川岛说,洛伦随后成为了 ATV 明星阵容中的一份子,并为杰克逊的下一张专辑效力,"他也很有兴趣把新晋的创作人签到 ATV 旗下。现在不再是约翰·布兰卡打电话来说,'喂,有一个人写歌不错,叫布莱恩·洛伦,我们要签下他',而是迈克尔·杰克逊亲自打来电话了。"

然而,迈克尔最关心的是他在演出中能否达到最佳状态。他身边的人都很清楚这一点,即使是那些在命运的离奇安排下与迈克尔有过交集的乔恩·邦·乔维(Jon Bon Jovi)。"我没有太多迈克尔·杰克逊的轶事可以分享,"这位在新泽西出生的摇滚歌手在电话那头说,"但我还是有一件可以说的,要怎么理解就随你们了。"

1987 年 9 月,邦·乔维和他的同名乐队还在为宣传他们的《潮湿路滑》(*Slippery When Wet*)专辑而忙碌奔波。前一年,他们凭借这张专辑,得以跻身国际超级巨星的行列。他们当时在能容纳 2 万人的东京武道馆中举办了几场演出,而杰克逊当时在附近的后乐园体育场举办的连续 3 晚都爆棚的演唱会上吸引了 13.5 万人到场。碰巧,他们又住在同一家酒店里。

有一晚,迪里奥打电话给邦·乔维并且问他是否想和杰克逊见一面,他十分乐意地接受了邀请。这家酒店的结构很像一只手掌,手掌部分是电梯组,手指向外延伸,每一只手指作为一个区,每个区包含很多的房间;在顶楼,杰克逊和他的核心团队封锁了其中一个区。迪里奥领着邦·乔维和他的乐队成员们走到长廊的尽头,来到杰克逊的套房门前,他梳理了一下头发，熄灭了手中的雪茄，然后才推开房门。

"他住的房间已经被拆掉重新装修过了，"邦·乔维说，"他们在地板上立了许多镜子，这样一来迈克尔就能练舞了，而且他们还装了木地板，包下了这家酒店的一个区。不用说，这些钱对他们来说只是小事一桩。"

然而，房间内却不见杰克逊的身影。于是邦·乔维和他的朋友们坐在沙发上等候。当杰克逊最终出现的时候，真可以算得上是隆重登场，他身穿一套在《飙》巡演中标志性的装束——黑色皮革和扣环、紧身红衣、下垂的肩带。"他走进房间的那一刻，你的眼睛仿佛又有了一个新的焦点。"邦·乔维回想着。

刚从澳大利亚表演归来，如今又初入超级巨星的殿堂，这群新泽西摇滚歌手滔滔不绝地跟杰克逊分享他们旅途中的故事。当时他们在澳大利亚火得不得了，他们告诉他，他们当时要买假发和假胡子来避开狗仔队，而且他们要通过坐在洗衣车里的方法才能离开酒店。杰克逊边笑边点头，从头到尾没有提起过这些事从"杰克逊五兄弟"时期开始就一直发生在他身上。

"所以，我们谈了一小会儿，他真的是友善至极。"邦·乔维说，"我们不断说，'迈克尔，你自己一个人在这上面待着，我们就住在你下面的两层楼。既然我们都住在这里，晚上可以一起出去玩，下来找我们嘛'。"

再一次，迈克尔微笑着点点头。最后，邦·乔维跟他的新朋友告别，回到了自己楼下的房间，期盼着晚些时候能与这位世界上为数不多的比他们更有名的明星之一开一场派对。但随着时间一分一秒地过去，他们越发肯定杰克逊是不会来了。所以想象一下当杰克逊派他的猩猩"泡泡"下去娱乐他们的时候，他们有多惊讶。

"我们接着喝得酩酊大醉，打了几场水仗，敲了好些房门，这些都是20世纪80年代的经典摇滚明星都会做的事，"邦·乔维回忆道，"我们把这一切都怪罪到'泡泡'头上。"

杰克逊没有下楼。尽管邦·乔维去看了杰克逊的演出，但杰克逊却没有还这个人情。这无关私人恩怨，只是因为杰克逊无法停止对工作的专注。

第9章
好与坏

"我们在楼下和'泡泡'一起狂欢，而他却在楼上练舞，"邦·乔维说，"当我们像傻瓜一样庆功的时候，他仍然坚持练习，甚至演出告一段落了也是如此，因为要当迈克尔·杰克逊，他必须要极度的专注。这份恩赐对他来说就如同诅咒一样。"

随着巡演的进行，另一个未来的音乐传奇人物在杰克逊身边见证了他的完美主义，以及他为此承受的代价。雪瑞儿·克洛时年 25 岁，她担任杰克逊演唱会的伴唱歌手，而且很多时候都是由她和杰克逊合唱《我不能停止爱你》。

"我每天晚上都会目睹到底是什么让他如此非同凡响，"她回忆道，"他拥有那种真正巨星才具备的品质，我找不到更好的词去形容。我觉得他很了解自己拥有的神性。同时，他也被人类精神的脆弱所诅咒，这份脆弱和他内心的伤痕一直存在，一路走来，将他塑造成了这个模样。"

克洛认为杰克逊在很小的年纪就把成为"杰克逊五兄弟"的焦点与养活家人的压力沉淀在内心深处。最初，她十分惊叹《飙》巡演在很多地方都很像百老汇演出，每晚演出的方方面面都协调一致，即便是歌曲之间的调侃也都如此。

在巡演的中期，当全世界范围的各个体育场都为之着迷时，克洛却注意到了他对自己有多狠。有时，"他对自己的自信貌似都崩溃了，"她说，"但他唱到《人性》（*Human Nature*）和《比莉·珍》这些歌的时候，你可以远望到观众们的表情，他们个个目瞪口呆。"

———

截至 1987 年末，杰克逊总共获得了 11 项格莱美奖，赚入 2.5 亿美元，他取得这些成就时还不满 30 岁。他为黑人歌手铺平了道路，让他们的歌舞声通过各种方式在全国的起居室中都能欣赏到。

然而，围绕杰克逊的不和谐音——有些是他自己造成的，有些是别人造成的——开始掩盖他部分的成就。"在很长一段时间里，人们讨论奇闻八卦的兴趣远高于讨论音乐，你要明白，当音乐上的成就是那么非凡的时候，你可以这样做，"莱文说，"（但）之后就有点渐行渐远了。"

正如高压氧舱和象人骸骨的故事那样古怪，一些观察家认为，杰克逊事业受挫的背后，有更多潜在的力量暗中作祟。"对于迈克尔·杰克逊的非议的奇妙之处在于，它实质上和杰克逊完全无关，"作家詹姆斯·鲍德温（James Baldwin）这样认为，"所有的噪音全都来自美国，这个监控着黑人生命和财产的不厚道的保管者。我希望他能够意识到这点，并且有足够运气可以从张着血盆大口的成功中脱身。他动了那么多人的奶酪，是不会被轻易放过的。"

第 10 章

Michael Jackson, Inc.
The Rise, Fall, and Rebirth of
a Billion-Dollar Empire

前往梦幻岛

爬上灵感树，顺时针慢慢地环视，是唯一能够真正欣赏到梦幻岛（Neverland）山谷庄园（简称"梦幻庄园"）全貌的方法——迈克尔·杰克逊的许多首歌曲就是在这棵威严多节的橡树上创作出来的。

东边，车道从主屋那里伸展出来，穿过一座石桥一直延伸到公路，大约有一英里长。南边，一个巨大的池塘后面是一片比足球场还大的草坪。西边，一座红砖火车站耸立在一座小圜丘上，坡上镶嵌着一面用鲜花拼成的宽 20 英尺宽的大钟，钟的上边用黄色的鲜花拼成"梦幻岛"字样。

灵感树（这是庄园内 67 000 棵梧桐和橡树中的一棵）的北边，是梦幻庄园 2 700 英亩大的后院，面积是欧洲小国摩纳哥的 4 倍。那里有一个游泳池，一个电玩中心和一个实际大小的电影院；远远望去，深褐色的草原一直爬伸到 3 000 英尺高的凯瑟琳山的山顶，杰克逊以他母亲的名字命名了这座山。

而今，梦幻庄园极尽奢华的特征都已不见了。游乐园的游乐设施和火车车厢早都被运走了，庄园里的动物们——短吻鳄、大象、长颈鹿、狮子、老虎，当然还有黑猩猩"泡泡"——也都无迹可寻。曾是杰克逊引以为傲的电玩中心内，现在只有一个落满灰尘的充气泳池。至于主屋，一幢拥有7间卧室和13个卫生间的仿都铎王朝建筑，如今却是空荡荡地坐落在庄园的中心。

但主人多年以来在庄园里留下的踪迹依然可寻，尤其在电影院旁的舞蹈室里可以找到。在满是镜子的舞蹈室的中心，天鹅绒绳从4根铜柱上垂下，在地板上划分出10平方英尺的区域。揭开下方的树脂玻璃，你可以看到一处破旧地板，浅褐色的木头上有着一些深深向下的印痕。那块聚光灯照亮的区域，曾是迈克尔·杰克逊练习旋转舞步时最爱的地方。

自从杰克逊结束《飙》巡演，并买下这片在当时仍称为梧桐山谷的农场后，他的富乐绅鞋在地板上留下的痕迹便很快多了起来。那时，杰克逊仍住在他的家族在恩西诺地区的宅邸里。他在仅仅29岁时，已卖出了数以千万计的专辑，完成了在当时是史上最卖座的巡演，然后，他终于搬出了父母的家。

梦幻庄园最初叫价6 000万美元。布兰卡介入后帮助杰克逊协商，最终以1 750万美元的价格成交。最后成交的买卖里还包括了一个存满红酒的酒窖和一栋占地面积庞大且已经装修完毕的主建筑。杰克逊对此十分感激，他给了他的律师一份恰如其分的豪礼——又一辆劳斯莱斯以示谢意。

"法兰克·辛纳屈绰号'董事长'，埃尔维斯绰号'猫王'，"有一天，迈克尔·杰克逊对布兰卡和迪里奥叹息道。"而我是什么呢？'手套人'（Gloved One）？"

那一年是1988年，杰克逊已称霸《公告牌》排行榜，在梦幻庄园拥有了一个名副其实的属于他自己的王国。但在当时，他众多的绰号中，最好的是"手套人"；在他看来，最差的是"怪人杰克"。

杰克逊确信他不好的绰号源于诋毁者对他的种族偏见。他曾对布兰卡说，他认为新闻界并不希望他的成就超越猫王，因为他是黑人，新闻界坚持把他报道为"怪人杰克"就是对他施行打压的一部分。

幸运的是，杰克逊的一位挚友想到了一个更好听的名号。他与伊丽莎白·泰勒（Elizabeth Taylor）结识于20世纪80年代初，据报道说，他在他的一次演出上看到泰勒提前离场了，感觉受到了侮辱，就打去电话哭求原因。伊丽莎白解释说，之所以提前离场是因为她的位子很偏，既看不到

第10章
前往梦幻岛

舞台也听不清音乐。对杰克逊来说，这个原因就够了。之后两人很快成了朋友，有很大一部分原因是因为两人早年在娱乐圈相仿的经历。

"我们的童年很相似，这是我们最初的共同点，"泰勒在1993年接受奥普拉·温弗里采访时说，"我9岁当童星，有一个暴虐的父亲，这种经历让我们很谈得来。"

"我爱伊丽莎白·泰勒，"杰克逊在他的自传中这样写道，呼应着他朋友的观点，"我从她的勇敢中得到鼓舞……我和她相当强烈的认同感源于我们相似的童星经历。当我们第一次在电话中交流时，她告诉我，她感觉我就像她熟知多年的老友，我对她也有同感。"

通过专辑《颤栗》，杰克逊奠定了其在音乐界至高无上的地位，于是泰勒给他起了一个新的名号，一个她已在公开场合说起的名号："流行、摇滚及灵歌之王"。杰克逊很高兴，唯一的问题是人们是否会开始这样称呼他。正当那时，杰克逊受邀出席第15届MTV录影音乐奖，领取当时名为录影先锋奖的奖项，以表彰他在此传播媒介上取得的终身成就（此奖之后以杰克逊命名）。

他答应出席但有一个条件：该电视频道的高层必须保证，从此之后，他们那些有品位的主持人只能称他为"流行音乐之王"。

"他们同意了，从那以后这名号就流传开来，"布兰卡回忆道，"人人都称他为'流行音乐之王'。这就是迈克尔天才的一部分，认可别人给他建议的（好品牌）。"

作为出版商，杰克逊也取得了成功。一天，布兰卡接到了华纳/查普尔音乐公司的老板雷斯·拜德的来电，当时雷斯·拜德管理着杰克逊的Mijac曲库。一名华纳的雇员忘记提交一份必要的文件来保有一首杰克逊拥有的歌曲在美国的版权。

"我们搞砸了！"拜德开门见山。

"是的，你的确搞砸了，雷斯。"

"我们会给他开一张支票。"

"他不需要钱。"

"好吧，那我该怎么办？"

"雷斯，这件事唯一的解决办法是——我不会告诉他的——以好的价格把其他歌曲的版权卖给他。"

接着，布兰卡说服拜德送来了一份华纳曲库所有歌曲的打印清单，挑出了一组最好的，并说如果拜德以一个折扣价将这些歌曲的版权卖给杰克逊，他也许就不会追究了。拜德同意了，并请布兰卡去说服他的客户。

"迈克尔，"布兰卡说道，"我这儿有一个坏消息。"接着他向杰克逊说明了华纳/查普尔公司失去了一首他歌曲的版权。

"布兰卡，他们怎么可以这样！"

"但是，迈克尔，听着，他们想给你一些金钱作为损失赔偿。"

"我才不要（钱）呢！"

"迈克尔，等等，等等，我想到了一个办法，"布兰卡说，"我想我可以争取让他们以低于市场的价格，非常好的价格，卖给你一些歌曲的版权。"

"哪些歌？"

布兰卡列出了那些歌曲。

"成交。"

在这场由布兰卡促成的与华纳的额外交易中，杰克逊给他的曲库添加了一些热门单曲，包括珀西·斯雷吉（Percy Sledge）的《当男人爱上女人》（When a Man Loves a Woman）、杰瑞·李·刘易斯（Jerry Lee Lewis）的《大火球》（Great Balls of Fire）、欧杰斯的《爱情列车》（Love Train）以及雷·查尔斯的《我说什么了》（What'd I Say）。他总是出于一个非常具体的动机想要购买某些特定歌曲的版权，而这些歌曲恰恰全部符合他的胃口。"他想要翻唱这些歌曲，"拜德回忆道，"这真是一笔聪明的交易。"

第 10 章
前往梦幻岛

1988 年，迈克尔·杰克逊赚进 1.25 亿美元，这是他一生中年收入最高的一次（更厉害的是，如果考虑通货膨胀因素，这个数字将达到 2.47 亿美元）。他快速扩张的业务版图成为他获利的支撑。除了录唱片、举行巡演、拍摄电影、推出服装品牌、购买房产和投资音乐出版外，他还推出了与他最著名的舞步同名的三款产品。

首先，是电影《月球漫步》(*Moonwalker*)，由乔·佩西（Joe Pesci）联合出演，其中还串联了一些来自专辑《飙》的音乐录影。洛里玛尔电视制作公司（Lorimar）预付的 2 200 万美元基本涵盖了电影的制作费用，后来影片在美国卖出了至少 80 万套录影带。

其次，世嘉游戏推出一款同名游戏，主角是动画版的杰克逊。通过一些他在日本的关系，杰克逊认识了世嘉游戏公司的高层；世嘉公司推出了一款备受欢迎的通关游戏，在游戏中杰克逊忙于拯救儿童，抛帽子打败敌人（或用舞蹈将他们消灭）。

最后，是由杰奎琳·肯尼迪·奥纳西斯和萨耶·阿雷哈特（Shaye Arehart）为他编辑的自传《太空步》。萨耶·阿雷哈特撰写了书中的大部分内容，并在《飙》巡演期间飞去澳大利亚与杰克逊会面。整整两个星期，她每晚都会坐在他的床边给他读手稿；他会口述他想要的改动，就像拍摄《颤栗》音乐录影时的那样，然而，在传记出版前的最后时刻，他却临阵退缩了。

"他对书籍本身没有异议，"阿雷哈特说，"他认为书很棒，他担心的是书出版后的麻烦。"

布兰卡补充道："他不想出版是因为他不想被过度曝光。"

具有讽刺意味的是，发行商最初的担心是自传里的爆料不够多。最终，肯尼迪·欧纳西斯的一通电话，加上阿雷哈特和布兰卡的劝说，让杰克逊改变了主意，并同意在此书出版时不做大的改动。

最终，《太空步》于 1988 年 2 月出版发行，发行后销量迅速攀升，很快成为《纽约时报》畅销书排行榜的第一名。的确，对自传的主要批评还是它揭示得不够多——正如《纽约时报》的评论所说，这本书"可以被批评为冗长又没有太多内情揭露、又常常枯燥乏味的文本，不过最终，却正因为这些特质而使得它魅力无穷。"

多亏那些愿意挑战他的亲密合作伙伴，尤其多亏这位前第一夫人，才使得杰克逊免于毁掉一个有价值的项目。他对这一成果感到非常开心。

"迈克尔认为《太空步》太棒了，"阿雷哈特说，"他很喜欢。"

———

好莱坞不可能再有比这两个男人更适合互为对手的人了：拥有同名唱片公司的大卫·格芬和哥伦比亚唱片公司的老板沃尔特·耶尼科夫。

在20世纪80年代的大多数时光里，耶尼科夫就是没有变身"钢铁侠"的托尼·斯塔克（Tony Stark）（一个傲慢好色却天赋异禀的酒鬼），对决格芬版的奥贝迪亚·史丹（Obadiah Stane）（漫画《钢铁侠》的反派，一个出色的经营者，像下国际象棋一样玩弄商业于股掌之中，而且总能发现对手的弱点）。耶尼科夫也喜欢挤兑对手。

"格芬曾说：'你应该去给你的眼睛美美容。'"耶尼科夫回忆道，"我会说：'大卫，我可不像你一样是个该死的同性恋'。我们曾经非常友爱。"

对格芬来说，把"流行音乐之王"引诱到他的唱片公司旗下，然后吐一口唾沫淹死对手的想法，看上去非常有吸引力。杰克逊也非常乐意好莱坞最富有的人作为他的投资委员会的一员，不仅能给他提供免费的建议，还会给他的电影事业提供帮助。这位资本大鳄的格芬电影公司在20世纪80年代出品了一系列风靡一时的电影，包括《乖仔也疯狂》（Risky Business）、《恐怖小店》（Little Shop of Horrors）和《甲壳虫汁》（Beetlejuice）。

本书在创作阶段，格芬多次拒绝了我提出的采访要求，或通过助手或亲自写来邮件（"我不想谈迈克尔·杰尔逊，"他在一封电子邮件中写道，"一切都太悲伤了。"）。格芬对杰克逊事业的影响是毋庸置疑的。他自20世纪80年代中期开始担任他的顾问，还和他签下了一份关于电影开发的协议。

所以，当这位亿万富翁给杰克逊打电话说要一首歌作为汤姆·克鲁斯

第10章
前往梦幻岛

（Tom Cruise）的赛车电影《雷霆壮志》(*Days of Thunder*)的主题曲时，杰克逊同意为其翻唱一首他拥有版权的"披头士"的歌曲《一起来》，似乎也是很合乎情理的（这印证了雷斯·拜德的说法，即杰克逊常常是因为有意翻唱才购买歌曲版权的）。

但是杰克逊很担心录制电影原声碟歌曲会令他过度曝光，于是决定不参与此事。他给耶尼科夫打电话询问该怎么做。

"告诉格芬他不能用这首歌。"这位哥伦比亚唱片公司的老板建议道。
"可是，我已经告诉他可以用了。"
"那就打电话告诉他——不能用。"
"不，你去跟他说。"

耶尼科夫对这个计划兴致索然。不过这次，他觉得，至少是可以完成的任务。这不像几年前，在格莱美音乐颁奖典礼的前一天晚上，杰克逊打电话给他，要求他设法把因《颤栗》获得提名的昆西·琼斯从年度最佳音乐制作人的提名名单上除去，那种要求是不可能实现的。通过这两次事件，可以从更大的角度看出杰克逊的处理事情的一种模式，就是杰克逊答应了某事，而后反悔了，接着便需要依赖布兰卡或耶尼科夫帮他脱身。

格芬再次来电时，耶尼科夫告知他："你不能用那首歌。"
"什么？你疯了吗？"格芬咆哮道，"迈克尔告诉我们说我们可以用。"
"他没有权力那样做。"
"你别逼我。"
"我必须保护他的演艺事业，你不能用那首歌。"

格芬打给布兰卡，但得到了同样的回复。《雷霆壮志》的电影原声碟于1990年6月发行，曲目中并无杰克逊的音乐；尽管枪炮与玫瑰乐队（Gunsn' Roses）、雪儿以及埃尔顿·约翰都参与了制作，但是它在《公告牌》专辑排行榜上的最高排名只有第27名，虽然对于一张电影原声碟来说，第27名算是很不错的成绩了，但是如果有杰克逊的加盟，排名会更高。

131

正因为迈克尔·杰克逊商业王朝的高层常常上演宫斗大戏，身心疲惫的他才会躲进梦幻庄园偏安一隅。梦幻庄园的常客有家人（他的兄弟们以及他们的家人，）、朋友（伊丽莎白·泰勒），还有一些弱势儿童（这些城内的青少年会乘坐大巴车到这里来享受一个与喧嚣隔绝的田园诗般的午后）。

杰克逊特别喜欢做他人的导师。一天，他的哥哥杰基带着一个8岁男孩东尼·洛德（Donny B. Lord）来梦幻庄园做客，他就一直在指导这个男孩，并想担任他音乐事业中的经纪人（他甚至称男孩为"小迈克尔"，因为其出众的舞蹈才华以及嗓音天赋）。现在，洛德已经35岁了，他仍记得当年和杰基一起在书房等着见迈克尔的情形。

"他打开门，然后像国王一样的展开他的手臂，"洛德说，"当时我就想，'然后，我就在想，'哇！他知道他的身份！'——'我是迈克尔·杰克逊，我是'流行音乐之王'，我是世界上最伟大的艺人，你知道吗？我有权利打开我自己书房的门。就这样做，打开双臂，就像我到来这里时一样。'"

最重要的是，洛德还记得当年杰克逊给他这个仅有8岁却很有抱负的小艺人的建议。他并没有一开始就给洛德讲授如何写歌或者如何赢得观众，而是一开始就教他生意之道。

"当你拥有（你的作品）时，才有价值，"杰克逊解释道，并细述了一个他越来越多用来描述货品和知识产权的理论，"是你的，永远都是你的，而且你可以把它留给你的孩子们，留给你的家人。这就是你该如何积累你财富的办法。"

在得到了迈克尔的至理名言及杰基的持续指导后，洛德成为了一位音乐人并拥有了一个属于他自己的小型娱乐公司。但是，杰克逊家族到访梦幻庄园却并不总是有一个开心的结局。《胜利》巡演结束后不到五年，在被一位受欢迎的韩国牧师文鲜明以数百万收买后，杰克逊的父亲连续数月不断打扰杰克逊，试图说服他与兄弟们一同在韩国做4场演出。当演出没

第10章
前往梦幻岛

能实现时，文鲜明的组织对杰克逊家族提起诉讼，索赔数百万美元（杰克逊的父母于1999年向法院正式申请破产保护）。

还有其他许多的计谋在酝酿中；乔·杰克逊甚至试图说服他儿子在梦幻庄园开一个葡萄园。"我想把梦幻庄园变成一个果园，种些葡萄什么的，"老杰克逊道："因为那儿真的很适合种葡萄。"

迈克尔从没把这一建议付诸行动，而且他也并不需要通过种葡萄来证明他购买梦幻庄园的是很划算的。梦幻庄园在2002年的估价为5 000万美元，不过最近的估价比2002年高多了。南加州一位出售过很多明星房产的房产经纪人乔什·奥尔特曼（Josh Altman）认为梦幻庄园在公开市场上的售价可以高达7 500万至8 500万美元——如果有一位外国的亿万富翁决定将其作为战利品收入囊中的话，价钱可能会更高。奥尔特曼说："这种超大型房产并不多见。"

第 11 章

Michael Jackson, Inc.
The Rise, Fall, and Rebirth of a Billion-Dollar Empire

国王的新鞋

50Cent[①] 并不以轻浮而出名。

他真名叫柯蒂斯·杰克逊（Curtis Jackson）（跟迈克尔没有亲戚关系），在纽约皇后区土生土长，1991 年以一首热门单曲《怎么抢劫》（How to Rob）将自己纳入了嘻哈音乐的领域，在这首歌里，他概述了他要从 Jay Z 到威尔·史密斯（Will Smith）等明星那里抢钱的计划。在 2003 年发行了《要钱不要命》（Get Rich or Die Tryin'）后，他一跃成为了国际超级巨星；在那张专辑封面上，他面容扭曲、愤怒，也许是由于在几年前遭遇 9 次近距离枪击厄运的结果。

这些日子以来，他更关心的是创业（在他的办公室里依然保留着一张装裱了的手枪照片，放置在一块写着"CJ 企业"的黄金标语牌背后）。他在 2008 年仅靠一笔交易就将 1 亿美元捧回家——维他命水饮料母公司酷乐仕当时用公司股份来代替给他的一次性广告费。当可口可乐公司以 41 亿美元收购这家饮料公司时，也就买断了他的股份。他还推出了自己名下

① 美国说唱歌手　　　　　　　　　　　　　　　　　　　——译者注

的电子游戏、唱片公司、运动鞋、服装、耳机和能量饮料。

但仍让人惊讶的是，在50 Cent曼哈顿的阁楼办公室里，当他开始接受采访的几分钟后，他从他的豪华真皮座椅里跳起来，并开始在房间里蹦来蹦去，卡通般肌肉发达的前臂打着手势，情不自禁地微笑。是因为采访的主题让他觉得有趣吗？迈克尔·杰克逊，他早期的鞋服商业模式帮助新一代艺人们的品牌延伸打开了大门，也包括50 Cent。

"他表演《比莉·珍》时，我当时墙上就贴着那张海报，"这位说唱歌手说。"仿佛，他可以让我有欲望去买他那种跳舞用的休闲鞋……他演出中的表演技巧远比我们过去看到的更先进。"

———

早在50 Cent为锐步创立他的G-Unit运动鞋，或者Jay Z推出他的S.卡特品牌之前很久，耐克已经跟M.J.合作了。

需要说明的是，M.J.这两个首字母缩写指的不是"流行音乐之王"，而是迈克尔·乔丹。1987年，他跟耐克以7年1 800万美元的价格签署了合同，顺势推出他的"飞人乔丹"品牌，这位芝加哥公牛队的传奇成为第一个获得与当今明星们相当报酬的艺人。这个协议成为迅速增长的运动员鞋类合约的典范，在10年前，这几乎还是不可能的。

在20世纪70年代，同耐克第一个签约的是俄勒冈大学的田径明星史蒂夫·普雷方丹（Steve Prefontaine）。当时以高达5 000美元的价格，他同意穿上这个羽翼未丰的公司的鞋。当阿迪达斯在1982年以10万美元的合同签下卡里姆·阿卜杜·贾巴尔（Kareem Abdul-Jabbar）时，这项产业的规模迅速扩大；此后不久，新百伦花了120万美元锁定了同是篮球明星的詹姆斯·沃西（James Worthy），之后，耐克上调赌注以另一个数量级的费用与乔丹签约；公司的收入在那期间从1 000万美元飙升到近10亿美元。

运动员穿鞋终于得到了报酬，但音乐人却迟迟没有打入这个市场，直到先锋嘻哈组合Run-D.M.C.发表了歌曲《我的阿迪达斯》（*My Adidas*），这首歌最初是"贝壳头"鞋的一首无偿颂曲。1986年，阿迪达斯的少数高管出席了一场在麦迪逊广场花园的演出，见证了约两万观众在这些说唱歌

第 11 章
国王的新鞋

手的授意下，抬高自己的运动鞋指向屋顶——于是 Run-D.M.C. 乐队拿到了一份价值超过 100 万美元的协议。

在 1990 年，新晋运动鞋供应商拉盖尔公司正拼命寻找机会，试图在这个数十亿美元的市场中抢占到更大份额。因此，该公司的首席执行官罗伯特·格林伯格（Robert Greenberg），转头对联合创始人桑迪·泽曼（Sandy Saemann）说："我们找迈克尔·杰克逊吧。"

泽曼是一个能说会道的加州人，他后来从公司股票里赚得数百万美元财富后辞职——现在在曼哈顿海滩经营着一家高端热狗店。当时他认为这主意并不怎么样，就算没有大牌的代言人，他认为拉盖尔公司还是有机会在国内市场分一杯羹。

在他看来，最近的小报事件仍然在隐隐刺痛着迈克尔·杰克逊，这并不一定能促进运动鞋在美国的销售。格林伯格则持不同的观点。即使这位歌手在国内帮不到他们什么忙，他在海外影响依然巨大，《飙》巡演已经证明了这些。如果杰克逊可以卖出超过 400 万张的演唱会门票——他的巡演日程超过一半是在海外——为什么他不能在全世界卖出 100 万双运动鞋呢？

杰克逊和拉盖尔公司之间的合作关系由此开始了。当格林伯格和泽曼终于向他的阵营伸出橄榄枝时，他们发现歌手也愿意做这个交易，只要能够满足他的要价：2 000 万美元。这甚至超过了耐克跟乔丹在 1987 年签署的 7 年 1 800 万美元的合同（不过这位篮球传奇人物在每一次"飞人乔丹"表演后还会收到额外的授权使用费，因此实际上会赚到更多）。但杰克逊知道他自己的价值，哪怕是在运动鞋领域。

"他想让它成为有史以来最大的一笔交易，"泽曼回忆说，"他非常清楚其规模，这就是他让别人无法理解的一面。他知道他的位置。他想成为第一，他想保持在第一，他想成为有最多交易的最大牌的艺人。"

在早期谈论这次投资时，泽曼和格林伯格告诉杰克逊和参与谈判的布兰卡，他们只想在国外推出这款鞋。他们认为，这样风险更小。但杰克逊拒绝了。如果他要推出自己的运动鞋，那么这个项目必须是最大和最好的——要比乔丹的更大——他没有办法接受只限海外的交易。

拉盖尔公司同意了，去帮助推出将在美国和全世界各地销售的一系列联合品牌运动鞋。杰克逊也接受了 2 000 万美元的报价，这笔 2 000 万的费用约为该公司年度广告预算的 1/5，而杰克逊会提前收到这笔款项的一半。在运动鞋的新闻发布会上，将称他为"流行音乐之王"，他同拉盖尔公司的合约也将成为当时"有史以来最大的娱乐代言合约"。

作为回报，泽曼说，杰克逊答应为拉盖尔公司拍摄电视广告，并将在他快要完成并即将发行的专辑《危险》（Dangerous）的宣传素材中穿上这款运动鞋。8 月 6 日，在洛杉矶举行的一场新闻发布会上，杰克逊亲承这一合约时，一切看上去简直就是绝配。

"我们的广告主题是'势不可挡'，"泽曼说，并介绍了歌手。"这个词是拉盖尔公司和迈克尔·杰克逊所代表的精神的集中体现，我想告诉所有与我们竞争的人，我们将由一个杰克逊打败你们。"

"非常感谢，"杰克逊说，他戴着太阳镜，穿着时尚的深色西装和紫色衬衫，一如既往的利落帅气。"我很高兴能成为拉盖尔公司所施展魔力的一部分。"

———

随着 20 世纪 80 年代逐渐接近尾声，迈克尔·杰克逊向他最贴身顾问们提出的问题似乎也越来越多。有时候他会问布兰卡对迪里奥的管理工作的看法。其他时候，他会问迪里奥是否认为布兰卡在"滚石"乐队身上花的时间太多了，当时布兰卡也代理着"滚石"乐队的业务。

与杰克逊合作伊始，布兰卡就知道那种模式，当时迈克尔问他是否会同法兰克·辛纳屈的律师一样好。这是杰克逊激励他副手的方式。但迪里奥的行为方式有时会让杰克逊耿耿于怀。在匹兹堡的一场演出中，迈克尔迟到了半小时——经纪人当着全家人的面吼了他。

迪里奥认为自己是汤姆·帕克上校（Colonel Tom Parker）的翻版，后者是"猫王"的狂暴经纪人（不过，公平地讲，杰克逊太精明了，迪里奥的收入提成只是"猫王"给帕克的数字的一半）。他也很忠诚，甚至有点过了头。他没有代理别的艺人，因为他认为杰克逊不允许这样做。当时争

第 11 章
国王的新鞋

宠的顾问会在杰克逊耳边窃窃私语说迪里奥对音乐业务一窍不通。再加上他时不时霸道的态度，使得他轻易成为杰克逊对《飙》专辑的销量没有达到《颤栗》水平而失望的替罪羊。1989年，杰克逊炒了他的经纪人。

清洗才刚刚开始，而且不仅仅限于迈克尔·杰克逊商业王朝。1990年，索尼公司的老板解雇了耶尼科夫，理由是他的"行为"。讽刺的是，在他被解雇之前，耶尼科夫已经放弃了很多他臭名昭著的恶习，但还是于事无补（"在我清醒的头一年，我或许会更疯狂！"他说。）他还是发现得太晚了，他以前的门生，最终取代了他，这位由酒吧歌手变成歌曲宣传员再变成经理的汤米·摩托拉（Tommy Mottola）一直在策划一场政变。（格芬幸灾乐祸地回应他的对手的消亡："叮咚，巫婆死了！"）

在耶尼科夫即将离开唱片公司的不久前，摩托拉打电话给布兰卡，表示将给他提供一个利润丰厚的公司职位，不过被布兰卡拒绝了（布兰卡和摩托拉从来没有走近过；并且，按他的长期政策，布兰卡认为同时代理一位艺术家和他的唱片公司将有利益冲突）。

尽管出现了《雷霆壮志》那件事，杰克逊和格芬似乎还是很亲密。"迈克尔想让他来做自己的经纪人，"耶尼科夫回忆说，"但格芬不想做他的经纪人。他问，'你擦窗户吗？'迈克尔回答，'不。'他说，'那么，我也不做经纪人。'"

但杰克逊对格芬言听计从。他也有自己喜欢的少数几个律师，而看起来，布兰卡可能要被踢出局了。果然，在1990年，有人带给布兰卡一封信——迈克尔·杰克逊不再需要他服务了。布兰卡的同事肯·齐弗伦（Ken Ziffren）和加里·史蒂弗曼同这位歌手见了最后一面，试图改变杰克逊的主意。他们劝说他，如果他和布兰卡之间有芥蒂的话，他们可以继续代理他的业务，此时杰克逊潸然泪下，并传了一张纸条给史蒂弗曼："告诉约翰和凯伦·兰福德，我爱他们，我非常想念他们，他们做得非常出色。"

迈克尔·杰克逊商业王朝的高管队伍开始瓦解。在短期内，以格芬的两个合作伙伴律师亚伦·格鲁伯曼（Allen Grubman）和经纪人桑迪·加林

为首的新团队，接手了杰克逊的业务，因为这个团队，才有了与拉盖尔公司的交易。

在布兰卡被解雇前，加林曾找他安排自己与杰克逊见个面，那时杰克逊刚刚解雇了迪里奥。加林（同时也管理雪儿、尼尔·戴蒙德和桃莉·巴顿的业务）认为，他可能是杰克逊不错的选择。这位歌手曾考虑过一些其他人，但最终加林赢得了这份工作，因为他与"流行音乐之王"间有个共同的梦想——让杰克逊在电影领域的成就跟他在音乐上的建树一样伟大。

"他认为，他可以成就的和我认为他可以成就的不谋而合，"加林说。"迈克尔想成为最大的、最好的……能够复制《颤栗》的巨大成功，能够有更多人参加演唱会，同时能拥有最成功的短篇电影，能够制作电影，并且在他进入的任何形式的娱乐领域都能超越其他任何人，无论是创作、制作、演唱、表演还是导演。这是他与生俱来的个性。"

在加林打理杰克逊事务的 5 年时间里，他注意到一些除了才华横溢和勃勃雄心之外的东西：在这位歌手向着不可能实现的完美主义理想目标前进，去实行手术雕琢他外貌特征的同时，他越来越被药物所吸引，这些药物，类似于早些年百事广告意外后所开的止痛药。在那时，这位经纪人没有把这看作是一种彻底的上瘾，但这肯定是需要提高警惕的。

"他的状况在我接手之后比接手前还要严重，但这完全跟我没有一点关系，"加林说。"我认为他因为整形手术而迷上了止痛药。他能想出办法来得到他想要的。而医生很难对他说不。"

尽管管理层出现变动，杰克逊的职业生涯仍在稳步前进。为了推广杰克逊的鞋，泽曼执导了一支"流行音乐之王"穿着他的新鞋在一个黑暗潮湿的街道上旋转舞动的广告。在结尾处，他的脸出现了大约 3 秒，那时，他用巫术般的力量摧毁了一盏路灯，然后抬头看到一个年轻女孩在楼上的窗户旁拍手微笑。

泽曼和杰克逊建立了密切的工作关系。他们会一起去唱片店并一起参加销售会议；有一次，杰克逊在桌子上跳舞，以此来提升 700 位销售代表的情绪。他和泽曼甚至会一起编辑视频直到深夜。"他从不懈怠，"洛杉矶装备公司前执行官回忆说，"当迈克尔去做某件事时，可能需要花两周的

第 11 章
国王的新鞋

时间才能找到他,但他会给你 5 个小时。"

然而,杰克逊仍然还没有完成他的新专辑。耶尼科夫已经离任,他的继任者并不打算太玩命力推他这个最大的明星——反正,至少现在还不想。如果布兰卡或迪里奥还在的话,或许会催着杰克逊完成,但他们出局了。每当泽曼向杰克逊提出这个话题,回应总是一样的。"我是个有创造力的人,你们别逼我。"

最终,无论是专辑或承诺的相关产品都没有出现,拉盖尔公司不得不硬着头皮推出运动鞋类产品,只为零售商翘首以盼的产品能按期交货——但他们同时也期盼鞋子能在杰克逊的新唱片的附赠宣传材料中亮相。但是这一切都没能实现后,结局就是损失惨重。尽管销量有几十万,但还是有几十万双鞋因长期滞销而不得不退回给制造商。

杰克逊没有履行承诺,拉盖尔公司损失惨重。泽曼在新闻发布会上介绍他的当天,该公司的股价为 20.75 美元每股——从上一年高达 50.38 美元每股的价格下跌到此。到 1991 年 1 月,股价已经暴跌至 2.88 美元;由于公司宣布第四季度预计损失 400 万到 600 万美元,股价仅当天就跌掉了 21.5%。杰克逊的合约因素,对这个数字影响颇深。

1991 年 6 月,泽曼主动从公司辞职去"寻求其他商业机会。"差不多同时,罗伊·A·迪士尼(Roy A. Disney)的三叶草投资公司买下了这个不景气公司的 30% 的股份。

1992 年,拉盖尔公司对杰克逊提起指控,随后杰克逊反诉,最后双方以数目不详的和解金做了了断。泽曼怀疑公司允许杰克逊保留他们已经支付给他的数字——最初承诺的 2 000 万美元的一半——但不会再支付更多的钱给他。尽管泽曼的股票期权和声誉因此受到了重创,但他仍然对"流行音乐之王"心存好感。

"我享受在他身边的每一分钟;我们平等地、如朋友一般地交谈,"泽曼回忆道,"但是,无论天才与否,他没有履行诺言。"

———

回到 50 Cent 的办公室,这位说唱歌手停止了踱步。现在他再次坐了下来，沉思他与迈克尔·杰克逊的共通点。他们在商业方面有很多共通点，因为"流行音乐之王"证明，作为一名艺人开设属于自己的服装品牌、鞋子生产线以及唱片公司是可能的，这一切远在 50 Cent 的 G-Unit 帝国诞生之前就有了。

但他与杰克逊在另一个层面上也有共通点。无论对错，很多人都通过他们最成功的专辑来定义这两个男人——《要钱不要命》就是这位说唱歌手的《颤栗》。跟杰克逊一样，他有很多其他的热门单曲，但每当一个新的作品发行，总是不可避免的会被拿去比较，所以这张专辑始终如难以逾越的高山般令人困扰。

"（乐评人）会说，'是啊，这很酷，但它跟你第一张专辑没法比，'"他解释说，"在第一印象上你不可能有第二次机会。不管你是谁。"

尽管花了十多年的时间试图去超越《要钱不要命》，但它仍然是他最畅销和最受好评的专辑。不过，50 Cent 似乎并不是太忧虑；他把注意力转向新的商业计划，比如他的 SMS 耳机品牌和 SK 能量饮料。

成功的魔影让迈克尔·杰克逊似乎付出了更多的代价。人们只需要细想他在随后的专辑上花了多少时间和金钱，就能看到他是多么渴望超越《颤栗》——一个完美主义者的渴望，使他大幅延迟发行多个作品——有时甚至要以付出像拉盖尔鞋之类相关联的生意失败为代价。

他做的所有这一切，都是想要达成一个心愿，即制作一张比有史以来最成功的专辑更成功的专辑。杰克逊一遍又一遍地受到乐评人和听众的刺激，因为他们会继续——无论在音质上还是商业上——拿着《颤栗》的标准去比较他的其他作品。

"他们就是让你自己对抗自己，" 50 Cent 说，"如果他们给你一个对手，你可以分析并找出对方的弱点然后击败他们。但如果对手是你自己，你怎么赢呢？你怎么超越呢？"

第 12 章

Michael Jackson, Inc.
The Rise, Fall, and Rebirth of
a Billion-Dollar Empire

危险投资

特迪·瑞利（Teddy Riley）已经登上了飞往加利福尼亚的飞机，此时他的经纪人才向他解释说他们将乘直升机去往此行的最后一站——梦幻庄园。尽管只有 23 岁，但这位制作人在他的人生中已经经历了很多事情。在哈莱姆区的一个安居工程中长大，曾为巴比·布朗（Bobby Brown）、凯恩老爹（Big Daddy Kane）和基斯·斯维特（Keith Sweat）等人制作曲目，一路走来，他协助开创了一种"新杰克摇摆舞曲"的音乐风格——但他却从来没有乘过直升机。

这只是瑞利同迈克尔·杰克逊冒险之旅的开始。1990 年末，杰克逊仍然没有完成《飙》的后续专辑工作，而他从上一年的巡演回来后就一直在忙活此事了。他已经完成了一些新歌，包括《是黑是白》(Black or White)、《治愈世界》(Heal the World) 和《你会在那里吗》(Will You Be There)，但感觉还没有做好发行它们的准备；他认为自己还没有足够的素材来做出一张实至名归的革命性新专辑。

带着约 70 首新曲目和昆西·琼斯的推荐信，瑞利在梦幻庄园降落，昆西是在制作完杰克逊的前 3 张专辑后退出的。对于他们之间的分裂，录音工程师布鲁斯·斯维迪恩表示："我认为迈克尔只是想掌控自己的人生，就是这样。"

同梦幻庄园的安全团队签署完保密协议后，瑞利被护送进主屋，并独自留在一个房间里。这个房间里摆满了人道主义奖、纪念杰克逊各种音乐里程碑的奖牌，以及其他的珍奇物品，其中有一枚黄金和白金打造的国际象棋棋子，吸引住了瑞利的眼球。他伸出手去摸它，突然感到一只手在边上拍他。他转过身来，发现自己正与从一个秘门偷偷进来的迈克尔·杰克逊面对面。

"吓死我了！"瑞利回忆说，"那是我第一次见到他……迈克尔是个爱开玩笑的人。他笑得前仰后合，倒在了地板上。我倒在地板上吓得要命，他却趴在地板上狂笑不止，我们自此一拍即合。"

接着，杰克逊带瑞利参观了他的庄园。他们在一个房间里停了下来，那里有两个真人大小的"流行音乐之王"的模型，另一个房间里则堆满了数百件红色灯芯绒衬衫，还有一个暗室，在这里瑞利再次被吓了一跳。这次的罪魁祸首是一个巨大的娃娃——曾出现在1980年的恐怖电影《恐怖特效》(Effects)中——它突然弹跳了出来，冲着这位制作人咆哮，杰克逊觉得非常好玩。

然后，这位歌手带瑞利到了客房，在接下来的几天时间，制作人会待在这里，在宁静的池塘岸边，有10个房间供他使用。这些房间是杰克逊未来品牌产品的试验场：每个房间都有一条印着杰克逊《月球漫步》电影标识的地毯，还有盛满了《月球漫步》方块糖的碗，甚至连浴室里都有一款《月球漫步》版牙刷。

这两位音乐人每天交流数小时。杰克逊给这位年轻的制作人讲了自己对行业的见解，包括他的理念——"音乐出版是整个行业的房地产。"他们也谈及了其他话题——生活和爱情——杰克逊甚至把他当时正在约会的女孩也告诉了瑞利。瑞利回忆："我猜他只是试探我，看我是不是一个值得信赖的人。"

4天后，杰克逊认定瑞利为他即将推出的专辑制作曲目，并安排将这位制作人需要的所有设备打包，从全国各地送了过来，包括5个取样器机架，几个合成器，以及其他的设备。等瑞利一切就绪，杰克逊就准备开始

第 12 章
危险投资

工作。

"噢，我的上帝，我们会玩得很开心的，"他进入录音室时说，"让我们来听听音乐。"

瑞利首先播放了一段音轨，杰克逊貌似很喜欢，但他还是略了过去。这段音轨后来成为黑街组合（Blackstreet）的歌曲《快乐》（Joy）的背景音。这位制作人继续一首接一首地播放样带——都是带有鼓机和合成器的歌曲骨架，等待填上歌词化为肉身——他希望"流行音乐之王"能在《危险》专辑里给其中一些曲目赋予生命。但连续 4 首歌，杰克逊给瑞利的脸色都是"唱片公司的样带而已"。而第 5 首正播放一半时，就被杰克逊叫停了，瑞利确信他没戏了，他即将被解除职务。

"播放《铭记那段时光》（Remember the Time）的和弦，"杰克逊说，指的是最后这首歌。瑞利照做了。"这个和弦叫什么？"

"我不知道，因为我靠耳朵来演奏一切，"制片人说，"也许这是一个 C9 增强。你为什么要问我这个和弦是什么？"

"因为我从来没有在我的任何音乐作品上，用过这个或类似这个的和弦，"杰克逊说，"你刚刚给我带来了我从未听过，也从未在我唱片上实践过的东西。现在我想基于这段和弦立马写出旋律来，看看它是否能与我想为它写的东西合拍。"

他们在录音室大约待了 4 小时，直到做完这首歌曲。然后杰克逊制订出了专辑其余部分的计划。

"我从钢琴那里获得一切，"他说，"一旦我们得到了想要的东西，我们就去制作唱片。你做你的，我写我的……除了你和这架钢琴还有我的旋律，我们什么都不需要。"

———

时间并没有挫伤杰克逊对完美的坚持和他不懈的雄心，杰克逊为《危险》树立的目标，跟他对《飙》定下的目标是一样的——销量 1 亿张。录音师马特·佛杰说："他意识到他发行的一切都必须是完美的，因为它们会被拿来与《颤栗》相比较。"

这也同样适用于专辑发行之前签下的那个大合约。1991年3月，杰克逊拿下了同索尼的一项新合约，索尼承诺每张专辑预支给他500万美元，并分给他唱片零售额25%的版税，以及他自己新成立的唱片公司产生的利润份额。同时，公司也鼓励他签约新艺人，为此，他会得到400万美元的预付款，外加每年100万美元的唱片公司运营费以及每年220万美元的行政管理费用。

此外，这笔交易给他提供进入好莱坞的机会，这是他和经纪人桑迪·加林从一开始合作就向往的，现在合约呼唤杰克逊去出演"一部音乐动作冒险片"便能赚到500万美元。《洛杉矶时报》称这个合同是"有史以来艺人拿到的最大合约"，并预测这将让杰克逊净赚数亿美元。

"他总是想要更好、更多、更大，"加林说，"他永远都不会满足。如果他第一周卖了300万张唱片，那他会觉得本该卖出350万。如果唱片拿不到冠军，他就永远不会满意。"

《危险》终于在1991年11月26日发行。曲目从有着大量吉他伴奏的《是黑是白》到甜如蜜糖的《治愈世界》，杰克逊似乎试图要创作一张每个人都会喜欢的专辑，但这却招致了一些乐评人的批评。《洛杉矶时报》称它是"混乱的想法大杂烩和不合逻辑的高科技"，而《纽约时报》认为该专辑"只是强化杰克逊作为流行音乐史上最矛盾的超级巨星的地位。"

似乎很多乐评人对于这张专辑的评论都流于表面了——只是考虑了他们脑海里对杰克逊的固有形象和装饰《危险》封面的抽象艺术画。在封面上，杰克逊的眼睛从一个镀金的白色面具后向外张望；在背景中，引人注目的图像里有看上去像是杰克逊宠物的黑猩猩头戴皇冠，一头大象矗立在梦幻庄园风格的大门上面，以及著名的马戏演员大拇指汤姆（Tom Thumb）站在P.T.巴纳姆的头上。《滚石》杂志说："《危险》的胜利在于它没有隐瞒在聚光灯下度过一生的恐惧与矛盾。"

虽然这张专辑没有达到杰克逊雄心勃勃的销量预期，但它依然是一个大热门，发行第一周，在美国就卖出60万张，在全世界范围则卖出200万张。之后《危险》继续在全世界卖了4 000万张。这张专辑登上了排行榜，但杰克逊的商业王朝内却开始形成一个新的格局。布兰卡和迪里奥

第 12 章
危险投资

走了，耶尼科夫被赶下台，在杰克逊改良的核心集团内部，貌似再也没有人愿意对他说不——或者哪怕是把他从错误的决定上拉回来，就如布兰卡曾用贝拉·卢戈西的故事来挽救《颤栗》音乐录影那样。

杰克逊的支出没有任何放缓的迹象。新的铺张花费包括对梦幻庄园耗资数千万美元的装修，修建了一个动物园，还有一条足以安置下整列蒸汽机车的铁轨。在之前的 4 年中他平均每年收入 5 800 万美元，所以他的现金流依然保持在乐观的水平——从当时来看确实如此。但是迈克尔·杰克逊公司旗下的雇员和其创始人之间的工作关系却开始步履维艰。

"约翰·布兰卡还参与其中的时候，我会接到迈克尔打来的电话，当他回到洛杉矶或是我到了东京或伦敦的时候，我们还会见面，"在 1991 年 12 月离职的前 ATV 主席戴尔·川岛说。"但是，在过去近一年的时间里，我没有跟迈克尔有过任何的私人接触。对我来说一切都不一样了。"

杰克逊自己参与到他生意决策中的次数也越来越少，这点甚至对于那些与他人生只是有过短暂交集的人来说，也能看得出来。

"除了有一次，我从来没见过他参与任何商业事务，"枪炮与玫瑰乐队的长期吉他手、曾被杰克逊招来在《是黑是白》中演出的绍尔·"史莱什"·哈德森（Saul "Slash" Hudson）回忆说，"他周围的人似乎非常渴望让他远离那些事。"

———

虽然《危险》专辑远远没能超越《颤栗》，但它仍然把杰克逊重新带回聚光灯下，帮他在 1991 年赚取了 3 500 万美元——这是一个不错的成绩，虽然明显低于他在《飙》时期的巅峰值。随后的国际巡演也是一棵巨大的摇钱树。加林希望借势进一步提升杰克逊的形象，因为对某些观察家而言他当时的形象依然被各类离奇的小报故事玷污了。

"毫无疑问的，他有一个奇怪的形象，就好像他不是来自这个星球或这个世界的人，"加林回忆道，"而且，我想人们应当听听迈克尔说话，看到他是从这个星球来的，他比人们认为的样子更人性化也更正常。"

如果公众不能确信这些，加林担心杰克逊商业上的成功——而且包括加林自己接下来的工作——都可能面临危险。他认为将杰克逊人性化一面充分展现出来的最好方法，就是把他放到数量最大的电视观众面前，这大致需要两个节目来做：奥普拉·温弗里特别节目和超级碗半场表演。当加林提出这个建议时，杰克逊最初是拒绝的。但是，当得到保证说他在这两个节目上有创意控制权时，他的态度软化了。

"如果他不想，他就不会这么做，"加林说，"他够聪明，知道必须与美国公众重新建立联系。"

美国国家橄榄球联盟有意让杰克逊加入，出于跟奥普拉同样的理由——收视率。在前一年的中场休息表演中，那些收看哥伦比亚电视台直播比赛的观众们，有相当一部分人对葛洛丽亚·伊斯特芬（Gloria Estefan）、布莱恩·波特诺（Brian Boitano）和桃乐茜·哈米尔（Dorothy Hamill）的联合表演不感兴趣，他们转台去福克斯电视台看新一集的《活色生香》（In Living Color）。

这一换台事件导致年度最大电视盛事的收视率下跌了10个百分点，哥伦比亚电视台和国家橄榄球联盟在未来需要不顾一切来避免这样的事发生。为了确保杰克逊能来，联盟同意支付高昂的制作成本——同现如今所有的中场休息表演一样——并捐助10万美元（约合现在的16万美元）到他新成立的治愈世界基金会。然后，在当年的1月，杰克逊和他的巡演乐队在玫瑰碗体育场排练了28天。

在洛杉矶一个晴朗的周日，第27届超级碗比赛开打，当达拉斯牛仔队在中场以28∶10的比分领先于布法罗比尔队的时候，约有10万人守在玫瑰碗体育场——可能有超过10亿的观众守在世界各地的电视机前——等待杰克逊登台。突然，他的影像出现在体育场中的一个超大电视屏幕上，身着金色的衬衫和黑裤子，正随着风琴演奏的《颤栗》音符而旋转。

随后，体育场沸腾了，响起一种如在一艘巨大的宇宙飞船里冲洗厕所的响声，杰克逊的形象在屏幕上以漩涡状渐渐消失着——最后仅存一缕人形的烟雾出现在超大屏幕的顶端。几秒钟后，同样的事情发生在体育场的另一边。当成千上万困惑的人群疯狂地冲着杰克逊的影像欢呼时，"呼呼"的声音又回来了。此时，烟花在场地中央舞台的后面绽放，真正的迈克

第 12 章
危险投资

尔·杰克逊像被大炮从舞台中心突然轰出来一样,然后双脚落地,他的动作看起来毫不费力,如同一个奥运会体操运动员垂直起跳那般轻盈。

杰克逊并没有立刻开唱,他如雕像般站立了 72 秒,成为电视上的一个永恒。他的第一个动作是头部微微一转;接着,又等了 20 秒,他将墨镜慢慢摘掉。此时,他才终于开始了他的第一首歌——《即兴表演》(*Jam*),然后是一组让人激动不已的歌曲串烧,包括《比莉·珍》《是黑是白》《天下一家》和《治愈世界》。表演有太空步、抓裆,以及压轴的儿童合唱,孩子们盛装打扮,从阔边帽到皮短裤,涵盖了世界各国的民族服装。

中场结束后,达拉斯队继续屠杀布法罗,最终比分 52∶17——如果不是因为里昂·莱特(Leon Lett)跑向端区,漏了个臭名昭著的球,牛仔队的积分将是所有超级碗杯冠军中最高的——而在这次半场表演时,观众也没有换台。虽然这是场毫无悬念的比赛,但在尼尔森的统计中,这场超级碗杯比赛的收视分数达到了 49.3,比前一年增长了 8.6%,同时是自 1987 年以来收视最高的一场比赛。

国家橄榄球联盟的高层很快意识到,超级碗杯的中场可以不止是行进乐队和花样滑冰运动员偶尔加上几个明星的表演。在随后的岁月里,它成为一些音乐界最大牌明星的表演窗口,这包括 U2 乐队、保罗·麦卡特尼、普林斯、"滚石"乐队、布鲁斯·斯普林斯汀、麦当娜和碧昂丝。

比赛结束后不到两周,奥普拉·温弗里长途跋涉来到梦幻庄园录制她的特别直播节目,宣称这是杰克逊 14 年来的第一次接受电视采访。"流行音乐之王"穿着黑色的裤子和一件红色军事风格的衬衫出镜,严厉驳斥了一些近期的小报故事主题,包括象人的骨头("我要将这些骨头放哪里呢?")、淡化肤色("我有一种破坏肤色色素的皮肤疾病")和做过的整容手术的次数("你能用两个手指数出来")。

在采访中,杰克逊还谈及了他的爱情生活,说他正和波姬·小丝约会,她曾在 1984 年陪同他出席格莱美颁奖礼。之后,神秘嘉宾伊丽莎白·泰勒将杰克逊描述为"我所见过的最不奇怪的人,非常聪明、精明、有直觉、善于理解他人、有同情心,慷慨到过分。"访问最具揭示性的一刻,大概当属温弗里问杰克逊是否对他现在的样子满意时。"我永远不会满意任何事，"他说，"我是一名完美主义者。"

节目在很大程度上揭开了杰克逊的神秘面纱。他的家里没有高压氧舱，猩猩"泡泡"没有做任何客串演出。杰克逊是一个害羞的、亲切的、富有的年轻人，生活方式不同寻常但并不离经叛道；在镜头里，梦幻庄园似乎是普通大众梦寐以求的房产。

收视率出来后，结果对温弗里来说，就跟对她的采访对象来说一样积极。《迈克尔·杰克逊与奥普拉的现场访谈》和随后播出的名人访谈集锦，成为她职业生涯中的收视率第二和第三高的节目——只有在1988年的那期减肥节目，她推出了一辆装有67磅[①]真正肥肉的红色儿童马车，比这两期节目表现得要好。

"他无疑是世界上最伟大、最有才华的明星，"加林说，"每个人都想同他做生意……在那段时期，只要是迈克尔想做的东西，就总会有人来投资。"

———

1992年，迈克尔·杰克逊的车坏在了乔丹·钱德勒（Jordan Chandler）继父经营的二手汽车租赁专营店附近，他因此机缘遇到了这个13岁的男孩。杰克逊后来在梦幻庄园多次款待了乔丹、他的姐姐和他的妈妈，他甚至带他们一起出国旅行。

钱德勒一家是杰克逊结识的许多家庭中的一个，乔丹是他在庄园款待的众多孩子之一。他做东招待过的年轻人群体，包括许愿基金会（Make-A-Wish Foundation）送到他这里的得绝症的孩子，中学生弗兰克·卡西欧和艾迪·卡西欧——他们俩是杰克逊在纽约时下榻的赫尔姆斯利皇宫酒店的一位经理的儿子。

有时杰克逊的年轻客人们会在梦幻庄园里过夜；根据弗兰克·卡西欧所说，他会把他的床让给他们，而自己睡地板。可以肯定的是，对于成年人来说这也不正常，更不用说这是世界上最著名的音乐人了。但话又说回

[①] 1磅 = 453.59克　　　　　　　　　　　　　　　　——译者注

第 12 章
危险投资

来，从来没有人把迈克尔·杰克逊归于正常人。不过，在 1992 年，人们对他不会有更糟的指控了。

"当他同孩子在一起时，他可以做自己，"卡西欧在自己的书《我的朋友迈克尔》(*My Friend Michael*) 中写道，"他的整个人生一直在聚光灯下，因此，人们带着有色眼镜看待他。但孩子们并不在乎他是谁。我当然也不在乎。"杰克逊的童年好友格雷格·坎贝尔补充说："他喜欢被小孩子包围，他总喜欢那样。"这种特质奥普拉·温弗里也注意到了，她告诉迈克尔·杰克逊，"你令我着迷的是，很显然，你有这种天真的气场，我看到孩子们跟你一起，跟你一起玩耍时就仿佛你是他们中的一员。"

乔丹·钱德勒的生父埃文，这位只在洛杉矶执业的牙医和编剧，在他的儿子开始跟杰克逊相处时，似乎也持有相同的态度。埃文同杰克逊相谈甚欢，还想让他支付自己家的装修费用。当不安的杰克逊没有理睬这个请求后，钱德勒似乎开始担心，他心目中父亲的角色会被迈克尔·杰克逊逐渐取代。

当他的儿子继续花时间同杰克逊在一起，经常过夜（有时候同睡一张床），他开始怀疑是否可能发生了一些邪恶的事情。于是他聘请了一个律师，律师联系了贝弗利山庄精神科医生马西斯·阿布拉姆斯（Mathis Abrams），并描述了状况；在没有同任何相关当事人会谈的情况下，这位医生写了一封信，说根据场景描述，这其中似乎可能有性接触。

埃文告诉他儿子的继父，他正考虑指控杰克逊猥亵。"如果我成功了，我就赢大了。我会得到我想要的一切，"他说，"而杰克逊将万劫不复。"

大约两周后，在埃文从他儿子的口中拔掉一颗问题牙齿时，乔丹说他曾与杰克逊发生过性关系（需要指出的是，这次入院的时候，男孩受到一种叫做阿米妥钠的麻醉剂的影响，这种麻醉剂已知会造成部分患者错误的记忆）。

埃文没有直接去警察局，而是在洛杉矶的酒店安排了一个会面，并向杰克逊提出了他的又一个要求：为他的剧本提供 2 000 万美元的资助。这个剧本是他与人合写的，用于 1993 年由梅尔·布鲁克斯（Mel Brooks）导演的电影《罗宾汉也疯狂》(*Robin Hood: Men in Tights*) 中。如果他拿不到这笔钱，钱德勒将公开指控杰克逊性侵他的儿子。

杰克逊坚称自己是清白的，并拒绝了钱德勒的要求；大概两周后，后者带着他的儿子去看阿布拉姆斯医生。在那里，据说乔丹·钱德勒告诉精神科医生他曾经与杰克逊有过性接触。阿布拉姆斯医生接着通知了当局。

就在杰克逊前往亚洲开始他第二阶段的巡演时，他出道10年来最大的新闻即将爆发。

―――――

在这期间，迈克尔·杰克逊与老同事——曾撰写和制作《EO船长》的拉斯蒂·勒莫兰德一起参与了两个电影项目。

一些主要的好莱坞电影公司的高管，对杰克逊在《EO船长》中的表现和他革命性的音乐录影作品印象深刻，他们终于赶来迎合这位歌手的理念，那样他就可以像"猫王"埃尔维斯·普雷斯利那样，成为一个真正的电影明星。

在其中一个大电影公司的支持下，勒莫兰德与杰克逊正忙于他所描述的"一部有奇幻的人物和设定的超自然的音乐电影"。到1993年的夏天，已经有一个全尺寸的实体模型投入制作。

"我们把它安置在一个租来的片场里，在东好莱坞，"勒莫兰德回忆说，"全部蒙在黑布里，在某种程度上，你可以从一个房间到另一个房间，交互体验这个东西。在黑色的灯和微弱的光线下，这真的很迷人。有一个马戏团道具，一列细节逼真的魔法马戏火车——包括内饰和外观——还有整个内城街区的缩影和迈克尔将要扮演的各种奇幻角色的模型。"

在8月的一天，为向杰克逊展示那个精心的设置，勒莫兰德赶往片场做最后的准备，在途中，他得到一些令人震惊的消息——杰克逊正接受猥亵儿童的调查。突然之间，这个看起来能启动杰克逊电影生涯进入新阶段的作品——连同10首曲目——极有可能要面临搁浅了。

与《EO船长》的同事一样，听到这一指控，勒莫兰德非常惊讶。在大部分3D拍摄期间，都有孩子陪在迈克尔身边，同时还被近百名成年员工围着，似乎没什么不妥。此外，勒莫兰德认为，杰克逊之前曾经经受过

第 12 章
危险投资

争议的考验，比如《比莉·珍》中提及的那个私生子的争议。他认为法律程序将最终带来真相。

同时，杰克逊正在巡演，电影项目将不得不搁置。正当勒莫兰德开始预想片场将令人沮丧地被关闭、打包，并要将这个微型乐园储存起来的时候，他接到了杰克逊的一位代表打来的电话，询问勒莫兰德有没有什么办法打包这些设备，并将它们带给正在日本的杰克逊。

"可以送去一个限定版，"勒莫兰德回答，"什么都可以运。"

"嗯，你能多快送来呢？"

勒莫兰德有一种预感，有一个对杰克逊的健康的"迫在眉睫的关切"——看到这个电影项目的微缩模型可能会帮助他从深深的恐惧中振作起来。

几天后，他降落在东京。勒莫兰德花了几个小时拆装箱，重新连接微缩模型，把一个酒店套房变成一个铺满了 10 英寸高的手制模型的神奇的绿洲。在当晚表演后，杰克逊走进来，那一刻，不用说，他脸上的表情说明了一切。

"他就像一个打开了圣诞礼物的孩子，"勒莫兰德回忆道，"说着一些简单的话，'这真美妙，哇，这就是我们要做的。'只是简单的话语，里面充满了快乐和满足感。"

房间保持黑暗，以保证有奇幻的视觉效果，勒莫兰德和杰克逊拿着手电筒参观了房间。迈克尔举起每一个雕像，像摆弄玩具一样抬抬手臂，动动腿。勒莫兰德说："他真的像是一个仍在童年玩耍的孩子。"

杰克逊面带微笑离开了房间，也许是坚信自己在好莱坞仍有未来。然而，当勒莫兰德关掉灯，收拾起模型和陈列品时，却不由自主地感到它们永远不会看到光明的那一天——这同样适用于迈克尔·杰克逊的电影生涯。

———

回到美国，所有的头条都在滚动。"是彼得·潘还是变态？"刊登在《纽约时报》的头版，而《新闻周刊》则问道："他是'危险'的还是'疯

153

狂'的？"

埃文·钱德勒提起3 000万美元赔偿的民事诉讼；与此同时，洛杉矶和圣塔芭芭拉的地方检察官展开了刑事调查。警方搜查了梦幻庄园，海文赫斯特庄园和杰克逊在洛杉矶拥有的一套公寓，扣押了笔记和手写稿。

乔丹·钱德勒在宣誓证词中描述了杰克逊的私处，当杰克逊回到美国，他被迫屈从于一项全身检查。在一群侦探和医生面前，他不得不赤裸站着，抬起他的阴茎，使摄影师可以从任何角度拍摄到它。"迈克尔身体上的任何标记都与男孩的描述不匹配，"杰梅恩·杰克逊写道，"事实上，想象与现实毫无相似之处。"

有很多人站在杰克逊的一边：他的家人，大批崇拜他的粉丝，以及卡西欧家族——他们非常坚信他的清白，所以允许他们的儿子参加杰克逊在特拉维夫的巡演。这对同钱德勒年龄相仿的弗兰克来说，似乎没有什么不合适。

"请让我完全澄清一点：一个成年人和一群孩子'过夜'可能看起来有些奇怪，但和性无关，"卡西欧在成年后写道，"无论是在当时作为孩子看来明显什么都没有，还是现在作为一个成年人审视过去，也依然什么都没发生。迈克尔在内心真的只是一个孩子。"

卡西欧兄弟陪伴着杰克逊，跟随他前往瑞士和阿根廷巡演。"流行音乐之王"帮助孩子们做他们的家庭作业，教给他们音乐相关的业务，向他们展示了一个与他们在新泽西的家完全不同的世界。然而，随着时间的推移，他们开始注意到一些不寻常的事情。每天晚上，会有医生来给杰克逊用"药"——弗兰克后来确定为止痛药杜冷丁。

男孩们的主人似乎正依靠处方药让自己的头脑和身体放松，副作用偶尔露出端倪。有一次，当他们正在做功课，杰克逊脱口而出："妈妈，我想去迪士尼乐园看米老鼠。"后来弗兰克重复给他听，杰克逊说，"有时候是药物驱使我那样的。"

巡演进行到1993年秋的时候，杰克逊给布兰卡打去电话——他想重新雇用一个熟悉的面孔来帮助他渡过难关，并在董事长遭到抨击的时候照看迈克尔·杰克逊的商业王朝。更为具体地说，索尼提出以7 500万美元

第12章
危险投资

的价格购买ATV的一半版权,而杰克逊想知道他从前的促成交易的人的看法。布兰卡回应道:"你疯了吗,迈克尔?"

让人释然的是,杰克逊拒绝了这个出价,并将布兰卡带了回来。两人达成协议,继续前进,这名律师将获得杰克逊在ATV收益中5%的回报(几年后,两人再次分道扬镳,布兰卡在2006年将收益以1 250万美元的价格卖回给杰克逊,他认为这是大概低于市场价值40%的价格。)

布兰卡的首要行动之一就是换掉刑事大律师伯特·菲尔兹(Bert Fields),他认为此人跟律师约翰尼·科克伦(Johnny Cochran)一起,在早期事情还没有那么大的时候没有将此事私下解决,从而搞砸了整件事。菲尔兹坚持说他宁愿让这个案件进入审判:"我认为迈克尔是无辜的,会被无罪释放,而一个耗资巨大的和解将被视为认罪,这将损害他的名誉和职业生涯。"

科克伦据说持不同的观点,正如很多杰克逊的顾问和朋友一样——包括关系与他愈加亲密的丽莎·玛丽·普雷斯利。通过发言人,她拒绝为此事发表评论;科克伦于2005年去世,而他的老同事卡尔·道格拉斯(Carl Douglas)没有答应采访请求。

那些同杰克逊待在一起的人说他总是反对和解,但是随着事态发展,每过一天,他的情绪状态就更加恶化,在他的阵营中,和解的选择开始得势。当巡演进行到墨西哥城时,"流行音乐之王"的状况已经糟糕到需要他的朋友伊丽莎白·泰勒出面去救他。"迈克尔得离开一阵子,"她告诉卡西欧兄弟,"他身体不舒服,我们要给他一些帮助。演出结束后,他要上飞机,我们带他去一个安全的地方。"

那天晚上晚些时候,泰勒领着杰克逊登上了一架开往伦敦的私人飞机,在那里他很快住进查特南丁格尔诊所(Charter Nightingale Clinic)的康复中心。当墨西哥城总统酒店的工作人员去清洁杰克逊住过的每晚收费12 000美元有5个房间的套房时,据说他们发现了凹陷的墙壁,被呕吐物弄脏的地毯和潦草地写着"我爱你"的家具和墙壁。"他威胁要自杀,"泰勒不久之后说,"如果他这么做了,我们所有人都将是帮凶。"

杰克逊同意支付2 000万美元同钱德勒达成和解,这与他最初拒绝的金额数目相同。在短期内看，取消"危险"巡演的剩余场次所造成的损失也大致相当这么多。但从长期来看，损失是难以估量的。

许多人也因此认为和解是错误的决定，事后证明确实是这样。事实上，此举让杰克逊看起来有罪，为其他指控打开了方便之门，某种程度上直接导致了2005年著名的娈童案。在该案中，加利福尼亚州法律允许检察官引入之前的犯罪证据，毫无保留——包括钱德勒母亲的证词——但杰克逊洗脱了所有指控的罪名。但如果泰勒所说是真的，如果杰克逊确因这些指控而自杀，那情形将变得更为悲剧。

钱德勒家的情况怎样？乔丹迅速从公众视野中消失。在2009年，杰克逊去世后不到5个月，埃文被发现手中持枪，头部中弹，死在他新泽西的公寓中。据说，他当时身体健康状况不佳，他死的那天，原定是去看血液医生。新泽西市警方发言人斯坦·伊森（Stan Eason）对他的死没有什么疑问："非常简单，结论是自杀。"

第 13 章

Michael Jackson, Inc.
The Rise, Fall, and Rebirth of a Billion-Dollar Empire

历史教训

与钱德勒达成和解之后，迈克尔·杰克逊回到洛杉矶，准备将这一闹剧抛诸脑后。至少当他和布兰卡驱车前往贝弗利山庄，去看坐落于冷水峡谷公园之上悬崖边的两套宅邸时，布兰卡觉得是这样的。

"这将是一次重生，"当他们开进山里时，杰克逊说道，"来吧，我们去看看这些房子！"

与几个月前进入康复中心的杰克逊截然不同——那时绝望已被愤怒取代，但在之后又变成了动力。"我并不觉得这个人正处于崩溃边缘，"布兰卡回忆说，"我感觉他真是被气坏了。"

杰克逊感到愤怒是有很多缘由的。他被指控犯了能想象得到的最十恶不赦的罪行之一；他作为表演家和商人的事业因此几乎双双遭到了毁灭性的打击。他的一些顾问甚至建议他抛售其商业王朝的王牌资产。但是布兰卡相信，迈克尔·杰克逊商业王朝还有更好的选择。

———

1994 年冬，一只叛变的刺猬毁掉了罗伯尼克博士（Dr. Robotnik）的"死亡蛋"（Death Egg），迫使他紧急降落在天使岛（Angel Island）上。

考虑到安全问题,他招来一只名为"纳克斯"(Knuckles)的愤怒针鼹鼠,来帮他对付这个浑身带刺的斗士,也就是更为人所熟知的索尼克(Sonic)——当迈克尔·杰克逊音乐在背景中响起时,双方将一决雌雄。

至少,这些是在"世嘉创世"《刺猬索尼克3》(Sonic the Hedgehog 3)在美国上市多年后,一些电子游戏狂热者们总结得出的结论。游戏里并没有提到杰克逊的名字,但是其原声音乐在某种程度上听起来确实像极了杰克逊1991年的歌曲《是谁》(Who Is It)的加快版。在1995年的歌曲《莫斯科的陌生人》(Stranger in Moscow)发行后,有人也发现它和这款游戏的片尾曲十分相似。这些说法,在我写作这本书时,得到了杰克逊遗产委员会和布拉德·巴克瑟(Brad Buxer)的证实,后者曾是杰克逊巡演的乐队成员,也曾为这款游戏工作(并有署名)。

1993年初,杰克逊找到巴克瑟,告诉他下一个项目就是为《刺猬索尼克3》制作音乐。对今天的一些歌星来说,为电子游戏原声音乐献声并不少见(例如,电子音乐制作人Skrillex已经为一些第一人称射击游戏贡献了混音歌曲和原创音乐;说唱歌手Jay Z则监制了《NBA 2K13》的音乐),但当年杰克逊对游戏原声界的突然进军却着实不常见,就像他在1989年的世嘉游戏《月球漫步者》(Moonwalker)中扮演主角一样。这两者看起来都是杰克逊的雄心壮志合情合理的扩张。

"我想他就是想做到一切,"巴克瑟说,他和杰克逊在位于洛杉矶的唱片1号录音室里花了1个月的时间为世嘉游戏制作音乐。"他总是非常想去制作电影,他就是对通过音乐的方式去参与其他领域情有独钟。"

这款游戏最终在钱德勒一家提起公开指控的几个月后发行了。很多观察者还是相信,在制作名单中,杰克逊的名字被拿掉了,原因是世嘉游戏不想在那个节骨眼上跟他有任何联系。事实上,在杰克逊的合同中,世嘉并没有权力在未经歌手同意的情况下就给他署名。

巴克瑟认为,因为声效质量问题,是杰克逊自己最终决定不在游戏制作名单上署名的。"创世"系列游戏机内含一枚音效芯片,但其效果并不比老版的《吃豆人》(Pac-Man)街机游戏好多少。在杰克逊开始制作项目之前,世嘉的设计师就曾向他保证,这个游戏的声效质量会比之前的游戏

第13章
历史教训

（例如《月球漫步者》）要好。但是最终版本的《刺猬索尼克3》还是不够理想。

"他几乎在所有事情上都是个完美主义者，"巴克瑟说，"其中之一就是声效质量，因为对此不满意，他不愿意署上自己的名字。"马特·佛格也参与了制作，他补充道："处理这些对迈克尔·杰克逊和布拉德来说都是头一次，事实上，在创作新音乐时，通常做法是要有海量的资源的。"

对于他的不署名，多年的同事凯伦·兰福德给出了另一个说法：有时，他不想以迈克尔·杰克逊的身份录制音乐和处理随之而来的各项审查事务，"流行音乐之王"只是偶尔想找点乐子而已。

杰克逊在那年似乎在录音室外的生活也过得很愉快。1994年8月，他的母亲接到了他打来的一通电话，一开始她认为这不过是他的又一个典型的恶作剧而已，迈克尔告诉她，他刚刚和丽莎·玛丽·普雷斯利结了婚。她回复道："不，你才不会呢。"

但是他坚称他们当时正在多米尼加共和国的一家酒店套房里，而且刚刚宣布结为夫妻。为了不让媒体发现，他们想要一个安静的小型婚礼。凯瑟琳不敢相信她儿子告诉她的是事实，直到丽莎·玛丽接过了电话。

最初不止凯瑟琳一人会对此产生怀疑。有人推测这个婚姻只不过是山达基教会（Church of Scientology）白日做梦虚构的故事而已，因为据报道普雷斯利就是会员之一，以此来征召世界上最有名的明星入教（后来的说法是她退出了教会）。也有人认为这都是杰克逊的公关行为；《洛杉矶时报》以头条新闻标题总结道："杰克逊与普雷斯利的结合引发了震惊、怀疑和嘲笑。"

但是有人却觉得这次结合非常真实。"媒体们认为他们'在作假'的说法，我认为就是一个笑话，因为家人们都知道他们的爱是多么的强烈，他们是多么想要在一起。"杰梅恩写道，"迈克尔的快乐是装不出来的。"普雷斯利本人也在随后的奥普拉·温弗里脱口秀上谈及这段感情时证实，这是一场"完美的"婚姻。

尽管如此，依然存在其他的说法。弗兰克·卡西欧说杰克逊告诉他，他因"商业原因"而结婚。杰克逊那时刚刚和亿万富翁阿尔瓦利德·本·塔拉勒王子（Prince Alwaleed Bin Talal）达成了合作关系——他是通过詹姆斯·布朗的长年经纪人查尔斯·伯比特（Charles Bobbit）认识王子的——成立了一家名为"王国娱乐"的公司。根据卡西欧的说法，杰克逊说这位沙特大亨更偏爱和"有家室的男人"做生意，因此他决定和丽莎·玛丽结婚。

在之后的一个挤满记者的新闻发布会上，杰克逊和阿尔瓦利德宣布了他们的合作项目。他们谈到了关于渴望创造新的传媒帝国，进军王子所说的"多样性家庭娱乐"的计划，包括电影、酒店、动画、衍生产品以及主题公园。"直到最近，我忙碌的行程和各类悬而未决的专业事务，让我鲜有时间为这个完全整合的娱乐公司想出一个具体的策略。"杰克逊解释道，"这一切的改变始于18个月前，那时，我第一次和我的朋友及合伙人见面。"

阿尔瓦利德向由杰克逊和索尼公司合资成立的MJJ音乐公司投资了2 000万美元。MJJ音乐公司刚成立几年，也可以签约新的艺人——事实上也这么做了，签约艺人包括女子乐团"棕石"（Brownstone）和3T——这是一个由提托·杰克逊的儿子们组成的R&B三人组，他们为电影《人鱼的童话》（Free Willy）原声碟献唱了歌曲《并不想伤害你》（Didn't Mean to Hurt You）。公司的合资架构使得杰克逊要和索尼公司分享利润；至于他自己的唱片，仍然享有他在业内顶尖的艺术家版税（大约是零售额的20%）。

杰克逊和阿尔瓦利德最初的梦想之一就是买下陷入财务危机的漫威漫画公司。有他的亿万富翁朋友提供的巨大融资，杰克逊相信他能够发挥足够的创造力，将该公司一些更有市场潜力的人物——例如钢铁侠、蜘蛛侠和所有的X战警——拍成好莱坞大片。

但是由于漫威公司破产程序很复杂，杰克逊没能谈成这笔交易。如果当年他能够坚持自己的直觉并收购这家公司的一部分，他就能在现在的超级英雄电影热潮里坐享其成——或许，还能分享迪士尼公司于2009年收购该公司时付出的那40亿美元。（阿尔瓦利德拒绝接受本书作者的采访，但他的发言人证实其在20世纪90年代中期曾和杰克逊有过"几项初始的交易"。）

第13章
历史教训

与此同时，布兰卡开始为杰克逊寻找能产生流动资金的门路。为了支付钱德勒的和解费用，杰克逊从最初为收购ATV公司而集资所开的信贷额度内取出了更多现金，并且他需要更多的收入以保持收支平衡。由于在钱德勒丑闻中杰克逊的形象受到重创，广告代言和投资都不可能再有——比如他和百事公司签订的合约，以及他的鞋服生产线。通过同类协议将名气变成钱的做法，变得越来越不可行，至少在音乐界如此，反正统的垃圾摇滚运动——由"珍珠果酱"（Pearl Jam）乐队和"声音花园"（Soundgarden）乐队领衔的，形象蓬乱的反对大公司集团的乐队——已取代了20世纪80年代末和90年代初音乐界的魅力与浮华。

此时，幕后交易项目，诸如杰克逊拟投资漫威公司的计划，就变得更有意义了，但是因为一年前发生的事件，杰克逊的财务已经吃紧。布兰卡看到可以从索尼公司这里打开出口，索尼当时正渴望巩固它的发行版权曲库，并很可能后悔1986年以1.25亿美元出售哥伦比亚唱片公司歌曲版权。他知道，该公司为ATV公司的一半股权开出的7 500万美元价码只是一个开始。

布兰卡开始和索尼的董事长米奇·舒豪夫（Mickey Schulhof）磋商，将杰克逊的曲库和索尼的合并而不是全部抛售掉。这一次，杰克逊没有陷入到可能威胁其事业生涯的丑闻中，这也给他争取更多有利条款增加了筹码。这份协议创造了一个名为索尼/ATV的对等持股合资公司，该公司给杰克逊支付了1.15亿美元，以获得特权把它价值稍低的曲库与杰克逊的曲库合并，再加上每年不足1 000万美元的担保金。此后担保金在磋商中还在上涨。

索尼将他们本想支付给杰克逊的现金额翻了个倍，更重要的是，这笔交易建立了一个合伙关系而不是单纯的买卖关系（此外，杰克逊仍然是Mijac音乐公司旗下音乐版权的完全持有者，其中包括他自己的歌曲和其他歌曲创作者的作品）。短短10年，迈克尔·杰克逊的公司已净获超过1亿美元的收入——并拥有了一家价值极高的合资企业——这就是他当年购买ATV公司的价值所在。

在和索尼达成最终协议之前，布兰卡打电话给马蒂·班迪尔（当时的竞争对手EMI出版公司的首席执行官），EMI之前一直在管理ATV的曲库，布兰卡想看看能否得到更高的价码。但索尼的提案是"一笔绝佳的交易"，甚至连班迪尔也这么想。

"卖掉你的音乐版权还能留一半在手上，那是索尼做出的一次战略性的交易，因为他们想要这样做，他们明白自己需要重回音乐出版界，"他说，"而且他们作出了一个可能会多付钱的决定，"索尼前高管摩托拉补充道："对所有参与其中的人来说，这是笔不错的交易，对我们来说，这当然是笔绝佳的交易。"

班迪尔无法给出与之相当的出价，因为那就意味着他要给杰克逊半个EMI出版公司，这家公司在那时比组建索尼/ATV的两套曲库中的任何一套都更有市值，于是双方达成了一个"合理的"收购协议。杰克逊和布兰卡也规定，除了索尼/ATV公司外，索尼公司不能以任何形式进军音乐出版业，也不能强迫杰克逊出售他在公司里的股份。这也意味着索尼被狠狠地推动着去帮助杰克逊实现他拥有世界顶级音乐出版公司的梦想。

从长远来看，这个合资企业的价值将会升至数十亿美元。从短期来看，尽管杰克逊从他私人生活和职业生涯最痛苦的折磨中才走出来两年，但是1995年成为了他职业生涯中最赚钱的年份之一。

―――――――

在20世纪90年代中期，嘻哈文化正处在从南布朗克斯焚毁的街道走向主流音乐世界巅峰的过程中，而迈克尔·杰克逊则成为了该流派的一个看似不太可能的拥护者。

在录制《危险》续篇新专辑前，"流行音乐之王"就一直在密切关注着流行音乐的动向，这是他的习惯。一个名为"臭名昭著大个子"（Notorious B.I.G.）的年轻饶舌歌手刚刚发行了他的出道之作《准备去死》（Ready to Die）。他捕捉布鲁克林最混乱街区生活节奏的巧妙手法，恰到好处地混合了幽默、虚张声势且朗朗上口的采样，他的单曲迅速在《公告牌》榜单上攀升。杰克逊随即邀请他来到了录音室。

"迈克尔很可能是直觉最敏锐，最与时俱进的艺术家之一，"肖恩·"吹

第 13 章
历史教训

牛老爹"·康姆斯（Sean "Diddy" Combs）回忆道，正是他的坏小子唱片公司发行了 B.I.G 的出道作品。"（杰克逊）对嘻哈文化的熟悉程度，就仿佛他出生在 20 世纪 80 年代的南布朗克斯一样。他知道那里发生的一切……如果周围街头有什么新的舞蹈诞生，他几乎都会拿来跳。所以当我见到他时，他想和'大个子'合作，这并不让人意外。他足够强大也足够勇敢，能在其他音乐类型中辨识出精彩，他能认可'大个子'本身就是很棒的事。"

这个说唱歌手出现在这张 1995 年 7 月发行的专辑上，这张专辑就是《他的历史：过去、现在和将来（第一辑）》，NBA 传奇球星、业余嘻哈歌手沙奎尔·奥尼尔（Shaquille O'Neal）也有参与其中。他们两人的客串，给这张大部分是沉重主题的专辑带来了些许轻松的气氛——该专辑的主题包括杰克逊反击他此前面对的指控，评论他生活中遭遇的舆论关注，并为他的人性进行辩护。

这张双碟专辑包含了一张精选集唱片，收录了从《比莉·珍》到《镜中人》等多首金曲，另一张则包含 15 首新歌的唱片。昆西·琼斯和特迪·瑞利（Teddy Riley）均没有为专辑制作新料后者最初考虑过给杰克逊一首热门单曲《不要犹豫》(No Diggity)，但是在 Interscope 唱片公司首席执行官吉米·艾欧文（Jimmy Iovine）的指令下，他决定起用自己的黑街组合来录制这首歌。除了少数几首外，《历史》专辑上的新歌，杰克逊都是唯一署名的创作者和制作人，其中大部分歌曲也相对非常私人化。

"受够了不公正，受够了阴谋诡计，"在和妹妹珍妮合作的《嘶喊》(Scream) 中，他轻蔑地唱道。在歌曲《D.S.》中，他提到了一个名叫汤姆·谢尔顿（Dom Sheldon）的角色几乎不加掩饰地指向圣塔芭芭拉地方检察官汤姆·史奈顿（Tom Sneddon），此人曾经批准了对梦幻庄园的搜查以及对杰克逊的脱衣检查，杰克逊坚称"他们想抓到我，不论死活"。

这张专辑还有很多曲目令人印象深刻，从脆弱而难忘的《莫斯科的陌生人》到 R. Kelly 创作的《你不孤单》(You Are Not Alone)，后者在 20 世纪 90 年代末男子组合狂潮期间几乎曾被反复传唱到令人作呕。然而成为关注焦点的则是那首愤怒的摇滚歌曲《他们不在乎我们》(They Don't Care

About Us），至少在一开始是这样，但是受关注的理由却并不是杰克逊想要的。

歌曲中多次出现一些词句，他唱道："歧视我是犹太人，诬告我，个个都想来整我／践踏我，叫我犹太人，你休想颠倒我的是非。"《纽约时报》在专辑发行前几天就称歌词是"反犹太主义的宣泄"，杰克逊还受到了众多媒体和包括反诽谤联盟在内的组织的猛烈抨击（有趣的是，《纽约时报》还是认为杰克逊仍然是"还在世的最有天赋的音乐人之一"）。

杰克逊坚称他是被人误解了，并为他造成的所有麻烦道歉。几天后，在一份媒体声明中，反诽谤联盟主管亚布拉罕·福克斯曼（Abraham Foxman）说，"我们一直相信，杰克逊先生是从不会有意冒犯他人的。"

尽管如此，这还是造成了内部和外部的破坏。在《纽约时报》的评论发布不久后，杰克逊请求身为犹太人的加林上节目解释他并不是一个反犹分子。加林知道他的客户对犹太人不持有偏见，但是并不赞同上各种脱口秀进行解释的办法。他认为没人知道他是谁，而且人们都能猜到杰克逊的经纪人无论如何都会站出来支持他。

事实上，杰克逊想到了他所有的犹太人朋友，包括大卫·格芬和史蒂文·斯皮尔伯格，希望他们上电视广播为他辩护。但是他马上发现这些人跟加林持有同样的观点，"我想他们并不会真的认为杰克逊是一个反犹分子，"经纪人说道，"但是他们不会去上电视节目。这是杰克逊自己写的歌词，所以他必须停下来解释这一切。"

这只能迫使杰克逊继续对加林施压，但是没有任何效果。"他努力说服我去上节目，"加林回忆道，"我知道这样不对，我不会这样做的。他对这一切很是沮丧，他甚至觉得我可能认为他是一个反犹分子，然后他就解雇了我。"

杰克逊立即中断了和加林的联系，他和格芬以及斯皮尔伯格的交情也遭遇了相似的命运。这次危机爆发的时间对索尼来说非常不妙，为了专辑，索尼已经预支给杰克逊5 000万美元，据报道称，索尼还为专辑的宣传花费了3 000万美元（包括装载巨型杰克逊雕像到船上，并在欧洲的一些主要城市沿河漂流展示）。他们一直期待着《历史》专辑会有2 000万张

第13章
历史教训

的销量。

尽管有负面新闻，但专辑最终还是达到了这些超高的目标，成为有史以来最畅销的双碟专辑。而杰克逊还想要举办一场与之匹配的巡演。照例，他的目标就是完美，为了向全世界证明他的胜利回归，他愿意用尽一切手段去实现它。

杰克逊选择了一个大到一架波音747飞机都装不下的舞台；他的团队不得不用世界上最大的飞机——苏联安东诺夫设计局制造的安-225大型运输机来装载舞台。这架飞机设计建造的目的，本来是为了运载苏联航天飞机，它据称拥有551 150磅的负载能力（相当于大约90头成年大象加起来的重量）。安-225飞机的长度大约相当于一个足球场，它大到足够容下长达230英尺，直径达33英尺的物体。这架飞机由于太过巨大，在很多民用机场都无法降落，因此，杰克逊经常需要支付20万美元的降落费，让飞机能够降落在军用机场。

"迈克尔的生活里总会有人，比如会计马修·盖尔芬（Marshall Gelfand），会对他说，'看看这些花费'"布兰卡说，"但是迈克尔总是回答，'我是个艺术家，我知道我在做什么，这是我的想法，这是我做事的方式。'"

花销还包括保安、公关人员和经纪人的住宿费；经纪人团队里包括一个由阿尔瓦利德王子介绍给杰克逊的突尼斯商人塔拉克·本·艾莫（Tarak Ben Ammar），此人在不久之后成为了杰克逊的正式经纪人。在那时，另一个挤进杰克逊生活的是一个名叫迪特尔·威斯纳（Dieter Wiesner）的人，他是一个善于讲故事的德国商人。威斯纳向杰克逊承诺，他会帮助发行一种名为"神秘饮料"的杰克逊主题能量饮料。虽然后来产品失败了，但是威斯纳不知怎么竟然取得了杰克逊的信任，最终成为了他的顾问之一。

巡演的总票房收入达到了1.65亿美元，但杰克逊还需要为在全球35个国家58个城市装载和卸载舞台而支付巨额开支（他没有在美国本土举办任何演出）。总而言之，杰克逊整个巡演的纯收入可能仅仅只有大约1 000万到2 000万美元，这大约占整个票房收入的10%，而大多数其他大型巡演的收入会占到总票房的将近30%。利润并不是《历史》专辑时期的

165

唯一损失：杰克逊和普雷斯利的婚姻也在他俩结婚不久后开始恶化。

"他们的世界围绕各自的轨道旋转——但是那种状态让他们很难去照顾对方，"弗兰克·卡西欧回忆道，他依然是留在杰克逊身边的朋友。1995年末，"流行音乐之王"和"猫王"之女分道扬镳，之后普雷斯利于1996年1月递交了离婚申请。差不多同时，《新绿野仙踪》的导演乔·舒马赫接到了杰克逊打来的电话。之前他俩已经有多年没有通过话，现在这位歌手请求让他出演其1995年执导的电影《永远的蝙蝠侠》(*Batman Forever*)里的"谜语人"一角，"我认为他不适合演这个角色，"舒马赫说，"尽管他在电话里总是对我很亲切。"

《历史》巡演结束以后，杰克逊再次打来电话，问他是否有兴趣执导一部电影，而舒马赫更愿意见次面。舒马赫在一个站满保镖和创意人才的超大会议室里见到了"流行音乐之王"，准备倾听高见。

杰克逊构想了一部电影，故事讲述一个居住在一座幻想之城阴影里的主人（"有点狄更斯的风格，"舒马赫说，"尽管不是那个时代。"），他只会在晚上出现，然后去帮助孩子们——尤其是孤儿、被抛弃和需要帮助的孩子们——但是城里的其他人认为他是个怪物。

"你能从中解读出任何隐喻，"舒马赫说，"我认为我不是那个项目的最佳人选，但还是感谢他想到了我，我给了他一个拥抱。除了在电视上，我再也没有见过他。"

杰克逊继续他的电影计划，发行了《迈克尔·杰克逊：鬼怪》(*Michael Jackson's Ghosts*)，这部电影由他配乐、制作和撰写剧本（和史蒂芬·金共同完成）。他还在电影里分饰五角，包括反派角色——矮胖而面色苍白的小镇镇长——以及电影里被人误解的古堡主人迈斯卓（Maestro）。电影在1997年戛纳电影节上盛大首映之后，直接发行到电视和录影带上；然而这似乎成了又一种继续纠缠杰克逊的幽灵。

"他一直渴望参演电影，但是我知道人们曾有疑虑，还有投射在迈克尔身上的阴影，"舒马赫回忆道，"而且我不知道这是否影响了人们对他能否有票房号召力以及有拍摄电影能力的看法。"

第 13 章
历史教训

20 世纪 90 年代末，杰克逊的简历里又有了一个新头衔——父亲。在 1996 年和丽莎·玛丽·普雷斯利分手之后不久，他和长期照顾他的皮肤科护士黛比·罗（Debbie Rowe）结婚了。虽然这段婚姻最终在 1999 年友好地结束了，但给杰克逊带来了两个孩子——1997 年出生的小迈克尔·约瑟夫·杰克逊（Michael Joseph Jackson Jr.），也就是普林斯（Prince），以及 1998 年出生的帕丽斯 - 迈克尔·凯瑟琳·杰克逊（Paris-Michael Katherine Jackson）。他的第三个孩子普林斯·迈克尔·杰克逊二世（Prince Michael Jackson Ⅱ），也就是"毯毯"（Blanket），于 2002 年出生，生母不详。

迈克尔·杰克逊给他的儿子们取的名字都有较为复杂的背景。他的高曾祖父曾经是亚拉巴马州的一个棉花种植园的奴隶，他把自己的名字"普林斯"传给了他的儿子和孙子，后来他的孙子向北移居到印第安纳州，成为一名卧车搬运工。"一个白人给他的黑人奴隶起的荒谬绰号，就像你给狗取的名字一样，竟然被一个黑人王者传承到他白皮肤儿子以及后代身上。"作家约翰·杰瑞米亚·苏利文（John Jeremiah Sullivan）如是说道。

1997 年，杰克逊发行了《血洒舞池：历史混音辑》（Blood on the Dance Floor: HIStory in the Mix），专辑包含了 8 首来自之前专辑的混音歌曲以及 5 首新歌，获得了业内部分人的好评，以及一部分人对这不是一张传统录音专辑的失望和抱怨。尽管专辑的销售一开始比较缓慢，但最终全球销量超过了 1 100 万张——成为有史以来最成功的混音专辑。

大部分的新素材都是杰克逊亲自谱写和制作的，专辑的黑暗题材也给听众打开了一扇通往他真实生活的窗户。他在《吗啡》（Morphine）里预言般地唱到了止痛药（比如杜冷丁）的诱惑，以及《可怕吗》（Is It Scary）里的边缘化和妖魔化的吸引力。

"最好的作家取材于他们所了解的生活，而这就是他所了解的，这就是他经历的一切，这是他告诉人们发生在他身上的一切的方式，"录音师马特·佛格说道，"他经常因为各种健康状况和旧伤而感到十分痛苦。人们只有去想象那是一种什么样的感觉。"

到20世纪90年代末，杰克逊把越来越多的生意交给那些突然冒出来的新顾问们去处理，频率就像缺少维护的草坪上的蒲公英。从粗犷派（如迪特尔·威斯纳，来自声名狼藉的"神秘饮料"），到随机派（阿尔·梅尼克，一个来自佛罗里达州的地产大亨），再到——偶然的——合乎逻辑派（音乐高管约翰·麦克莱恩）。

麦克莱恩没有接受本书作者的采访，也鲜有在媒体上发言。前ATV公司总裁戴尔·川岛形容麦克莱恩是"一个非常聪明敏锐的人，事实上他很了解迈克尔·杰克逊以及杰克逊家族，他从孩提时期就是杰克逊家族的朋友。"20世纪80年代初麦克莱恩从A&M唱片公司出道，他是珍妮·杰克逊1986年大热专辑《控制》背后的重要推手。麦克莱恩随后移步Interscope唱片公司，最终说服老总吉米·艾欧文跟死囚唱片公司以及嘻哈歌手Dr. Dre一起做生意。

就在2000年伊始，麦克莱恩成为迈克尔·杰克逊的经纪人之一，和特鲁迪·格林（Trudy Green）共事，他也是史密斯飞船乐队、戴夫·莱帕德（Def Leppard）乐队和一些其他歌手的经纪人，但杰克逊仍然会亲自处理一些事务。1999年，他与川岛会面，商讨联合起来收购更多的歌曲出版权，收购对象就是传奇作曲家杰瑞·雷伯（Jerry Leiber）和迈克·斯托勒（Mike Stoller）持有的曲库，尽管这在他们自己的曲库中并不是非常出名，其中包括"猫王"的最出名的名曲《猎犬》（*Hound Dog*）、《监狱摇滚》（*Jailhouse Rock*）等，索尼/ATV公司在2007年出价6 500万美元购买了这些歌曲的版权。这套要卖的曲库是他们买来作为投资的，其中包括有大热单曲如《在一棵老橡树上系根黄丝带》（*Tie a Yellow Ribbon' Round the Ole Oak Tree*），后来这首歌被《公告牌》评选为史上百大歌曲之一。

杰克逊计划前往非洲，他的行程包括会见纳尔逊·曼德拉（Nelson Mandela）。就在动身前，他请求川岛帮他了解一下买下曲库的事项，并保证会打来电话查问。"戴尔，是迈克尔·杰克逊打来电话，"川岛为我播放了当年"流行音乐之王"在几天后的电话留言，"我现在正在非洲，我希望你把工作做好，别忘了我们的主要目标——收购。"几周之后，川岛收到了另一段杰克逊的电话留言，留言里说他不能再雇用川岛了。看得出

第13章
历史教训

"流行音乐之王"手头吃紧,收购计划也随之泡汤。

同年,杰克逊在慕尼黑的一个慈善演出上表演,类似百事可乐广告意外的事情又突然发生了。当他站在舞台上的液压桥顶演唱《地球之歌》(Earth Song)时,桥体突然发生故障,从4层楼的高度上突然坠落——而杰克逊本人还在桥上!就近的工程师在最后关头按下了紧急停止按钮以减缓他下落的速度,这也救了他一命,但他还是在硬着陆中受了重伤。

令人难以置信的是,杰克逊当时竟站了起来并完成了整个表演,只是在他回到后台的瞬间昏倒了过去。他被火速送往医院进行背伤治疗,根据杰梅恩和一些知情人的说法,这次背伤折磨他多年直到他去世——这也是导致他寻求更多处方药以缓解疼痛的原因。考虑到杰克逊最终死亡的情形,也许更不祥的预兆是他对一个那晚和他一起在德国表演的乐队成员说的话:"约瑟夫一直教导我们,不管发生什么,演出也要继续。"

第 14 章

Michael Jackson, Inc.
The Rise, Fall, and Rebirth of
a Billion-Dollar Empire

天下无敌

在贝弗利山庄一间高100英尺的顶楼套房里，贾斯汀·比伯（Justin Bieber）正坐在一张玻璃桌前，思考着他刚刚取得的成就。这是2012年的春天——尚在他所有的劣行未被曝光之前——并且在他可爱的青春期结束之前，比伯在两年时间里赚进了1.08亿美元。

他和经纪人斯科特·布劳恩（Scooter Braun）陈述了他们秉持的理念：不要代言你不喜欢的产品，且在每一笔生意中都要为慈善做贡献。当我问比伯是否有在音乐与商业两方面都效仿的艺术家时，他们会意地对视了一眼。

"对我来说，只有一个人，"比伯说，"迈克尔·杰克逊。"

从他早年时起，这位加拿大歌手就已经在职业生涯里努力效仿"流行音乐之王"了，这也是他挑选罗德尼·杰金斯（Rodney Jerkins）为他的专辑《相信》（Believe）制作一些歌曲的原因之一。曾获格莱美奖的金曲制作人杰金斯也是杰克逊最后一张录音室专辑《无敌》的主要筑造者之一。

有一件比伯尚未试图效仿杰克逊的事情是：频繁地更换身边的团队。自从他成为YouTube视频网站上的少年红人起，布劳恩就担任他的经纪人，而且身兼比伯的老大哥和经纪人双重角色。尽管比伯惹了一些麻烦，但是假如他生活中没有这段稳定的关系，很难想象他会陷入怎样糟糕的境地。可是杰克逊与杰金斯合作时，"流行音乐之王"的身边却没有那样的人支持他。

"迈克尔总是提防着他身边的人，"杰金斯说，"他有严重的信任危机。"

———————

1997年，《历史》巡演结束后不久，杰克逊开始制作《无敌》专辑。看起来不出几年他就能顺利地完成这张专辑，也可以继续保持其单飞生涯中每四五年发行一张专辑的惯例。

在杰克逊20年单飞的艺人生涯里，录音室技术已经有了很大进步。在《颤栗》专辑时期，唱片业完全依赖磁带；到20世纪90年代中期，大部分艺人先用模拟磁带录音，再将歌曲转化到数字硬盘上。在2000年年初，直接在电脑上录音成为了业内标准，这也打开了一扇大门，让对声音的操控有了近乎无限的可能。

"拥有更多的选择和可能性并不会减少你为某事投入的时间，"录音师马特·佛杰说，"这事实上会增加你为某事投入的时间。所以结果是，事情只会越来越多。"

杰克逊想要慢慢制作专辑还有另外一个原因。他相信他能在2000年从他和索尼的最后一宗合约中解脱出来，然后把新专辑素材卖给出价最高的买家。回溯当年他和索尼的前身哥伦比亚唱片公司签订的第一份单飞合同时，布兰卡坚持协议要受加州法律的管辖，这就允许杰克逊在认为合适的情况下于7年之后终止协议。杰克逊认为该条例在此同样适用。

可是，杰克逊发现，在20世纪90年代中期，这份协议已经被布兰卡的替代人之一重新修订了。3张专辑被添加到他原本的5张专辑合约中，同时还有对提前终止协议的巨额罚款规定——对于他没能按约完成的专辑，每张的罚款高达2 000万美元——这事实上抵消了加州法律条款的有利条件。杰克逊最终确定，他可以在仅仅发行《无敌》专辑和一张精选辑后离开索尼音乐公司。

第 14 章
天下无敌

更糟的是，杰克逊的老盟友沃尔特·耶尼科夫早已下台，汤米·摩托拉已经掌管索尼音乐部门将近 10 年。他掌舵的这家音乐公司，既拥有如布鲁斯·斯普林斯汀、席琳·迪翁以及比利·乔这类的传奇歌手，也为珍妮弗·洛佩兹（Jennifer Lopez）、玛丽亚·凯莉（凯莉在 1993 年嫁给摩托拉，二人于 5 年后离婚）以及其他明星打造了辉煌事业。对于《无敌》专辑，摩托拉和杰克逊因录制预算产生了分歧。"我们认为如果一张专辑要花费 100 万美元来打造，那它明显就是一张昂贵又疯狂，简直贵得离谱的专辑，"摩托拉解释道。

而杰克逊的这张新专辑，最终的花费远不止这个数。在录制期间，有一次，他让 6 间录音室同时开动，每个录音室里都配备各自的制作人以及录音师，夜以继日地连轴转，无论他人是否在录音室里。参与该专辑制作的录音师布鲁斯·斯维迪恩说："所有人都必须要以录好迈克尔的歌曲为首要任务，他想要竭尽所能把专辑做得完美。"

杰克逊一直都很仰慕世界上那些伟大的画家。但即使是毕加索，也会有非但没能画龙点睛，反而却画蛇添足的时候。此时的迈克尔·杰克逊公司里，不再有顾问告诉杰克逊他何时应该停止渲染他的音乐画布。"没有一个核心人物或其他人对他说，'不，我建议你不要做这个。'"摩托拉估计《无敌》专辑让索尼最终花费了 3 000 万到 4 000 万美元，"因为如果有人对他说'不'，迈克尔就会去找其他说'是'的人。"

直到这时，杰克逊的私人花销还是高到足以令阿尔瓦利德王子汗颜的地步。梦幻庄园的雇员人数最多时曾达 120 位。从鲜花到火烈鸟等各项事务，有无数的账单，更不用提即使在杰克逊离开期间，也需要雇用很多人手来接待不断造访的贫困儿童。然后还有杰克逊及其随从的花销。总的来说，在 21 世纪初，杰克逊每年的经费开支接近 2 000 万美元。

回顾 5 年前，杰克逊在 2 年时间里赚了近 2 亿美元，这些开支还不算什么。但是随着新千年的到来以及尚未完工的《无敌》专辑，距杰克逊上一张专辑已经过去了 5 年——距他上一次在美国本土的演出也已过去了 7 年。在钱德勒指控案之后，他也没有接任何代言活动，他的花销已经超过了他的收入。

要不是坐拥索尼/ATV公司的一半曲库，他会立即陷入麻烦，这一半曲库让他可以继续贷款以支撑他现有的生活方式并获得一些收入。加上自己的音乐还在不断销售，他仍然有几千万美元进账——他还是相当清楚他的音乐版权价值的。

"通过迈克尔，我得以了解出版发行的游戏规则，"杰金斯说，"他教会我……如何挑中值得买下的曲库。"

———

经过4年的录制，杰克逊终于完成了《无敌》专辑，索尼随之将发行日期定在2001年10月30日。这一年也是杰克逊独唱生涯的第30个年头，为了庆祝，他计划在麦迪逊广场花园举办两场周年纪念演唱会。

他的朋友兼演出承办人、同时也客串真人秀节目的大卫·杰斯特（David Gest），同意来制作这场演出；弗兰克·卡西欧（Frank Cascio）那时已成年，成为了杰克逊的私人助理并统筹幕后工作。卡西欧在筹备演出之外还有另外的担忧，他担心杰克逊对"药物"越来越依赖（"药物"是他对处方止痛药的代称）。

卡西欧曾多次试图劝阻杰克逊，但都以失败告终。他对此非常担心，9月，他找到兰迪、提托和珍妮·杰克逊，向他们描述了杰克逊的情况。最终，家人们尝试对他进行一次劝阻，但是迈克尔坚称一切正常。"我的家人跟我谈论了药物的事情，"他告诉卡西欧，"他们做得有些过分了。"

如果说杰克逊有什么问题的话，那在周年庆典演唱会上，表现得还不明显。两场演出都有"流行音乐之王"的单独表演，杰克逊五兄弟的小聚首以及布兰妮·斯皮尔斯（Britney Spears）、亚瑟（Usher）、葛洛莉娅·埃斯特芬等明星的致敬表演。第二场演出结束后，也就是在9月10日，迈克尔回到了赫尔姆斯利皇宫酒店，他的兄弟们入住了附近的皇冠假日酒店。当晚他们进入梦乡时，都不知道翌日早上的世界会发生翻天覆地的变化。

9月11日，纽约市的黎明万里无云，清爽宜人。但就在当日的中午，世贸中心大楼废墟上源源不断地翻涌着浓黑的黑烟，遮天蔽日。几乎就在

第 14 章
天下无敌

那一瞬间，杰克逊已开始思考如何发行他的慈善单曲《我还能给予什么》（*What More Can I Give*），来为恐怖袭击中的遇难者和家人们筹集善款。但是据卡西欧说，索尼则更关心杰克逊的下一张专辑；这首慈善歌曲最终没有正式发行，摩托拉和杰克逊之间的关系也更加紧张起来。

次月，《无敌》首发即空降《公告牌》排行榜的冠军宝座，首周卖出 36.6 万张，稍稍低于《历史》专辑，但这足以轻松打败安立奎·伊格莱希亚斯（Enrique Iglesias）和后街男孩（Backstreet Boys）的新专辑。首波评论褒贬不一，例如《纽约时报》就是个典型，它赞扬杰克逊是"创造专辑多声道奇迹的高超音乐人"，结论却说"专辑里没有丝毫乐趣和幽默"。尽管如此，销量和名次还是证明了他"流行音乐之王"的地位。

杰克逊希望在专辑发行之后举行巡演，但是在 9·11 事件发生后，他打消了这个念头（尽管已经有人出价 1 000 万美元资助他）。哪怕他在来年仅仅举办几场演出，也足以给《无敌》的销量——更不用说他自己的银行账户——带来急需的助推力。

但在专辑发行前的几个月，有一次摩托拉为了取悦一个女孩，在未提前通知的情况下擅自走进杰克逊的录音室，却被拒之门外，两人的关系进一步恶化。之后，摩托拉给杰克逊发了一封满是污言秽语的传真作为回应。

也许是因为杰克逊和摩托拉之间不断升级的冲突，也许是因为杰克逊选择不去巡演的决定，仅仅两月之后，索尼就停止了对杰克逊最后一张专辑的宣传。相比之下，之前他们曾花了两年时间去宣传《危险》和《历史》专辑。唱片公司只发行了 3 首单曲和 2 支音乐录影（其中一支还由于杰克逊和索尼之间的不和，杰克逊没有出现在录影中）。

杰克逊似乎认为索尼故意想让他的专辑失败。如果杰克逊的现金流问题继续恶化，他可能会无法偿还美国银行 2 亿美元的贷款，这笔贷款是他用自己在索尼/ATV 公司的股份来作抵押才拿到的。因此，2002 年 7 月，杰克逊来到纽约，公开表示对唱片公司的不满。在和民权领袖阿尔·夏普顿（Al Sharpton）共同出席的一场于哈林区举办的新闻发布会上，他站上台，讲述黑人艺术家在音乐界的困境、他年轻时了解到的一段剥削历史，以及他成年后为此而做的反击。

"多年来，黑人艺术家被占尽便宜，"他告诉观众说，"现在是时候停止这些非常非常令人难以置信的不公了。"杰克逊继续举出詹姆斯·布朗、小萨米·戴维斯等人的例子，称赞他们作为艺术家给予他的灵感并为他的成名铺平了道路。过了一会儿，他便展开攻势，单独点了索尼公司和摩托拉的名，称后者为"种族主义者"，形容他"非常非常非常的邪恶"。随后，他站在一辆双层巴士顶上环游纽约，一度举起一张示威牌，牌子上是摩托拉的脸，头上有用红笔画着的恶魔角。

杰克逊认为当时索尼试图毁掉他的事业，以从他那里得到索尼/ATV公司的全部掌控权。当被问到对这一说法的看法时，已于2003年离职的摩托拉不出所料地给出了坚决的否认。"这都是胡扯，"他说，"为什么会有人去破坏能赚钱的事？这跟有人说我们的政府是9·11阴谋的一部分是同样的道理。我的意思是，得了吧。"

就在杰克逊公开攻击的不久后，阿尔·夏普顿公开声明，他不相信摩托拉是一个种族主义者，而且他事先并不知道杰克逊将要说的话。与此同时，杰克逊接到了贝里·戈迪的电话，他已经看到媒体对杰克逊言论的报道。这位摩城创始人告诉杰克逊不应该打"种族牌"，并建议他不要再这样做。

"我们从不那样做，"戈迪向他曾经的学生解释道，"我们的理念是，音乐是给所有人的，与肤色黑白无关。我们不能（那样做），尤其是你，因为你从来没有那样的感受。你现在只是太生气和痛苦了。好好想想吧。"

"我同意你的话。"杰克逊回复道，"我不必再想了……我很高兴你给我打来电话。"

杰克逊向戈迪保证他不会再做这样的事。但是他无法消除这种感觉——他的曲库及其创造的价值——让他在很多层面上成为受攻击的目标。这种恐惧很可能是促使他在2003年请来大卫·勒格朗律师（David LeGrand）调查他的每一位顾问的原因，约翰·布兰卡也在被调查对象之列。

勒格朗怀疑布兰卡和摩托拉在某种程度上共谋欺诈杰克逊，并把他的

第 14 章
天下无敌

现金汇到海外银行账户里。尽管一开始没有任何证据能证明，但是这些想法已足以让"流行音乐之王"立即终止了他和布兰卡及其律师事务所的合作关系。杰克逊对此举没有作出任何解释，只表示勒格朗将成为他的新律师。

勒格朗雇用了一家据称是由前以色列摩萨德特工经营的私人情报公司——Interfor 公司来调查这件事。

尽管这家机构的确表示，如果有"额外的时间和足够的预算"，就有可能揭发出一个可能的海外阴谋，但是它后来并没有找出任何不当行为的迹象。

最终，这件事不过是一场"猎巫行动"而已。后来，勒格朗在法庭上被要求宣誓回答，他是否找到布兰卡一方任何的欺诈证据。他答道："我没有获得足以支持这些指控的可靠证据。"

———

当新的操盘手空降到权力真空的迈克尔·杰克逊的商业王朝时，每天从"流行音乐之王"那里传出的消息似乎变得越来越离奇。

2003 年 4 月，《名利场》(*Vanity Fair*)杂志报道，来自首尔的律师李明浩——也算是另一位"商业顾问"——在杰克逊的坚持下给马里共和国汇去 15 万美元。据说，汇款接收人是一个名叫巴巴（Baba）的巫毒酋长，此人安排了一个以 42 头牛为祭品的仪式来诅咒杰克逊的前老友格芬和斯皮尔伯格。

接着就是"晃婴儿"事件，杰克逊在柏林一家酒店的窗边，把他的一个孩子抱出安全栏外给外面的人群看。这一幕导致德国官方展开调查，杰克逊因此发表声明，为他"糟糕的决定"道歉。但这是否就代表着行为的愚蠢或者策略的失误呢？"迈克尔·杰克逊就像科林·鲍威尔（Colin Powell）一样疯狂。"摄影师哈里·本森告诉《名利场》杂志说，"他知道自己所做的一切。他把他的孩子抱出阳台，然后所有人都疯了，但是他也因此登上了全世界所有报纸的头条。"

看起来杰克逊回归了《飙》专辑发行前过分依赖 P.T. 巴纳姆的教诲的

路数："有新闻总比没新闻好"。但这次的柏林事件却弊大于利。也确实很有可能就是他自己植入了那个巫毒故事；就像象人骨事件，然而不论真假，这都看起来太过奇怪。而且在没有专辑和巡演需要推广的情况下，总之，这样的曝光会起到什么样的好作用也就不得而知了。

即使稀奇古怪的故事层出不穷，但杰克逊的确是在专注于发展事业，以便在他职业生涯的下一个篇章中，找到获得收入的其他方式，以代替辛苦的巡演。这是对巴纳姆更加明智的效仿，巴纳姆在《华丽骗局》一书中描述他自己"彻头彻尾地讨厌作为巡回表演者的生活"；他宁愿拥有"一个受人尊敬并永久持续的事业"。

为了达到那个目的，杰克逊重燃了购买漫威公司的兴趣。美国的经济在科技泡沫破灭之后陷入低迷，股票水平降到了 5 年内的最低，这意味着一些顶尖的娱乐公司会被廉价收购。杰克逊的顾问迪特尔·威斯纳说他组织了一个由一些投资者组成的财团，包括德国、瑞士以及美国的银行，他们准备满足漫威 14 亿美元的要价。而杰克逊要求他从 9 亿美元开始投标。

"他的计划简直难以置信，"威斯纳回忆道，"他说，'迪特尔，我们必须得到所有的版权。一方面，我拥有披头士乐队的曲库，我还拥有 Mijac 曲库。另一方面，我将拥有漫威的版权库，包括蜘蛛侠、绿巨人在内的所有 4 800 个人物。'他相当清楚他想做什么。"

威斯纳说杰克逊同时还在洽谈另一笔数百万美元的交易——成为梅赛德斯奔驰新款车型 SLR 迈凯伦（SLR McLaren），即一款价值 50 万美元、拥有鸥翼车门以及 625 马力 V-8 引擎的超级跑车的代言人。他的名字会被镌刻在每一扇车门的内侧，每次汽车启动的时候，一个动画版的"流行音乐之王"就会踩着太空步划过车速表。威斯纳也声称杰克逊给多家拉斯维加斯的产业公司提供创意咨询——而且这位歌手构想出了幻景大酒店（Mirage）前的"火山秀"和贝拉吉奥大酒店（Bellagio）的喷泉。

但是就威斯纳此人来说，杰克逊看来是找到了一个骗术与 P.T. 巴纳姆不相上下的顾问。梅赛德斯奔驰的代表无法证实与这位歌手的合作项目曾经是否真正存在。米高梅公司的发言人表示杰克逊的确和赌场亿万富豪史蒂夫·韦恩（Steve Wynn）有过交谈，并确实为魔术师齐格飞和罗伊

第 14 章
天下无敌

（Siegfried and Roy）的一个演出创作过音乐。至于其他的，都是幻想："迈克尔并没有通过任何方式参与过喷泉或者火山秀。"

"流行音乐之王"后来开除了这个曾帮他建造商业王朝的亲密顾问，他的地盘已被跳梁小丑搅乱，他的整个王朝正处在危险中。

———

2002 年，杰克逊收到了一个来自英国电影制片人马丁·巴舍尔（Martin Bashir）的邀请。巴舍尔表示想在一年中最好的时节里跟随这位歌手游览梦幻庄园，制作一部名叫《和迈克尔·杰克逊一起生活》(Living with Michael Jackson)的纪录片。10 年前，奥普拉·温弗里的采访为他塑造了积极正面的形象，或许杰克逊认为巴舍尔的采访也能起到相似的效果。

但是在 2003 年 2 月纪录片播放时，巴舍尔显然是在寻找一个不同的角度。他关注的点聚焦于"流行音乐之王"不断改变的外貌以及他和儿童的关系上。在一个镜头中，杰克逊谈到他和加文·阿维佐（Gavin Arvizo）同睡在一间卧室，加文是一名 13 岁的癌症患者，他被迈克尔多次邀请到梦幻庄园（这个男孩会睡在杰克逊的床上，而杰克逊则睡在旁边的地板上）。

然而观众却予以了最坏的猜想，而杰克逊的名誉再一次遭到致命打击。为了避免名誉进一步受损，杰克逊急忙想办法揭露了巴舍尔如何处心积虑地摘选了一些他在梦幻庄园里最不讨喜的部分。在杰克逊私人摄影师哈米德·慕斯勒（Hamid Moslehi）的帮助下，几周后，"反击片"在福克斯电视台播出；一系列的家庭录影紧接着在 4 月播出（据慕斯勒之后提交的法庭文件，他声称没有收到报酬；杰克逊却因两部纪录片得到了 1 300 万美元）。

反击片似乎揭露出了巴舍尔早有预谋。在镜头里，巴舍尔称梦幻庄园是"一个对脆弱的孩子充满危险的地方"。在镜头外，他大力赞扬杰克逊"你和你的孩子们的关系太令人感动，当我看到你和孩子们在一起的时候，让我几乎流泪。"在某一时刻，巴舍尔甚至问杰克逊："你有时会对人性失望吗？你能事事都做得正确吗？"

几个月的时间里，杰克逊的反击片似乎有所成效，丑闻也逐渐淡化。但是在 2003 年的秋天，差不多在杰克逊和钱德勒和解的 10 年之后，阿维佐一家正式对杰克逊发起娈童指控。指控包括给未成年人提供酒精、非法拘禁和勒索。当"流行音乐之王"得知梦幻庄园再次被搜查时，他正在拉斯维加斯。他不敢相信 10 年前的噩梦竟再次重演，他彻底爆发了——摔椅子，锤桌子，把眼前的一切东西砸个稀烂。

等杰克逊恢复理智之后，他找到洛杉矶律师汤姆·梅瑟罗（Tom Mesereau）作为首选法律代表，梅瑟罗毕业于哈佛大学，有一头及肩的白发。梅瑟罗还拥有在黑人社区做义工尤其是为涉及死刑案件工作的好名声，但是他当时正忙着准备为罗伯特·布莱克（Robert Blake）的谋杀审判作辩护，所以他拒绝了杰克逊。当梅瑟罗从这宗案子中抽身出来（由于"内部事务出现问题"）后，他接到了来自兰迪·杰克逊的电话，兰迪当时是他哥哥事实上的商务经纪人。

"汤姆，我们一直想要请你，"兰迪解释道，"约翰尼·科克伦总说你是最好的，他说如果我们有了麻烦，他会让你来（为迈克尔）辩护，你就是那个能帮他打赢官司的人。"

梅瑟罗同意和兰迪还有迈克尔单独谈谈，并飞到了他们在佛罗里达州的住处。这位律师回忆道，杰克逊很安静地坐在房间的后面，他只想知道梅瑟罗是谁，他的生活方式如何，他的工作方式如何。显然律师的回答让杰克逊很满意，不到两周，梅瑟罗和他的搭档苏珊·余（Susan Yu）就接手了他的案子。

梅瑟罗首先注意到的一件事情就是迈克尔·杰克逊商业王朝的领导结构，它是如此的混乱，以至于《洛杉矶时报》制作了一个专题来整理"流行音乐之王"过去和现在的一长串顾问名单，其中包括伦纳德·穆罕默德（Leonard Muhammad），据说他以经营欠账不还的肥皂公司而出名，直到后来他接管了杰克逊的安保和商业活动；还有马克·谢弗尔（Marc Schaffel），他是色情电影制片人和导演，帮杰克逊拍摄过两部电视专题片。

"我以为迈克尔·杰克逊的世界会像一家大公司一样运行，"梅瑟罗

第14章
天下无敌

说,"但是当我见到他时,发现事实并不是这样。这个人可以在早晨的任何时候醒来,如果他想在世界的某处赚几百万美元,他就能办到;如果他想去任何大洲,任何国家,他都可以办到。所以他为什么需要这些资质普通的顾问在他耳边'建言献策'呢?"

梅瑟罗立刻投入到他的工作中。他搬到圣玛丽亚,2005年初的口头辩论就在这里开始。为了避开蜂拥而至的媒体的注意力,他在6个月的时间里过着深居简出的生活,避开酒吧和餐厅,每晚8点准时就寝。他把绝大多数工作时间花在他称为"作战室"的双层公寓房内,身边堆满近4 000份和案件相关的资料。

随着他对杰克逊了解的深入,梅瑟罗逐渐发现杰克逊本人和媒体讽刺漫画上描绘的形象完全不同。他是个体贴周到、慷慨大方、博览群书的人——这位歌手会像梅瑟罗一样光顾许多二手书店。杰克逊还相当熟悉美国的文化史,并自认为是现代版的拳击冠军杰克·约翰逊(Jack Johnson),他是一个在20世纪早期打败白人的黑人冠军,却曾因虚假指控而面临困境。

但是杰克逊也理解梅瑟罗坚持不让黑人民权领袖阿尔·夏普顿和杰西·杰克逊这样的人把案子变成一个名人事件,因为这可能会疏远没有黑人成员的陪审团。但这并没有被杰克逊的另一名随从所接受,她就是雷蒙·贝恩(Raymone Bain)——她从拳击代理人转型为音乐公关,当时担任着杰克逊的发言人;贝恩之前曾恳请那两位黑人领袖到审判场外来发声。于是杰西·杰克逊后来真出现在了圣玛丽亚;而她告诉梅瑟罗这是为了保护迈克尔的遗产。

"如果迈克尔·杰克逊被定罪,他的遗产将会在加州监狱里消亡。"梅瑟罗反对道,"我们不能把种族问题牵涉进去。"(贝恩在不久之后被解职)

针对杰克逊的案子,不只是取决于是否能证明他给阿维佐提供酒精并实施性侵犯那么简单。为了在勒索指控上弄垮他,检方企图指控说,由于"流行音乐之王"不知何故陷入财务危机,以至于"为了从一个贫穷的家庭身上敲诈出现金",他决定将他们"扣为人质"——检方还找到一个似乎对索尼/ATV公司曲库内容毫不知情的专家证人(他无法列出去年增加进来的歌曲创作人的名字），即使这是公司未来价值的核心组成部分。

杰克逊一直高度关注着他曲库的价值，而这次审判只会让他更加在意。他会在半夜给梅瑟罗和余律师打去电话，感谢他们出色的工作——并恳求他们不要收任何人的钱而故意输掉官司。

"他清楚地认为是他手里的曲库让他成为了被攻击的目标。"梅瑟罗说，"各种利益集团都想要他的曲库，并会为此不择手段地摧毁他，他们想要杰克逊进监狱，这样他就无法招架法律诉讼了。"

每天早晨，杰克逊大约 4 点起床，打扮整齐后前往距梦幻庄园 35 英里的法庭。梅瑟罗告诉杰克逊穿上让他感到舒适的衣服——做他自己，而不是披上布克兄弟牌那样的正装和领带。例如，在五月五日节，他穿上了一件红、白、绿三色的马甲。

随着审判的缓慢推进，检方试图通过传唤声称见到杰克逊在梦幻庄园爱抚其他男孩子的证人来支持其案情。但是当梦幻庄园的前雇员菲利普·勒马克（Philip LeMarque）作证说他看到杰克逊触碰过麦考利·库尔金（Macaulay Culkin）时，他在梅瑟罗一步步的发问中承认，他曾调查过把故事卖给小报的可能性——他被告知，如果他说杰克逊的手在库尔金的内裤外，他能得到 10 万美元；如果他说杰克逊把手伸进了库尔金的内裤里，他就能得到 50 万美元。在之后的庭审中，库尔金站上证人席，坚决地否认杰克逊对他有任何不当的举动，声称猥亵指控"简直荒谬"。

克里斯·塔克（Chris Tucker）和杰·雷诺（Jay Leno）也作为辩方的证人出庭。梅瑟罗深刻地记得，他们和库尔金一样，也长途跋涉来到了圣玛丽亚。梅瑟罗很清楚，他们的代理人、经纪人和律师都建议他们不要去作证，这些人的理由和他的朋友奉劝他不去为杰克逊辩护的理由一样，那就是——"杰克逊要完蛋了，他就要进监狱了，你会被毁了的"——但梅瑟罗说，他们的态度非常简单："迈克尔需要我们，我们就到这里来了。"

阿维佐一家的真面目开始浮出水面。雷诺和塔克都揭发说，这一家人曾无数次通过各种慈善组织联系他们。雷诺指出阿维佐家孩子当时说的话听起来像在"照本宣科"，而塔克承认当这家人追着他索要捐款时，他给他们写了张 1 500 美元的支票。

第14章
天下无敌

加文的母亲也没有为自己赢得任何好感。在被当庭揭露出2001年由于加文在J.C.彭尼店偷东西，她和她丈夫被捕的事情之后，她承认，在一宗关于她声称被保安在公共停车场性骚扰的民事诉讼中，她可能在宣誓作证的情况下撒了谎（不过J.C.彭尼店当时以高达15万美元的和解费与她做了个了断）。同时庭上还揭露出，她曾经说过杰克逊"帮助他儿子治疗癌症"，并惊叹于"他们之间美好的友谊"之类的话。

除了阿维佐一家，检方最为重视的证人之一就是黛比·罗，她一直在配合警方的工作。当她站上证人席并焦虑地望着杰克逊时，杰克逊望向梅瑟罗，担心这位律师将会摧毁他的前妻。

"我说，'迈克尔，别担心，'"梅瑟罗回忆道，"他明白我自己在做什么。我没有用上任何一个文件夹。因为她是我们这边的，她在讲述事实，而她明显同情他。黛比最终成为我们最好的证人之一，她提到了人们如何利用杰克逊，以及杰克逊是怎样一位好父亲。"

有人怀疑杰克逊仍然相当依赖止痛药。兰迪·杰克逊之后解释说，他的哥哥是一个拒绝了很多家人劝解的"上瘾者"，并且在2005年几乎用药过量。梅瑟罗则说杰克逊"一直头脑清醒，一直非常好相处"，但是在判决结果宣布的那一天，他看起来"糟透了"。

"糟透了"的状态，一直持续到陪审团宣布了他们的决定为止：14项罪名均不成立。法庭外，在大群记者和摄像团队获知最终结果的同时，一群杰克逊歌迷在每宣布一项罪名不成立时就会放飞一只白鸽。

———

杰克逊回到了梦幻庄园，跟他一起的有他的家人，还包括辩护团队在内的一群怀着良好祝愿的人们。

"他只是说，'谢谢你们，谢谢，谢谢你们，谢谢你们。'"梅瑟罗回忆道，"他衰老了很多，没有任何庆祝的心情，没有任何高兴的神采，只是处在一种松了口气、感恩安静的状态。"

他和余律师待了几个小时，看着杰克逊会见一些在过去一年的大部分时间里为案件工作了无数日夜的律师助手们。杰克逊拥抱了他们每一个人

183

并感谢他们帮助了他和他的孩子们。

在梅瑟罗离开之前,他给了杰克逊最后一条建议:永远告别梦幻庄园。地方当局已经被羞辱了,他警告道,他们会马上寻找另一个理由来击垮他。

"有的孩子又会越过边界,"梅瑟罗告诉杰克逊,"而他们会伪造一些其他的虚假指控,你必须离开圣塔芭芭拉了。"

第 15 章

Michael Jackson, Inc.
The Rise, Fall, and Rebirth of a Billion-Dollar Empire

挥霍的国王

在2005年6月被判无罪之后，杰克逊急切地寻找能逃避公众视线的方法，并最终在波斯湾的巴林王国寻到了避风港。他、孩子们以及他们的保姆格蕾丝·鲁兰巴（Grace Rwaramba）成为了巴林王储阿卜杜拉（Sheikh Abdullah）的贵客。不久后，杰克逊和阿卜杜拉便开始计划创立一家名为"双海唱片"（Two Seas Records）的音乐公司。

这位王储为杰克逊提供了王室的待遇，给了他一所豪宅、一片足以建造更豪华宅邸的土地和三辆豪车（宾利、迈巴赫和劳斯莱斯）。那年夏天，杰克逊似乎很享受他的新生活。2005年8月，他被人拍到和阿联酋著名赛车手穆罕默德·本·苏莱姆（Mohammed Bin Sulayem）一起出现在迪拜；次年一月，有报道称，他同意为巴林岛的一家公司在当地创建的主题公园和音乐学校做顾问。

然而，整个迈克尔·杰克逊商业王朝的执行团队仍处于岌岌可危的状态。他的前任公关雷蒙·贝恩被召回担任他的商务经纪人。尽管她此前从未为任何音乐人担任过经纪人；她最类似的经历似乎是状告她的拳击手客户"非凡"马文·哈格勒（"Marvelous" Marvin Hagler），以违反合约为由索赔990万美元并最终在1990年达成和解。尽管如此，杰克逊似乎对她十分倾心。

"她的职业素养、战略性思考方式和以及她的诚实，给我留下了深刻的印象。"2006年杰克逊在一封给《华盛顿邮报》(Washington Post)的邮件中这样写道。但正如该报所指出的那样，这番话听上去就像是雷蒙·贝恩发出的新闻通稿。

汤姆·梅瑟罗发现贝恩回到杰克逊团队时，他正和他的搭档苏珊·余在美国为杰克逊收拾残局（正是贝恩一直在说，给他们额外工作支付的支票正在邮寄途中）。显然贝恩和杰西·杰克逊告诉这位"流行音乐之王"，他们对自己缺席在2005年审判相关事宜而感到丢脸，所以牧师让杰克逊重新雇用了她。为什么她回来担任的职位是经纪人，这事就像杰克逊最后几年的很多事情一样，至今是谜。

尽管杰克逊本人对梅瑟罗和余欣赏有加，但贝恩所承诺的支票却迟迟未到，他们最终只得无奈地结束了与杰克逊的工作关系（遗产管理委员会在杰克逊过世后迅速结清了这笔六位数的欠款）。

贝恩后来发现自己也加入到了向杰克逊索偿的队伍里。她于2009年状告杰克逊未支付她高达4 400万美元的费用。她的指控最终被驳回。

———

在巴林时，杰克逊卷入了另一场国际性的法律纠纷。这一次是一场民事诉讼，起因是在一年前为他迅速增长的债务再融资时的未付账单。在那场娈童案中，由于现金大出血，相较于巅峰时期，他的经济状况已大不如前。为了维持他的生活方式，他不得不持续地以名下的索尼/ATV曲库股份来抵押借钱，然后他发现自己有一笔借自美国银行的2.7亿美元贷款，需要在2005年底前偿还，否则将面临丧失抵押物的风险。

就在他寻求解决方案之时，一系列令人头晕目眩的事情也逐渐展开：他的弟弟兰迪向他引荐了一位加利福尼亚的会计师唐纳德·斯塔布勒（Donald Stabler），此人给他带来了一家名为"普雷申特收购"（Prescient Acquisition）的金融公司，他们接着把杰克逊引荐给堡垒投资集团（Fortress Investment Group）——一家专职处理不良债务的私募股权公司。

第 15 章
挥霍的国王

这家公司最初同意出资 5.73 亿美元,用以购买索尼/ATV 这家合资企业中索尼所持有的股份,并借钱给杰克逊偿还名下债务,随后剩下的几百万美元还能缓解杰克逊流动资产不足的燃眉之急。

与此同时,杰克逊还向亿万富翁罗恩·伯克尔(Ron Burkle)寻求建议。他们二人早在 20 世纪 80 年代后期便已相识,当时伯克尔曾在一场慈善活动中用直升机把 30 名已是绝症晚期的儿童送往梦幻庄园。当他们在 2005 年约翰尼·科克伦的葬礼上偶遇后,两人恢复了联系;伯克尔在葬礼上注意到的第一件事就是杰克逊在哭泣。

"我不知道你和约翰尼的关系原来这么好。"他说。

"不是,我遇上麻烦了。"杰克逊回答。

"是什么样的麻烦?"

"大麻烦。他们要关闭梦幻庄园了。"

杰克逊后来还和伯克尔见过面,一起讨论了他的财务状况,并按自己的理解透露了细节。这位在投资 Spotify、SoundCloud 和 Airbnb 前,靠买卖连锁超市发家的亿万富豪认真地倾听,并很快了解了杰克逊的窘境。

"你实际上很有钱。"他说,"却连午饭也买不起。"

"你能不能帮帮我?"杰克逊说。

"当然,我会让你加入一些我正在进行的计划。我的办公室会付清你所有的账单,但我不想和你的钱扯上任何关系,你得自己签所有支票。"

伯克尔借了几十万美元给杰克逊,告诉他不要因为他的弟弟或者斯塔布勒的怂恿而签署任何文件。当灰心丧气的杰克逊提出要将自己那一半索尼/ATV 曲库的股份卖给伯克尔时,这位大亨告诉他要为自己的孩子们留住股份。最终在一封信中,杰克逊将代表自己签订协议的唯一权力,授予了伯克尔的公司。但伯克尔却没有因为自己向杰克逊提供了帮助而收取分毫。

最终,索尼拒绝出售自己的那一半曲库股份,也许他们觉得仍有机会得到杰克逊所持的另一半。堡垒投资集团后来出钱买下了美国银行的债务期票，这个结果似乎和普雷申特公司无关。这一系列复杂的事情以杰克逊实际从堡垒投资集团借得3.3亿美元告终。这笔钱足以让他还清美国银行的贷款，并推迟了他名下的版权资产的末日审判。但斯塔布勒事先已针对堡垒公司的交易向普雷申特公司承诺了9%的中介费（4 800万美元），且该公司争辩说杰克逊不能甩开他们。这笔款项从任何角度看都是一笔巨款，尤其对仅仅是找堡垒投资这样赫赫有名的（强势）公司做了一次引荐而言。

在杰克逊前往中东之前，他和伯克尔与普雷申特公司的法律团队有过一次会面，资深娱乐律师唐纳德·大卫（Donald David）当时也在场。此人曾帮助说唱歌手图派克·夏库尔（Tupac Shakur）料理过遗产方面的事宜。伯克尔假定普雷申特公司手头并没有任何证据，且杰克逊对可疑协议并未授权，对此大卫予以了反驳。

在整场会面中，迈克尔·杰克逊的表现就像是他身体里住着两个不同的灵魂一样。有时，他烦躁得几乎要从椅子上跳起来。而有时，他又会垂下头或是望向远处。大卫说："那感觉像是，虽然整件事情关系着他的人生，关系着上千万美元，但那对他来说还不是什么要紧的事。"

伯克尔和杰克逊向普雷申特公司提出了一笔和解金，数目大概在50万到100万美元之间。普雷申特拒绝了，决定诉诸法律。而此时杰克逊已前往巴林，伯克尔的私人融资方案就此胎死腹中。

"他需要有人对他说不，但是没人这样做，"这位亿万富翁说，"如果被拒绝了，他会很好地处理下去。但只要一有人迁就他，他就转身消失了。"

在巴林安顿下来之后，杰克逊马上恢复了他豪放无度的消费方式。当他需要回美国向法庭提供证词时，他却选择用头等舱把控辩双方的律师团都接到了法国。6位律师被安排住在了巴黎的雅典娜广场大酒店，讨论诉讼事项时还安排了奔驰车将他们送至凡尔赛的威斯汀酒店，总计花费了11.6万美元。

倘若是在10年前，这笔钱对他来说是九牛一毛。杰克逊自2001年后没发行过一张专辑，自1997年后也未进行过一次巡演，而他却依然保持

第 15 章
挥霍的国王

着 1988 年时的消费习惯。

按照一位在 5 年前看过杰克逊预算的会计师的说法,"流行音乐之王"一年的花销至少有 2 000 万美元,这其中包括 500 万美元的梦幻庄园安保和维护费、500 万美元的法律费和专家费、750 万美元的私人消费、250 万美元的杂项费用。不仅如此,他还要为他的巨额贷款支付 1 100 万美元的年利息。

在法国作证时,杰克逊的行为举止疯狂地来回变化——从礼貌谦逊变为信口开河,从见识渊博变为极度无知。一次,他突然笑出声来,并说整件案子"十分荒唐",随后提出要去洗手间。当大卫问他为何要指派阿卜杜拉王储进入一家替他收版税的公司的董事会时,他再次轻率无礼起来。

"谁在问这个?"

"我。"大卫回答。

"你是认真的吗?"

"当然。我在认真地问,因为我的客户正基于我提供的协议向你索赔 4 800 万美元。"

"哦,我知道。有意思。"

其他时候,杰克逊则是在小心翼翼地回避问题,利用类似"我现在想不起来了""我无法准确地告诉你""事情有些模糊了"等措辞。但偶尔,他又会脱离官腔,针对一个复杂的商业问题给出一番有理有据的解释。比如,当被要求解释他的出版公司时,他说:

> 它们通过广播音乐协会或美国作曲家、作家与出版者协会收集从在电台、电视或电影中使用歌曲而产生的版税。而出版公司基本上是通过机械版税来管理歌曲。它们会把歌曲向大众发行并收取版税。这是一个巨型曲库,所以需要做许多工作、得到许多人的信任。这是世界上最大的曲库之一!我的歌曲属于 Mijac 公司,这些是我个人的歌曲,另外单独算。而我还拥有"披头士""猫王"以及索尼旗下其他艺人的版权,这些都在索尼/ATV。

大卫还注意到，杰克逊的声音有时会从平常那种柔软尖细的语调转变为"正常成年男性的声音"。抛开这位歌手在法庭上一些出人意料的举止来说，这并不是一件简单的"艺人轻率挥霍"的官司，而是更复杂的事情。

"根据财务协议而言，他理解自己正在做的事情。"这位律师如是说，"他或许曾在财务方面做了一些很糟糕的决定，但对于这些决定的后果，他内心是很清楚的。"

随着诉讼程序的进行，杰克逊不情愿地将自己商业王朝的状态越来越多地显露出来。有时候，他看上去确实对那些牵扯在他生意中的人毫不了解，但在提供证词时，他的推脱又让人难以分清他究竟是在装糊涂还是真糊涂。

当被问起盖内尔·勒努瓦（Gaynell Lenoir）这个非正式顾问时，他说："我不太确定她是干什么的，但她确实是个相关人员。"当被要求谈谈兰迪·杰克逊在他生意中所扮演的角色时，迈克尔的小心翼翼简直可以用滑稽来形容了。

"你对他的权力进行了怎样的限制？"大卫问。

"哦，我不清楚。"杰克逊回答，"反正不是我限制的。"

"那么是谁呢？"

"我不知道。"

"那么，你是如何知道他的权力的确被限制了呢？"

"因为我当时和某个人打过电话，而他们说起过这件事。我忘了，大概是律师或者别的什么人。"

"所以，一位不知姓名的律师在和你通电话时告诉你（他或她）限制了兰迪代表你的权力？"

"嗯，差不多是这样。"

"你还记得这是什么时候的事吗？"

"肯定不记得了。"

"你还记得那位律师所属的事务所吗？"

第15章
挥霍的国王

"不记得。"

"你还记得在那次谈话中,这位不知姓名的律师告诉你的其他事吗?"

"我现在只记得这些。"

夹杂于这些荒谬之中,杰克逊的证词偶尔也会显得很阴暗。当被问及他是否认为他的员工曾以偷窃财产的方式让他无法偿还美国银行的贷款,从而逼迫他将全部或部分股份卖给索尼时,他给出了肯定的回答。虽然被大卫逼问了好几次,但他不愿指名道姓。

"这是娱乐圈,到处是小偷和骗子,"他说,"这并不是什么新鲜事了,大家都懂。这些人喜欢艺人,所以总缠着我们。"

杰克逊似乎相信斯塔布勒就属于那类人,但仅从他的回答我们很难判定真实情况是什么,或许迈克尔是在使用一种精明的逃避方式来撇清自己和普雷申特公司的交易,从而避免一笔4 800万美元的潜在赔偿。

当被问及他是否清楚这笔交易的各项条款时,他没有正面回答:"是指在此时此刻吗?是的,我很清楚。但在当时,我是不知道的。我当时不知道任何细节。"

杰克逊还极不情愿地细述了他的弟弟兰迪和斯塔布勒把一份文件带到梦幻庄园让他签署的情形(他只把那份协议认为是"价值数百万美元的金融交易")。他听从了伯克尔的建议没有签署,这触怒了斯塔布勒。不久之后,他给他发来一条带刺儿的语音信息。

"你现在跟犹太人混在一起了(斯塔布勒是黑人),你再也不愿意和黑人打交道了。"

杰克逊之后再也没和这位会计师说过一句话。但当被问起此人是否仍在为他工作时,他却回答:"我不知道。"

最终,杰克逊与他的律师以极低的七位数金额与普雷申特达成和解。然而对于唐纳德·大卫来说,给他留下深刻印象的并不是案件本身,而是"流行音乐之王"的一举一动。

"他所表现出来的奇怪情绪的程度倒算不上那种典型的有两极情绪的人。"这位律师回忆说,"如果你有两极情绪的话,你就会时而狂躁时而沮

191

丧。我不是精神科医生，只是个和人打交道的律师。问题在于，加剧躁狂抑郁患者挥霍模式的同一种狂躁，也会影响他们对其他事情做出正确决策的能力。而所谓的其他事情，很可能就是商业交易。"

对于许多伟大的艺术家而言，区分才华、疯狂、上瘾的界线是模糊且困难的。虽然杰克逊的思绪可能因认知问题——也许是天生的、也许是因药物造成、也许两者兼而有之——而产生混淆，但那无法阻止大卫看到他的本质。

"他并不傻，"大卫回忆道，"人们以为他天真。但我让他作证时，我和他的对话显示并非如此。"

到这一刻，杰克逊已经承受不了另一次大和解了。尽管他的职业收入超过 10 亿美元，他的净资产为 2.36 亿美元，但几乎所有的资金都被困在几笔非流动性的投资里了。

据汤普森 - 库伯 - 巴兹里奥和合伙人会计师事务所（Thompson, Cobb, Bazilio & Associates）的报告显示，杰克逊的资产总值为 5.67 亿美元——主要是索尼 /ATV 乐库股份（3.906 亿美元）、梦幻庄园（3 300 万美元），豪车、古玩等藏品（2 000 万美元）——但他负债 3.31 亿美元，现金储备仅有 668 215 美元。

伯克尔试图给杰克逊一些建议来让他摆脱困境："有个办法能让你一年就挣一亿美元，无论何时你想做都可以。"杰克逊则回答："我不想工作，可别让我工作。"伯克尔说："我没让你去工作，只是告诉你人生只剩下三个选择：不要花太多的钱；把一些你认为不该卖的东西卖掉；或者去工作。三个选择，你得挑一个。"在伯克尔眼里，杰克逊一想到工作就畏缩，那让他感到害怕。

让事情进一步复杂化的是，杰克逊对周围所有人的疑心越来越重。他相信，索尼——或许在和自己的一些亲信密谋——要试图把他搞破产，以此赢得对他曲库的全部控制权。丽莎·玛丽·普雷斯利最后一次与她前夫的交谈是在 2005 年，他向她透露了内心最深的恐惧。

"他觉得有人为了得到他的曲库和产业，想要他的命。"她对奥普拉·温弗里如是说，"我真不知道该怎么办。"

第 15 章
挥霍的国王

当杰克逊和那些试图插手他生活方方面面的巴林生意伙伴的关系恶化之后,他的这种担忧也在加剧。嘻哈传奇人物纳斯(Nas)曾在这段时期给杰克逊打过一次电话,当这位歌手接起电话时,电话那头似乎还有其他人。

"我们只谈了一些敬慕对方职业成就的客套话,"纳斯回忆道,"我觉得有点奇怪,因为电话那头有个阿拉伯人。每次迈克想要对我说些他正在经历的事情时,这个人就会来插话……我当时想,'哇,变得像他那样有名,看上去真是件可怕的事。这让我很担心他。'"

2006 年的夏天,杰克逊突然离开了巴林,并抛弃了他皇室伙伴的唱片公司计划,而那时他已经签署合约同意让王子拥有他一切创作的一半版权。当这位昔日的合作伙伴将他告上法庭时,杰克逊声称他并不清楚那是合约的一部分,但随后又以 500 万美元和解。

"越有钱,越有势,就越难聪明起来,"伯克尔说,"因为当你做错时,很少有人愿意提醒你。我想,如果当时能有更多的人来对他说他做错了,他会受益良多。"

———

如果你打开爱尔兰的地图,在这个岛国的中心钉上一枚图钉,这枚钉子很可能落在罗斯蒙特(Rosemount)边上,这是一个都柏林(Dublin)以西两小时车程的低地村庄。就是迈克尔·杰克逊与孩子们离开巴林后去的地方。

这个小镇仅有数百居民,只能容纳生活所必需的设施——加油站、教堂、酒吧。外地人几乎不来这个草木丛生的小村庄,至少当他们走进"斯蒂莱酒吧"时的印象就是如此。但如果他们搬来了一张凳子,假装在看类似美国的电视节目《我爱 90 年代》(*I love the 90s*)的爱尔兰版《这是爱尔兰》(*It's an Irish*),向酒保汤姆·马丁(Tom Martin)要一品脱[①]健力士黑啤,再问上几个问题,他们可能会惊讶于当地人口中的"流行音乐之王"。

[①] 1 品脱 = 568.26 毫升　　　　　　　　　　　　　　——译者注

整整半年的时间，他都待在格劳斯居所——沿着斯蒂莱酒吧那条路向上一英里路程的乡间居所，配有独立的录音室。那里曾留下许多音乐家的足迹，从 R.E.M. 到雪警（Snow Patrol）乐队。有一段时间，他似乎找到了隐居的地方。

"当我们发现他（在这儿）时，他就要离开了，"汤姆的妻子杰姬·马丁（Jackie Martin）说。

"他就待在房子里，"酒保说，"但那个开着中巴载着他到处转悠的人说他无法相信那些报道。他觉得杰克逊是个十分真诚的人，平易近人。"

这也是杰克逊在罗斯蒙特民众心中的基本形象。小镇居民曾经听说过他的一些事，这有点令人震惊。

"媒体多年来总是在说他漂白了自己的皮肤，做了这样那样的荒唐事，"杰姬说，"你以为那会是个神经病。但他所要的不过就是安宁与清静，让他可以做音乐。"

尽管杰克逊貌似终于找到了自己这些年来一直在寻找的那份宁静，但他内心对流浪的向往此刻占了上风。2006 年年底，他举家离开爱尔兰，最终来到一片跟罗斯蒙特截然不同的地方——拉斯维加斯。

第 16 章

Michael Jackson, Inc.
The Rise, Fall, and Rebirth of a Billion-Dollar Empire

就是这样

2007年秋，亿万富翁汤姆·巴拉克接到电话，对方提出了个不同寻常的请求："愿意来拉斯维加斯和迈克尔·杰克逊见个面吗？"

巴拉克婉言谢绝。这个爱玩马球、脑袋光溜溜的中年男人是房地产投资公司柯罗尼资本集团（Colony Capital）的创始人——这家公司管理着来自全球总值350亿美元的资产，也是杰克逊的头号粉丝，在离梦幻庄园不远处拥有一座农场。但他不想卷入到这位音乐巨星的私人事务中。

"这不关我的事。"巴拉克说，"我对此一无所知。"

"他现在遇到了财务问题，真的很需要有一个不偏不倚的人能跟他聊聊。"

电话的另一头是杰克逊新近聘用的商务顾问托梅·托梅博士（Dr. Tohme Tohme）。就像不少在杰克逊人生的最后岁月中莫名出现的人物一样，托梅也有一抹神秘色彩（如果他真的是博士，似乎没人知道他的博士学位是从哪儿来的，他也从不回应针对这个问题的邮件咨询）。巴拉克把他描绘成"一个满城跑的商人"，"会给我们带来一些值得关注的交易"。起初，巴拉克对杰克逊这事不感兴趣。

"我没兴趣。"他说。

一个月后，这个亿万富翁为了一些其他事情去了拉斯维加斯。当时杰克逊已经搬到了那里，并有了一些初步的计划，想要在拉斯维加斯大道启动一个驻场回归演出，大赚一笔。但一年后，什么都没实现。

托梅听说巴拉克来了，又打电话给他。

"我能过来接你吗？"他问，"我想带你去见迈克尔。只要花15分钟，听听他的想法。他已经被逼得走投无路了。梦幻庄园将要面临拍卖，他需要一个金融人士来操刀帮他理清目前的选择。"

巴拉克犹豫了。他还有顾虑，但托梅的坚持勾起了他的兴趣。

"好吧。"

———

杰克逊住在一条满是灰尘的居民街里，名为帕洛米诺道（Palomino Lane），离灯火辉煌的拉斯维加斯大道只有几英里路程，属于拉斯维加斯的老城区。他住的房子和梦幻庄园不能相提并论，但其中的一些特色还是挺符合他流行音乐王者的身份。这座房子坐落在一块面积约为邻近物业两到三倍的土地上，有别致的赤陶屋顶，还有蓝色瓷砖穹顶的塔楼和高耸的安全护栏。

当托梅和巴拉克到达时，"流行音乐之王"亲自在前门接见了他们。"你能来真是太感谢了。"他说，"谢谢，谢谢，谢谢！"

他们走进了客厅，令人印象最深的是房间无论是大小还是风格都十分普通。咖啡桌上的东西引人注目：两份财务文件——一份关于梦幻庄园，一份关于索尼/ATV——每份都像电话簿那么厚。杰克逊的孩子就在旁边玩耍，其中一个让他做一个花生酱混合果酱的三明治，他答应了。过了一会儿，他回来继续谈自己的事。

"我不明白究竟发生了什么。"他告诉巴拉克，"我突然就落到了这般田地，他们说梦幻庄园周五就要被拍卖了。"

当时是周一。杰克逊一口气说了1小时15分钟，尽量去解释清他的财务状况。巴拉克记得自己"边听边喝酷爱（Kool-Aid）饮料"。他被杰克逊"聪明而难以置信的头脑"惊呆了。杰克逊看来神志非常清醒，完全没

第 16 章
就是这样

有使用药物的迹象——而巴拉克回忆说:"所有人都知道他有严重的药物依赖。"最终,这个亿万富翁还是被吸引住了,他决定来帮帮杰克逊。

"把这个给我。"他说,"我会好好看看,我会在一天之内回复你,告诉你我的看法。"

巴拉克把详细记录梦幻庄园贷款状况和杰克逊与索尼/ATV关系的文件带回加利福尼亚的办公室。他和自己的财务团队开始一页页地梳理。

"这简直就是一场噩梦。"他回忆道,"总之无论原因如何,MJ已经十几年没工作了。他的收入主要来自于Mijac曲库——他自己的曲库——和索尼/ATV曲库,后者已经被拿来用作抵押贷款三到四次了。"

总之,每年出去的钱要比进来的钱多1 200万美元。杰克逊自从1997年起就没有做过巡演,他的肖像权收入已经减少到每年不足10万美元。面对如此失衡的状况他还能安然度日,这得多亏了他拿自己在索尼/ATV所占股份做的贷款。到2007年年底,后者的总价值据估已达5亿美元。可是,他当时的总债务也将近5亿美元,已经没有什么可以拿来抵押的了。这其中部分原因是杰克逊本人和顾问们的关系。巴拉克说:"只要有人说了迈克尔不爱听的话,迈克尔就会远离那个人。"

更糟糕的是,他花起钱来还是大手大脚。比如,有一次在拉斯维加斯的威尼斯人酒店的商店里血拼古董,一次就花掉了600万美元。每次用自己在索尼/ATV的股份去贷款,他都需要索尼来做担保。巴拉克解释说,索尼会从曲库的剩余支出款中收取较高的利息。

"索尼在管理曲库上做得非常好。"巴拉克说,"他们虽然会迁就迈克尔,让他通过曲库借钱,但他们每次这么做,都会收紧一点套索。并不是苛刻的那种,而是正常的商业手段。"

当巴拉克出现时,私募基金堡垒投资集团(Fortress)已经用2 300万美元拿下了梦幻庄园的债权。梦幻庄园完全走完了止赎程序,准备好在巴拉克和杰克逊初次见面后的那周周五出售。就在这一幕即将发生的两天前,两人再次进行了联系。

"这些是财务部分。"巴拉克开口道,"你一年要花掉2 500万美元,可是你的收入才1 300万美元。而且更糟糕的是,你的索尼/ATV贷款即将到期。你不仅要失去梦幻庄园，还会失去你的曲库。我们可以把其中的一些部分重新洗牌，但归根结底，你还是要想办法赚钱。你愿意走那条路吗？"

"是的。"杰克逊说，"我愿意。"

杰克逊向巴拉克提出了一些想法，如 3D 电影和全息录像。巴拉克建议杰克逊可以考虑以现场表演者的身份重新出山，做一场回归巡演。"滚石"乐队的巡演总票房刚打破世界纪录，以 144 场的演出吸金 5 亿多美元。杰克逊可以用一次巡演让自己摆脱目前的财务困境，他甚至可以从更小规模开始。

"哪怕你只在深夜脱口秀节目上露个面、唱一首歌。"巴拉克说，"哪怕你只是在拉斯维加斯的一场演出中露两天面。只要证明你还是迈克尔·杰克逊，证明你还有能力，证明你还是会回归。那就能为你创造收入来源。"

随后巴拉克拿出了候选方案。

"如果你不想那么做，如果那不是你所考虑的，我这儿有 5 位破产清算律师。"他说，"我建议你尽快联系他们，因为你正在朝那个方向一路狂奔。"

据巴拉克所说，杰克逊对他的评估并不惊讶。他清楚自己的财务状况问题重重，虽然自己仍牢牢掌握着自己的财产和品牌，但是目前错综复杂的贷款乱局让他深陷其中、无能为力。巴拉克说："杰克逊能意识到'披头士'曲库的价值，这是他的聪明之处。但他对复杂的财务和分配结构的理解就另当别论了。"

但在巴拉克看来，他和另一个亿万富翁罗恩·伯克尔所见略同，杰克逊似乎真心想让自己的财务状况回归正轨。不过这一次，他愿意重回舞台。

"我想我可以去表演，"杰克逊告诉巴拉克，"但这需要时间，如果让我表演，我希望能用合适的方式。"

"如果你有兴趣，如果你答应我你愿意去促成这件事，我会从堡垒投资集团那里买下期票。"这个亿万富翁说，"那会给我们留出时间想对策。但除非你真心有了为自己创造收入的计划……不然别让我出手。"

198

第 16 章
就是这样

"我愿意。"杰克逊说,"我愿意。你能帮我吗?你能帮我一起理清思路吗?我需要一个不是来投机的人。"

巴拉克同意了,并从堡垒投资集团那里买下了期票,杰克逊保留对梦幻庄园的部分所有权。2008年上半年,他们达成了合作关系,由柯罗尼资本集团管理梦幻庄园,柯罗尼每花一笔钱就能增加自己的资产净值。如果梦幻庄园被出售,柯罗尼不仅能收回他们投资的金额,还能享受优先回报。他们的长期计划是持有梦幻庄园,可能会把它改造成一座表演艺术学校。

下一步就是安排杰克逊的回归巡演。巴拉克打电话给另一个亿万富翁菲利普·安舒茨(Philip Anschutz),他是安舒茨娱乐集团(Anschutz Entertainment Group)的拥有人。他推荐杰克逊和时任AEG现场娱乐公司(AEG Live)老总的兰迪·菲利普(Randy Phillips)聊聊。那次谈话为后来在伦敦O2体育馆举办一系列演唱会的计划埋下了种子,给杰克逊提供了从渐渐滑落的深渊中抽身的机会。

"兰迪(菲利普)打来电话,深信自己没问题,他认识迈克尔,以前跟迈克尔合作过。"巴拉克回忆道,"他说,'这对于迈克尔绝对是个好机会,我愿意努力一把,给迈克尔提点建议,为他打造一个平台。'一切就这么开始了。"

―――――

当杰克逊伦敦演出的车轮开始缓缓滚动时,杰克逊开始时刻关注着排行榜上的金曲动态,他想找机会和音乐圈的一些大咖合作。

50 Cent记得"流行音乐之王"打电话告诉他,自己每天早晨都是听着他的《在夜店》(*In Da Club*)醒来,所以想和他一起合作一首新歌。"他说,'我有一首歌,我觉得这是我的新《颤栗》。'"50 Cent说,"(迈克尔)有一首歌,他觉得如果我能和他一起创作点什么,那会很有趣……当他说那句话的时候,我甚至不知道这是真的还是在做梦。"这个说唱歌手最后在《怪物》(*Monster*)上撂下唱段,这首歌由特迪·瑞利制作,发行在遗世专辑《迈克尔》(*Michael*)上。

到 2007 年，杰克逊夭折的服装和鞋类项目已经被其他涉足商业的艺人们玩得有声有色——这一次，他们赚得盆满钵满。吹牛老爹的肖恩·约翰（Sean John）产品线每年创造数亿美元的销售额，Jay Z 的洛卡薇尔（Rocawear）更是成功地让品牌授权巨头艾康尼斯（Iconix）以 2.04 亿美元买下。

50 Cent 也从那个时候开始做起 G-Unit 服装生意，第一年的销售额就高达 5 500 万美元。因为他的努力，他本人获得了 8% 的版税及财经媒体的一片赞誉。50 Cent 早就注意到了杰克逊涉足服装圈的这一行为。他认为自己还没大牌到能做出类似的成绩，至少刚开始是这样的。"我脑海中的他实在太大牌了，我对自己说，'傻瓜，你可不是迈克尔·杰克逊！'" 50 Cent 解释道。

"流行音乐之王"还和曾为碧昂丝、蕾安娜（Rihanna）和席琳·迪翁创作金曲的 R&B 歌手——创作人尼欧（Ne-Yo）一起坐下创作新歌。"我从整个过程中学到了许多。"尼欧说，"基本上，'简单'对于一个艺术家是最难的事情之一。如果你不能对'简单'拿捏自如，基本上就很难写出好作品。我交给他的每首歌，他都是说，'我喜欢你的创作方向，但它可以简单点，它有点考虑得太细了。音乐应该自然而生，它是逼不来的。'"

杰克逊还差点和金曲制作人法瑞尔·威廉姆斯合作。"有一次我真的下了工夫，可是他并不喜欢。"为 Jay Z 和葛洛丽亚·伊斯特芬打造热门歌曲的威廉姆斯说，"我很高兴迈克尔·杰克逊（知道我的名字），我从来不往负面去想。我想，'好吧，我要做得更好，我要发挥出全部潜能。'"

超级制作人斯维茨·比茨（Swizz Beatz）也记得那段时间在拉斯维加斯见到杰克逊的经历。他给杰克逊的孩子们带去了一些"有魔力的玩具"，他感觉杰克逊是一个了不起的父亲。在那次的见面过程中，他们讨论了让艾丽西亚·凯斯（Alicia Keys）加入他们录音团队的想法。

"我要把妻子找来创作，我们要好好地合作一次。"比茨回忆道，"他是她的铁杆粉丝。我听说他还暗恋她，我心想，'哇，迈克尔·杰克逊暗恋我老婆！'我当时已经准备好大干一场了。"

与此同时，杰克逊继续构建着自己的商业创意。在他们一堆手写纸条

第16章
就是这样

里,他计划接下来 5 年可能会在《美国偶像》(*American Idol*)创始人西蒙·福勒(Simon Fuller)的帮助下,每年发行一部电影。他还写到要开发汽水和饼干产品,以成为"第一个拥有多栖身份的亿万富翁/艺人/演员/导演"为目标,而且要努力做到最好,无所不包。"卓别林、米开朗基罗、迪士尼。"他草草写道,没加标点,"这些人时刻要求完美和创新。"

杰克逊认为可以先说服 AEG 来帮他拍摄电影,电影根据自己住在海湾地区的那段时间获得的灵感来改编,类似《水手辛巴达》(*Sinbad the Sailor*)和《阿里巴巴与四十大盗》(*Ali Baba and the Forty Thieves*)之类。为什么要把注意力集中在电影上?"如果我不全神贯注在电影上,"他迫切地写道,"就无法获得永生。"

———

到 2009 年,杰克逊已经 10 多年没有巡演了,《无敌》专辑也差不多是 10 年前的事了。不发新歌对他内心的煎熬可能比对他的银行账户的影响更甚。"只有上了舞台,我才有生气。"他曾这么对沃尔特·耶特尼科夫说。

杰梅恩·杰克逊说他在那段期间看到了弟弟的变化:"我在迈克尔的双眸中看到了表演者的眼神。他的生活重回了正轨,他的健康也近乎最佳,他全身心地投入,准备着一场最伟大的回归。这么久以来,他第一次这么快乐。"

也许那只是偶尔的状态,长期缠绕他的不安全感和药物依赖的暗流仍在继续侵蚀着他。虽然在 2009 年 3 月宣布《就是这样》——将在拥有 23 000 个座位的伦敦 O2 体育馆举办的系列演唱会——的新闻发布会上,杰克逊全程面带微笑,但他迟到了 90 分钟,而且看起来局促不安。他表现得太反常了,以至于一些人怀疑那不是杰克逊本人,而是一个模仿者。

时任 AEG 负责人的兰迪·菲利普斯后来回忆说杰克逊在新闻发布会开始前"喝得醉醺醺,而且意志消沉",他就是"一个情绪涣散的废人,对自己充满厌恶,怀疑现在是不是上台表演的时候。他怕得要死。"

无论幕后发生了什么,外界想看"流行音乐之王"表演的欲望被压抑已久，似乎越来越强烈。最初宣布的 10 场演唱会门票不到 1 小时就售罄，最终 AEG 只能把演唱会增加到 50 场，结果这些门票也都售罄或几近售罄。AEG 还和周边产品开发商布拉瓦多（Bravado）协商开发杰克逊的主题产品，届时在演出期间销售。

但就在杰克逊回到加利福尼亚增加排练时，他感到犹豫不决。一方面，他很激动能看到全球歌迷对他的支持；另一方面，对于一个阔别舞台 10 多年的人而言，这次巡演将是一次巨大的挑战。

"他想先演出 12 场，然后休息一阵子，再演出几场，但他们一直在增加演出场次。"乔·杰克逊说，"有一天，我和巡演的其中一个制作人开会。我问他，'你们为什么付给他美元，实际上你们应该付给他欧元的？'"回答是：对于 AEG 这样一家用美元做生意的美国公司，用欧元支付给在英国做演出的杰克逊，而且英国的流通货币又是英镑，这种做法非常罕见。（乔没有说他见的是哪个制作人，但由于他没有参与到《就是这样》的筹划过程中，似乎他也不太可能跟 AEG 有联系。）

对于这 50 场伦敦演出，杰克逊至少可以赚 5 000 万美元，而且还有机会通过额外的巡演再赚几千万，甚至几个亿。正如巴拉克所预言的，伦敦的演出给了杰克逊一个机会证明他已准备好了。

至此为止，杰克逊和布兰卡已经多年没联系了，后者不确定他们是否还有机会再合作——直至他接到重新加入杰克逊团队的弗兰克·迪里奥打来的电话。杰克逊想要把巅峰时期经营迈克尔·杰克逊商业王朝的团队重新组建起来。

"别仅仅是过来打声招呼，"迪里奥说，"迈克尔想要的是想法。"

布兰卡弄了一份议事日程表。他考虑到的项目包括一张现场专辑、一场全球巡演、一部 3D 版《颤栗》和一场有英国皇室、奥普拉·温弗里和美国新总统巴拉克·奥巴马参与的慈善活动。和布兰卡见面时，杰克逊签署信函确认他要把这位自己长期的得力助手召回。布兰卡感觉杰克逊看起来很消瘦，但觉得他一贯如此。如果 50 岁的杰克逊能像"运动狂人"米克·贾格尔（Mick Jagger）那样，他没准还能再活 10 年，或者再开两场巡演。

第16章
就是这样

同时，杰克逊似乎一心想处理好《就是这样》的一些细节，就像他早年表演时常常做的那样。迈克尔·布什记得杰克逊让他为《就是这样》演出做这样一套服装，其中包括用玻璃做成的棒球捕手护腿。

"你不可能穿得上的。"布什告诉他，"你会伤到自己，它们会在你跪下的时候破裂。"

"布什，我现在有的是钱。"杰克逊说，"他们有防弹玻璃，用那个做。"

"迈克尔，防弹玻璃有3英寸厚。"

"哦。"杰克逊停顿了一下，"我知道你能为我做出来的。"

布什最终设计出了护腿，是用透明合成树脂做的。在观众看来，那就像是玻璃，既满足了杰克逊的要求，又不会有伤害到他身体的危险。

————

随着《就是这样》演出排练的一天天进行，许多和杰克逊朝夕相处的人开始担心起他的健康状况，对其在乐观与活力之中混杂着担忧与怀疑，包括他经常有恶寒感等身体症状。

6月14日当杰克逊错过一场排练后，曾与杰克逊合作过《危险》和《历史》巡演的导演肯尼·奥特加（Kenny Ortega）在写给AEG高管保罗·贡加韦尔（Paul Gongaware）的一封电子邮件中表达了他的担忧：

> 你知道迈克尔的医生昨天不允许他参加排练吗？兰迪（菲利普斯）和弗兰克（迪里奥）知道吗？请让他们在不侵犯迈克尔隐私的前提下清楚他的健康状况。还是和他的医生沟通好，确保迈克尔要求的一切都到位，这样会比较好。

这里提到的医生叫康拉德·莫里，他两个月前辞去工作，专职担任杰克逊的私人医生。如果因为他没能让杰克逊排练，导致《就是这样》取消或延期，那就会让他本人错失这个期待已久的工作，进而无法偿还曾因经营医疗业务（现已中止）所欠下的100万美元的债务。

为了帮助杰克逊入睡，莫里两个月来每晚给他注射大剂量异丙酚

（Propofol）。而哈佛睡眠专家查尔斯·切斯勒（Charles Czeisler）医生证实，异丙酚是外科手术使用的麻醉剂，不可能用这么长时间。它会打破正常的睡眠周期，无法代替真正的睡眠。

"有一个无人注意的问题是，他的世界里有药物并充满了教唆者。"伯克尔说，"应该有人告诉他'不行'。应该有人说，'我不会给你这种药物。'"

果然，到6月中旬，杰克逊出现了症状——无法调节体温、难以掌握平衡、多疑且焦虑——据切斯勒所说，"和长期睡眠不足的患者症状一致。"

杰克逊的一些合作者注意到了这些症状所产生的影响。"有严重的多疑、焦虑和类似强迫症的行为。"奥特加在6月20日发给AEG高管的邮件中如是写道，"我认为我们最好能找一个顶尖的精神科专家，尽快给他做个评估。因为感觉他身体里好像有两个人。"

这些邮件发出几小时后，奥特加和菲利普斯、莫里在AEG为杰克逊的事在洛杉矶荷尔贝山（Holmby Hills）区域租的房子里见了个面。莫里说杰克逊无论从身体状况还是精神状况看，都能胜任他的任务，奥特加应该尽好他的本分，而不是去当"一个业余的医生或心理专家。"

3天后，杰克逊突然元气满满地回来排练，就像他两个月来第一次睡了个好觉。莫里停止使用异丙酚来麻醉杰克逊，而杰克逊也终于能够真正、有效地睡眠。"他变了个样。"奥特加说。

2009年6月24日，就在杰克逊和他的团队准备启程前往伦敦的几天前——布什为杰克逊在斯台普斯中心最后的彩排中着装。杰克逊似乎很激动能重返舞台，那晚离开场馆时，布什感谢他再次改变了他的人生。杰克逊给了他一个拥抱。

"我觉得他完全不想让我走。"布什回忆说，"他说，'哦，但你也再次改变了我的人生。'"

———

汤姆·巴拉克最后一次和杰克逊交谈是在2009年春。杰克逊想用AEG预付的现金给一栋新房子交首付。

尽管杰克逊喜爱梦幻庄园，但他觉得那里已经被曾经的指控玷污了。

第 16 章
就是这样

他狠不下心卖掉，也不愿意回去。于是他把目光放到了两栋房子上：一栋是在贝莱尔（Bel Air）的价值 5 500 万美元的豪宅；另一栋是文莱苏丹和他兄弟在拉斯维加斯的价值 4 500 万美元的房产。

他对后者尤其着迷，那是一栋 125 000 平方英尺的房子，有 6 间客房，其中两间还有游泳池。里面还有一个 60 000 平方英尺的综合娱乐设施，包括一座有下拉式银幕的奥运会游泳池一般大小的室内游泳池。（巴拉克相信买房的心愿是杰克逊愿意不断增加《就是这样》演唱会场次的原因之一。）

杰克逊想知道巴拉克认为他应该立刻买下，还是应该再等等。

"我告诉他，给自己加一堆新债在我看来太过草率。"这位亿万富翁回忆说，"我建议他别这么做。"

杰克逊搁置了他的计划。最终，也只有一座梦幻庄园。

"迈克尔就是彼得·潘，那里是他的梦幻庄园。"巴拉克说，"我认为那是唯一一处让他真正找到安宁的地方。"

第 17 章

Michael Jackson, Inc.
The Rise, Fall, and Rebirth of a Billion-Dollar Empire

遗世财富

2009 年 6 月 25 日中午开始不断有媒体报道：迈克尔·杰克逊去世了。死因是严重的异丙酚中毒，杰克逊的死亡后来被判定为过失杀人，因此康拉德·莫里被判入狱 4 年。杰克逊终年 50 岁。

"流行音乐之王"从来就不会悄然退场，他几乎搞垮了整个互联网。TMZ 网站首先报道了这则新闻，该网站被挤爆后，用户又转移到名人博主佩雷斯·希尔顿（Perez Hilton）的网站，想不到它也在史无前例的虚拟重负下瘫痪了。很快，巨大的负荷量就淹没了谷歌、推特和《洛杉矶时报》的网站，据 CNN 报道，网络流量一下子涨了 5 倍。维基百科也因为用户在 24 小时内对杰克逊的页面编辑了 500 次而崩溃——美国在线（AOL）即时通也是如此。

"今天是互联网历史上的一个重大时刻。"AOL 的一位代表在声明中说，"无论是广度还是深度，我们从没遇到过类似的情况。"《福布斯》的整个编辑部都停下了手中工作，撰写一系列的报道来描述杰克逊之死所带来的经济影响。

那天晚上，世界各地都在举办纪念杰克逊的烛光守夜活动。在印第安纳州加里市，支持者在他儿时的住所外面摆放鲜花；在伦敦的 O2 体育馆前,歌迷们穿上满身亮片的军式夹克,单手戴着镶满莱茵石的白色手套纪念杰克逊。在纽约的阿波罗剧院外,歌迷们彻夜表演太空步以表悼念。

杰克逊的追悼会于 2009 年 7 月 7 日在洛杉矶斯台普斯中心举行,约 3 110 万美国观众收看了电视直播——根据尼尔森媒介研究(Nielsen Media Research)的统计,这个数字仅次于 2004 年美国前总统罗纳德·里根(Ronald Reagan)葬礼的收视人数。一些人甚至估计,全球的收视人数接近 10 亿。

杰克逊的母亲想让她的儿子葬在梦幻庄园,但这需要获得许可,并可能会招致法律争端。他的亿万富翁赞助者汤姆·巴拉克成功游说加州州长阿诺德·施瓦辛格(Arnold Schwarzenegger)高抬贵手。但当地政客担心这会引起客流涌入杰克逊的墓地,因而拒绝签署必要的文件。

"那里本来是最完美的安息地。"巴拉克说,"忘掉商业影响吧……他可以在那里找到安宁。"

杰克逊的家人后来选择在格伦岱尔(Glendale)的森林草坪纪念公园(Forest Lawn Memorial Park)来安葬他,迈克尔·布什为"流行音乐之王"做了最后一次装扮。这位设计师以杰克逊出席 1993 年格莱美颁奖典礼时身穿的镶满珍珠的军式夹克为原型,复制了一件同样的外套,但这一次镶了更多的莱茵石。在杰克逊的遗体被移入最终的安息地前,他的父母还在棺材上放了一顶皇冠。尽管这是风光大葬,但两个迈克尔(迈克尔·布什和迈克尔·杰克逊)却曾设想过另一番景象。

"迈克尔和我会去凯撒宫,(年老的)迈克尔拄着拐杖跳完《比莉·珍》,那就是我们设想的结局。"布什说,"他们告诉我们说迈克尔去世时,我心想,'我们还没去凯撒宫呢!'"

―――――――

当约翰·布兰卡听说杰克逊去世的消息时,他的第一反应是怀疑。"那完全在意料之外,我彻底被震惊了。"他说,"那根本不可能。"

布兰卡几天前刚出发去墨西哥和家人度假,打算在去伦敦帮杰克逊回归前好好休息一下。等他回到南加州,问同事有没有杰克逊的遗嘱时,他

第 17 章
遗世财富

们说有——准确地说，有两份——另一家公司找到一份 1997 年的遗嘱（当杰克逊有孩子出生，他会不断写新遗嘱），而布兰卡在这三份遗嘱上都被指定为执行人。

音乐界资深人士、杰克逊的长期同事约翰·麦克莱恩是最近一份遗嘱（2002 年 7 月 7 日）上被指定的另一个执行人，布兰卡和他一起，向遗嘱检验法院提交了文件。由于他在过去几年的大部分时间里都没有参与杰克逊的事务，他不知道有没有更新的遗嘱存在。但随着时间流逝，什么也没出现，因此，显然这两人会在迈克尔·杰克逊公司的创始人去世后领导这家公司。同样显而易见的是，遗产管理委员会也会面对更多法律问题——比如刚开始就接到了一大堆债主的申诉。

这些申诉从无足轻重到漫天要价，应有尽有：加利福尼亚州特许税务局征税 1 647.24 美元，一家名为"综合媒体制作"（Intermedia Productions）的公司提出金额"还未确定，但至少有 100 万美元"的索赔，一个名为埃勒·邦纳（Erle Bonner）的男人坚称迈克尔·杰克逊偷了他的治疱疹特效药——提出诉讼索赔 1 109 000 503 600 美元。

凯瑟琳·杰克逊起初对任命布兰卡和麦克莱恩表示抗拒，后来她的律师向她表明推翻一份将她立为主要受益人的遗嘱纯属无益之举后，她就放弃了质疑。可是这没能阻止杰克逊家族其他未被写入遗嘱的成员，尤其是乔和兰迪，他们继续公开质疑文件及遗产执行人。乔不会愿意把自己儿子的遗产交由布兰卡（迈克尔在辞退乔后雇用的第一人）和麦克莱恩（珍妮在 20 世纪 80 年代蹿红前选来代替父亲担任经纪人的人）来经营。

兰迪坚称遗嘱是伪造的，他表示迈克尔 2002 年 7 月 7 日在纽约，而文件上的签署地点却是洛杉矶。诚然，"流行音乐之王" 7 月 6 日似乎在纽约抗议汤米·摩托拉对他待遇不公，而 7 月 9 日又和阿尔·夏普顿会面，后者的发言人也证实了这点。但根据普罗斯考尔（Proskauer）律师事务所合伙人、在南加州大学教授遗产及赠与税课程的律师安德鲁·凯森斯坦（Andrew Katzenstein）表示，这种矛盾之处不足以说明遗嘱无效。

"流行音乐之王"这么多年来对身后计划的安排相当一致。在他最近的四份遗嘱中，布兰卡皆被立为执行人：两份来自 2002 年，一份来自

1997 年，一份来自 1995 年。这些文件对于如何分配杰克逊的财产也保持一致：20% 用作慈善，剩余部分分给他的孩子和为母亲设立的终身信托基金。一旦她也去世，她留下的资金会全部转入为他孩子设立的信托基金。

即使 2002 年 7 月的遗嘱被宣告作废，"之前的一份遗嘱也会完全生效。"凯森斯坦说。换句话说，一切都不会改变。2002 年 3 月这份其实一模一样的文件会成为有案可查的遗嘱。假设那一份文件也无效，那么前一份遗嘱会按序就位，以此类推。

尽管杰克逊家族不停地提出质疑，布兰卡和麦克莱恩却卯足了劲，着手他们的新任务。布兰卡说他们的第一个目标就是融资偿还杰克逊的债务，降低利率；第二个任务是创造收入；第三个任务是推出新项目；第四个任务是让杰克逊的遗产永存下去。他们会在几周时间内——必须为杰克逊的遗产继承人争分夺秒，否则他们很可能失去对索尼/ATV 曲库的控制权——着手完成所有这四项任务。

"他的债权人可能会说，由于他的去世，遗产继承人必须在 60 天内还清债务。"韦德布什·摩根（Wedbush Morgan）证券公司分析师克里斯·怀特（Chris White）在杰克逊去世不久后说，"到时候你就得把这家合资公司上市出售，那会变成廉价拍卖。"

实际上还存在债权人逼杰克逊遗产管理委员会贱价抛售资产的危险。到 2009 年——当时正深陷经济大衰退的阶段——对索尼/ATV 资本总值的估价从 7.5 亿美元涨到了 15 亿美元（如今的估值约为 20 亿美元）。但如果被迫立刻出售，极大可能会卖出一个相对较低的价钱——说不定会低出估值区间——到时候遗产管理委员会就更没钱偿还杰克逊超过 4 亿美元的债务了。

多亏了《迈克尔·杰克逊：就是这样》(Michael Jackson's This Is It) 这种赚大钱的演唱会电影，遗产管理委员会才得以保住杰克逊的曲库份额。就在"流行音乐之王"去世几天后，布兰卡看到了杰克逊排练的录像，他意识到了其中的银幕潜力。尽管杰克逊的家人想要阻止遗产管理委员会把这些录像做成电影，坚称杰克逊不会希望它被发行，但布兰卡和麦克莱恩还是开始向大制片厂兜售纪录片的创意。

第17章
遗世财富

如果杰克逊还在世，他很可能在最后一秒把电影打入冷宫，就像他差点对《颤栗》录影做的那样——他也很可能就此错过一笔丰厚的收入。福克斯愿意出 2 500 万美元，随后华纳、索尼和派拉蒙也纷纷加入。布兰卡和麦克莱恩先把价钱升到 3 500 万美元，后来又涨到 5 000 万美元。当所有人都把价钱出到 5 000 万美元后，他们又告诉索尼高管，你们出 6 000 万美元并且最后再分出一杯羹就能拿下，索尼同意了。《就是这样》成为了史上票房最高的纪录片，最终在全球范围内为遗产管理委员会带来 2 亿美元的收入。

唱片合同是遗产管理委员会执行人创造的众多辉煌战绩之一，他们强势的谈判能力本身就值得大书特书。就在杰克逊去世后不久，布兰卡和麦克莱恩就跟索尼签下"10 年 10 大项目"的协议，总价值 2.5 亿美元，这是史上最赚钱的唱片合同 —— 主推杰克逊的未发行歌曲和纪念专辑。该合约的第一个产品就是配合同名影片的双碟套装《就是这样》的发行，它最终成为 2009 年排名第三的畅销专辑。

截至 2009 年底，杰克逊已在美国卖出 830 万张专辑，比当年任何一个艺人的专辑销量都高，几乎是第二名艺人泰勒·斯威夫特专辑销量的两倍，而在全球的销量可能超过了 1 500 万张。同时，遗产管理委员会通过杰克逊主题电子游戏入账 2 000 万美元，通过和周边产品开发商布拉瓦多重新谈判协议制作 T 恤等周边纪念品入账 1 000 万美元，还通过重新出版自传《太空步》入账几百万美元。

同时，遗产管理委员会降低了和 Mijac 乐库相关的 7 500 万美元贷款的利率，从夸张的 17%（高得如此离谱全拜杰克逊职业生涯后期的顾问胡闹所赐）降到可控得多的 6%，并在 2011 年底全部还清。布兰卡和麦克莱恩还把索尼/ATV 贷款的利率从 5.8% 谈到 2.9%，最终随着该公司的继续发展，遗产管理委员会可从曲库获得的年度担保金也上调至约 2 500 万美元。

根据法庭文件，截至 2010 年 10 月 31 日，遗产管理委员会总收入达 2.65 亿美元，到年底又增加 4 800 万美元。而先前总收入中的 1.6 亿美元用于支出，分别用于还债（4 800 万美元）、返本付息（3 800 万美元）、杰克逊家族开销（500万美元）、杰克逊母亲居住的海文赫斯特庄园的全部房贷（400万美元，使得房屋免于止赎）等。

尽管如此，遗产管理委员会管理团队仍难逃指责，批评主要来自杰克逊的兄弟姐妹。2013年夏，兰迪再次质疑哥哥遗嘱的合法性，在一封与珍妮、瑞比和杰梅恩（他在一年前出版的书中还把麦克莱恩描述成"终生挚友……几乎就是领养兄弟一般"。杰梅恩最后撤回了他的签名）共同署名的信件中要求布兰卡和麦克莱恩立即卸任。

他们指责两位执行人从他们年迈的母亲身上占便宜，利用迈克尔谋取经济利益，对于法官在2009年批准执行人可以从遗产管理委员会的收入中获取10%的佣金这件事似乎感到尤为愤怒。毫无疑问，兰迪想从中分一杯羹，就像他在哥哥职业生涯后期的经济事务中所扮演的角色那样（2006年的一份法庭文件列出迈克尔当时未结清的款项中包括欠兰迪的165万美元）。

一系列怪事接踵而至。凯瑟琳失踪了，不少新闻报道说她被自己的家庭成员绑架了。最后发现她是被自己的几个孩子带去亚利桑那州做疗养，她在那里住了几天，完全不知道在她离开卡拉巴萨斯（Calabasas）后，和她朝夕相处的孙子、孙女们，正拼了命地找她。

凯瑟琳最终回到了加利福尼亚，她写道，自己在亚利桑那期间，手机被收走，房间里的电话打不通，电视也看不了，她几次要求修理也未果。凯瑟琳不在期间，杰克逊孩子的临时监护人，如今的共同监护人提托的儿子T.J.杰克逊，说奶奶被一个假医生骗去做疗养。她的律师认为这出戏可能是她的孩子策划出来"以便控制杰克逊女士，从而达到要钱的目的"。

迈克尔·杰克逊很清楚他家人的情况。他的父母有过破产危机，他的很多兄弟这辈子都遇到严重的财务困境。2013年10月，杰梅恩由于拖欠子女抚养费差点进监狱，据说当时他还买了法拉利。鉴于家人长期如此，他决定在遗嘱上只留下母亲的名字似乎也就无可厚非。

杰克逊的兄弟姐妹最后只得结束这场针对杰克逊财产的前所未有的闹剧：他们无法在这场纠纷中说服唯一有法律地位的直系亲属——凯瑟琳，去向执行人下战书。也许因为她意识到他们10%的佣金和其他大牌明星的

第 17 章
遗世财富

经纪人比起来并不离谱。"大多数经纪人都会要 15%。""滚石"乐队的键盘手查克·莱维尔（Chuck Leavell）说。U2 乐队的长期经纪人保罗·麦克吉内斯（Paul McGuinness）据说要从乐队的收入中抽取 20%；"猫王"埃尔维斯·普雷斯利（Elvis Presley）更是人尽皆知地把自己收益的 50% 付给经纪人。

"最重要的一点是，这些人干得不错，为遗产管理带来了不错的业绩。"凯森斯坦如是评价布兰卡和麦克莱恩，"法官看着他们的业绩说，'知道吗？你们拿这笔钱合情合理。'"钞票源源不断地流入遗产管理委员会的金库，到 2012 年底，杰克逊所有的个人债务都被还清（只剩下一笔有关他的 ATV 股份的九位数低息商业贷款）。

凯瑟琳·杰克逊于 2013 年以"过失杀人罪"起诉 AEG 现场娱乐公司，这次行动和遗产管理委员会无关，但与整个杰克逊家族的利益相关。这场官司的焦点集中在是不是演唱会主办方（而非杰克逊）雇用了为杰克逊注射致命剂量异丙酚的莫里医生，以及他是否不适合照顾杰克逊。如果这两项指控成立，就能为杰克逊的兄弟姐妹带来丰厚的收入，有人估计总赔偿额会超过 15 亿美元。

在接下来的 5 个月的庭审中，"流行音乐之王"的最后岁月中的丑陋被一一重现。一系列专家证人就他的医生购买并使用处方止痛药纷纷出庭作证；他的家族律师公布了 AEG 高管冷漠无情的电子邮件，他们在其中称杰克逊为"怪人"；当杰克逊一丝不挂的遗体照被公开时，整件事已毫无底线可言。

2013 年 10 月，陪审团做出了有利于 AEG 的裁决，判定这家公司虽然雇用了莫里，但他并非不适合照顾杰克逊。这个决定让杰克逊的兄弟姐妹和父亲大发横财的念头彻底落空。他们本来想通过凯瑟琳拿到 AEG 的赔偿款——要么以救济的形式直接拿到，要么在她去世后继承她的那一份。虽然她可以随便把自己从遗产管理委员会拿到的钱给他们，但杰克逊的遗嘱并没有写明分给他们，所以他身后的成功不会在他母亲去世后惠及他们。

遗产管理委员会的资金只有当所有未决诉讼都结案、所有索赔都解决后（2013 年 10 月，美国国税局鉴于杰克逊去世时身价的争论，征收了惊人的 7.02 亿美元税款。遗产管理委员会坚称自己的做法符合税法的相关规定，已经提起上诉；该诉讼预计会拖延很长时间），才会分给杰克逊孩子信托基金。但孩子们一直不缺钱。他们的费用都有人支付——包括在洛杉矶市郊附近的高级豪宅、与朋友们一起度假、私立学校的学费和以他们名义做的慈善捐赠。

当然，生命中所需要的不仅仅是成功所带来的排场，杰克逊之死对他们的孩子显然造成了不良影响。2013 年 6 月，他的女儿帕丽斯因企图自杀被送往医院。如今她似乎已经康复。而杰克逊的大儿子已经在娱乐圈崭露头角——他在最近一集的《90210》里完成了自己的荧屏处女秀。

———

这场诉讼挖出了各种细节，不过不影响杰克逊的遗产管理委员会仍然健康发展。2013 年，遗产管理委员会的收入约为 1.3 亿美元，相比 2012 年略有提升，杰克逊的形象似乎达到几十年来的最佳状态。2012 年，百事支付给遗产管理委员会 600 万美元，把杰克逊的肖像印在 10 亿个百事可乐罐上——这是"流行音乐之王"自 1993 年的指控以来第一单重要的广告合同。

双方合作推出《飙 25》（BAD 25）纪念专辑，于 2012 年夏末的一个夜晚在纽约哥谭大厅公开演出，这张纪念专辑里收录了杰克逊 1988 年经典作品的数字修复和重新混音版，斯派克·李（Spike Lee）为原始专辑拍摄的纪录片也在 2012 年 11 月播出。聚光灯倾泻在红地毯上（其实是蓝色，以代表百事），各大主要网络平台的新闻媒体全程拍摄，包括歌手、创作人尼欧和超级制作人斯维茨·比茨在内的一众明星齐聚一堂，缅怀"流行音乐之王"——想象一下杰克逊如果展开回归巡演，一切会变得怎样。

"现在肯定还在进行，百分之百。"斯维茨·比茨说，"拜托，老兄。我们这代人能参加一场迈克尔·杰克逊演唱会会是什么样的体验？就算他只是站在那儿，歌曲放着，他甚至都不用动，就已经会让我们尖叫，'哟，那是迈克尔·杰克逊！'"

第 17 章
遗世财富

这个制作人在杰克逊去世前曾短暂地跟他有过新歌上的合作,还记得杰克逊讲过要改善饮食,准备表演新的舞步和歌曲。

"老兄,他一直在讲,'就是这样,就是这样,就是这样。'"斯维茨·比茨回忆道,"我真不知道就是这个。我以为是从字面意思理解,他想占领世界。"

杰克逊身后发行的《就是这样》跟门票售罄的演唱会自然不可同日而语,但结果证明这对于他的遗产是至关重要的一步。它所带来的钞票帮助遗产管理委员会保住了留给杰克逊继承人的 Mijac 曲库和他在索尼/ATV 的股份等资产,也再次增强了公众对"流行音乐之王"的兴趣——以至于众多大品牌愿意掏几百万美元来恢复和他的关系。

不光《就是这样》把杰克逊送入了 25 年来人气的顶点,他的去世本身也让亿万人的目光都转向了他。作为社交媒体时代最重要的新闻事件之一,他们看见的不是绯闻、整容、P. T. 巴纳姆式怪癖(不管是真是假),而是全盛时期的"流行音乐之王"。他从此以后被新一代歌迷冠冕——他们和老一辈忠实歌迷一起,令杰克逊在 YouTube、Vevo 的视频点击率自 2009 年起超过了 13 亿次(与泰勒·斯威夫特、凯蒂·佩里不相上下,是贾斯汀·汀布莱克的两倍)。到 2013 年底,他在 Facebook 上获得 6 500 万个赞,比贾斯汀·比伯、Lady Gaga 要多得多。

恢复运营的迈克尔·杰克逊的商业王朝并没有因为其创始人在职业生涯末期的挣扎而受到约束:在人生最后的 8 年里,杰克逊没有发行新的录音专辑,也没有巡演。而就在去世 3 年后,他却拿下双杀,财务成绩令人惊讶。

第 18 章

Michael Jackson, Inc.
The Rise, Fall, and Rebirth of a Billion-Dollar Empire

不朽传奇

离拉斯维加斯《迈克尔·杰克逊：独一无二》（*Michael Jackson One*）演出的开场还剩 10 分钟，各路八卦媒体云集于此。在剧院的两边、落地屏上显示着专为演出设计的醒目八卦标题——《松鼠救佳人》（*Squirrel Saves Woman*）、《泡泡的神秘好友显真容》（*Bubbles' Mystery Friend Revealed*）、《佳人秒选太阳马戏团演出》（*Woman Teleports to Cirque Show*）。

约翰·布兰卡坐在离舞台 15 排的地方，看着这些大字标题咧嘴笑了。他是来看《独一无二》的首演的，演出是在曼德勒海湾度假村和赌场（Mandalay Bay Resort and Casino）一家专门翻修过的剧院里观看首演，他没理由不激动。这场演出在某种程度上是他的点子，是迈克尔·杰克逊遗产管理委员会和太阳马戏团合资经营的项目。

突然，12 个裹着红色风衣外套的人——这些参演的假狗仔队让观众体验到杰克逊的生活——开始排列到过道上，举着麦克风和摄像机，脸被黑色软呢帽和太阳镜盖住。其中一个指向布兰卡，暗示马上要向他们的目标下手。"狗仔队要来找你的麻烦了。"他的朋友约翰尼·洛克伍德（Johnny Lockwood）说。

但他们却向端坐在下一排的某人跑去。他们互相推挤着靠近毫无戒备的观众，时不时地还夹杂着夸张的按快门声。其中一人手中的吊杆麦克风差点打到布兰卡的脸，然后他迅速逃开，其他那些假狗仔队也作鸟兽散。要是迈克尔本人遇到的情况是不是更糟？

"没错，"布兰卡说，"他们会把你撞翻。"

————

《独一无二》驻场秀的起源要追溯到 2009 年底，当时布兰卡和创立太阳马戏团的亿万富翁、曾是喷火马戏演员的盖·拉利伯特（Guy Laliberté）初次见面。他们的话题是搞一场新演出盛宴，《迈克尔·杰克逊：不朽传奇》(Michael Jackson THE IMMORTAL World Tour) 世界巡演。

太阳马戏团以前推出过致敬演出，像是"披头士"主题的《爱！》(Love!) 和后来的《猫王万岁》(Viva Elvis)。布兰卡也想做个类似的演出，如果成功的话，遗产管理委员会就会推出舞台巡演，每晚为 1 万到 2 万个歌迷演出。但是有个问题，这个会喷火的亿万富翁在外太空。

50 岁的拉利伯特已经决定为人生带来新挑战，他拿出 2 000 多万美元，通过一家名为"太空冒险"（Space Adventures）的私人星际旅行公司上国际空间站去旅游。布兰卡得等差不多一个月，才能等到他回来。后来他们终于在蒙特利尔见了面，此时布兰卡注意到拉利伯特一根接一根地抽烟。

"盖，他们允许你在太空舱里这样抽烟吗？"

"不允许，他们不许我带香烟。"他叹了口气。

很快话题就转到了生意上。

"迈克尔是有史以来最伟大的艺人。"布兰卡说，"我们需要做一场现场秀。"

"我们需要做两场演出。"

"我同意。"布兰卡说，"但我们得在拉斯维加斯做一场。"

"不，我们需要的（第一场）是演唱会巡回演出。"

拉利伯特的热情给布兰卡留下了深刻的印象。来来回回几个礼拜后，他们开始谈一笔合资项目的协议，准备把《不朽传奇》以世界巡演的形式

第 18 章
不朽传奇

推出，接下来还会在拉斯维加斯搞一个驻场秀。他给出了一些关于角色设定的简单建议：一个演员来扮演杰克逊本人；再来一个哑剧演员，以反映杰克逊对马歇·马叟的钦佩；可能还有猩猩"泡泡"。他还帮忙挑选歌曲，对演出的方方面面都投入了精力，在遗产管理委员会和太阳马戏团之间建立起深度且有高收益的合作。

在 2011 年 10 月的蒙特利尔首演后，演出席卷加拿大和美国北部，12 月又在拉斯维加斯曼德勒海湾活动中心表演了差不多 1 个月。这期间还有一座临时博物馆向迈克尔·杰克逊的歌迷开放——里面有他的一些最经典的军式夹克、一只标志性的莱茵石手套和一辆复古款劳斯莱斯。

展览中最引人注目的一个地方是对梦幻庄园图书馆的重现。在遗产管理委员会中负责监管档案的凯伦·兰福德，从摆放杰克逊藏书的 30 000 平方英尺南加州仓库中挑选出适合陈列的书籍。那里的书实在太多了，把它们头尾相连，可以在大楼两端之间折返几个来回。

"就在这间仓库里，有一面墙从地面到天花板——足足三层楼高——堆满了一箱箱的书。"她说，"多得吓人。而且我敢跟你保证，他每本都看过。"

在拉斯维加斯的那个月里，《不朽传奇》至少吸引了 15 万人到曼德勒海湾活动中心观看演出。《不朽传奇》的首演现场人满为患，来宾包括席洛·格林（CeeLo Green）、Jay Z 和碧昂丝。他们欣赏着一班杂技演员在杰克逊最精彩的作品的伴奏下涌上舞台，把自己塞进冰箱大小的书里，又从棺材里跳出来表演。

"我们尽自己最大的努力，在他不在的情况下颂扬他的精髓。"从 20 世纪 70 年代末起就与杰克逊保持合作的演出音乐总监格雷格·菲林加内斯（Greg Phillinganes）在首秀结束不久后说，"他对人类的热情……对卓越的追求，对大型演出的天赋，我们努力把所有这些元素都融合在一起。"

一些媒体盛赞《不朽传奇》，《公告牌》为它颁发了"创意内容奖"（Creative Content Award），MTV 也称之为"向传奇的高能致敬"，而其他媒体则毁誉参半（"这场太阳马戏团演出看得人上气不接下气，但还是能尝出甜头。"《纽约时报》表示道）。还有一些媒体则给出彻底的差评("只要连续几发哑弹就能毁掉一份遗产,如果他们顶多只能做出《不朽传奇》这样的演出,它的标题最后会是遗憾的讽刺。"《洛杉矶时报》总结道)。

但票房成绩显而易见:《不朽传奇》是 2012 年上半年北美地区票房最高的演唱会巡演,超过了泰勒·斯威夫特等大牌流行艺人的巡演。随着时间的推移,票房节节攀升。到 2013 年底,演出的总票房已经超过 3.5 亿美元,《不朽传奇》成为史上票房最高的十大巡演之一。

这台马戏盛宴的经济效应不输任何一场真正的杰克逊巡演。像《不朽传奇》这样的大型舞台演出的标准利润是 30%~35%。如果一晚演出的票房是 150 万美元,遗产管理委员会与太阳马戏团分成后,可以拿 25 万美元。如果杰克逊搞舞台巡演,他的票房收入可能会更高——假设有 250 万美元。但他对自己的演出很舍得下本钱(还记得俄罗斯军用飞机吗?),最后一次巡演的总票房为 1.65 亿美元,他带回家的只有 10%。每晚 250 万美元的 10% 是 25 万美元,他的遗产管理委员会从《不朽传奇》中差不多也能获利这么多。

当然,遗产管理委员会和太阳马戏团必须在演出过程中先支付 5 000 万美元启动成本,杰克逊可能会在能容纳 8 万人的体育场里演出(但那也会引起高额的安装费用)。不过粗略估算一下,太阳马戏团这台演出给迈克尔·杰克逊公司所带来的收益,就像"流行音乐之王"在世时一场成功巡演所能实现的大致相当。

可是直到去世,杰克逊才办成了这件他一生中都无法做到的事情——在两个地方同时表演。

———

对《独一无二》的策划和《不朽传奇》差不多是同步进行的。布兰卡去拉斯维加斯看了两三次太阳马戏团的其他演出,并看了他的主要竞争者——"披头士"的《爱!》七八次。后来他在《独一无二》策划会议上提出了自己的看法。

"我要说的是整场演出必须让人沉浸其中。"布兰卡说,"观众得感觉

第18章
不朽传奇

自己置身其中。"

这就意味着排场要大。除了创意部分——情节、音乐、杂技——太阳马戏团和杰克逊遗产管理委员会的最新合作项目要求在拉斯维加斯有自己的固定住所。自从2011年《狮子王》(*Lion King*)结束演出后,曼德勒海湾酒店就进行了大规模翻修,直到两年后才以"迈克尔·杰克逊独一无二剧院"的名义回归。

这间拥有1 804个座位的场馆在不同区域安装了大量的扬声器。每名观众会被3个扬声器(2个在脑后,1个从前面轰炸)发出的声音所环绕。布兰卡还建议在舞台两侧各搭建三个从地板到天花板高的显示屏,让杂技演员在《比莉·珍》播放期间到墙上跳舞(起初他想让他们在天花板上跳太空步,但那最终证明在逻辑上行不通)。遗产管理委员会和太阳马戏团找来曾在"危险"巡演期间为杰克逊伴舞的杰米·金(Jamie King),让他编写剧本执导演出(他也执导了《不朽传奇》)。

"我的职业生涯始于跟迈克尔的合作,一路上的巡演我都在他身边,一直待了两年。"金说,"这是千载难逢的学习经历,我从最伟大的现场艺人身上学到了一切表演的知识。你可以拥有世界上最好的技术,最好的舞台、最好的音响设备和布景,但是除非你能真正地理解如何从内心深处影响观众,否则其他都不重要。"

于是,金决心通过4件东西在《独一无二》中展现杰克逊的精髓——他的舞鞋、太阳镜、黑色软呢帽和镶亮片的手套。演出舞者从一个场景转移到下一个场景时,将从这些物品中获取神秘力量,每一段都很像一部在反重力环境下上演的现场音乐录影。

这些片段与杰克逊歌曲中的各种主题相对应。比如在内省的《莫斯科的陌生人》中,一个孤独的杂技演员爬上丝绳,在半空中不费吹灰之力地表演空翻和旋转,仿佛被水包围。表演最后,雪花从天而降,却在飘落座位前的一眨眼功夫就湮没了。在魅惑的《风骚黛安娜》中,一位红衣女子在一根巨大的脱衣舞钢管上表演娴熟的技艺。

前半场演出是对杰克逊精神的各种暗示,在演出结束前,一个真人大小的杰克逊形象出现了。"流行音乐之王"的幻像——一种类似全息投影的影像——开始表演《镜中人》,随后变身成"杰克逊五兄弟"时期的小迈克尔,最后在如潮的掌声中消失。虽然比起真人还有不小的差距,但这个幽灵般的杰克逊把"流行音乐之王"昔日的荣光呈现给了新老歌迷。

"那些不是听迈克尔长大的孩子们现在通过这两场演出——《不朽传奇》和《独一无二》——认识了迈克尔。"金说,"他的精神还与我们同在,他的音乐会永生。"

杰克逊的赚钱能力似乎也是这样。当《不朽传奇》纵横全球时,《独一无二》的观众容纳量已经接近极限,平均票价约为 140 美元。也就是说,每个月的总票房接近 1 000 万美元,除去开销和太阳马戏团的分成(驻场秀的开销比巡演低得多),遗产管理委员会可以拿到 300 万美元。因此,遗产管理委员会每年的收益可以再增加 3 000 万到 4 000 万美元。

杰克逊去世 5 年后,遗产管理委员会赚到的钱已经超过他单飞生涯 11 亿美元收入的一半,而且以目前的速度应该会在他去世 10 年内超过该数字——只用了相当于杰克逊在世时所用时间的 1/3(但是遗产管理委员会可能要至少再花 10 年时间才能达到杰克逊扣除通货膨胀因素的 19 亿美元职业生涯总收入)。

"每年的现金流都大得惊人。"唐纳德·大卫——处理图派克·夏库尔身后财务的律师解释说,"当然,它最终会下降,但在可预见的未来仍是一笔天文数字。在(杰克逊的)孩子生下孙子孙女前,那笔钱还会在。"

杰克逊去世后,遗产管理委员会每年进账都能达到九位数。有没有可能它的年收入最终会低于 1 亿美元这一标志线呢?当然。《不朽传奇》早晚会完成它的使命,《独一无二》也不可能永远都是拉斯维加斯闪闪发亮的新玩物。如果正如某些人所言,保罗·麦卡特尼根据美国版权法的突然调整,在下一个 10 年会重获自己的一些歌曲版权,就连杰克逊从索尼/ATV 获取的收入也会打折扣。不过到时候,他也只能从列侬·麦卡特尼合写的歌曲中拿回自己的一半,且仅限在美国。

从版权角度来看,"披头士"的歌曲是杰克逊身后商业王朝所面临的巨大难题中非常值钱的部分。由索尼/ATV(和杰克逊遗产管理委员会)牵头的投资者财团 2012 年以 22 亿美元买下 EMI 出版公司,把自己曲库的

第18章
不朽传奇

规模扩大到 200 万首歌，让它成为了世界上最大的出版公司。

那是杰克逊在去世前没能完成的众多目标之一，最终在他去世后得以实现。他还终于走上巡演之路、发行新音乐、再次开始接到广告合约。由此带来的大笔现金保住了他常常担心会丢失的财产。要不是内外的魔鬼搅和了他最后的岁月——如果最后几年能有一支更好更稳定的团队在他身边——他的故事可能会有一个截然不同的结局。

———

《独一无二》首演结束后的后台，舞者和杂技演员都兴高采烈。拉斯维加斯老记者罗宾·利奇（Robin Leach）那晚就在观众席，他后来称这场演出为"太阳马戏团近 30 年来最精彩的演出"。

更重要的是，表演者在他们会喷火的亿万富翁老板心目中留下了很好的印象。

"伙计们，你们太了不起了。"身穿黑色牛仔裤、运动鞋和压纹天鹅绒运动上衣的拉利伯特看起来相当精干，"我觉得它会在这里演出很久很久。"

可是，拉利伯特并不会待太久。

"好吧。"他耸了耸肩，"我要飞去戛纳了。"

他向舞者们告别，然后缓缓走向布兰卡。他们聊了两句，互相拍了拍肩膀，就此分手。在布兰卡看来，他们才刚刚开始。

"我要补充两句。"布兰卡想象着与太阳马戏团的合作几年后的光景，说，"《不朽传奇》已经被认证为有史以来最大规模的三大摇滚巡演之一。和 U2、'滚石'乐队齐名！"

至于《独一无二》呢？拉斯维加斯的演出就像超级流行巨星，生命周期往往很短暂。虽然有像"披头士"主题演出《爱！》这样至今还在上演的，但也有像《猫王万岁》（Viva Elvis）这样演出不到三年的。尽管如此，布兰卡仍然很乐观。

"《神秘境界》（Mystère）已经演了 19 年。"他说，"那是（太阳马戏团）第一部演出。18 年过去了，它的上座率仍能保持 80%。'披头士'的演出也已经 6 年了。"

无论《不朽传奇》何时结束，布兰卡都想在拉斯维加斯上演《独一无二》旁边的那家剧院看一场《不朽传奇》最后的演出。

　　"在同一个屋檐下，你在迈克尔·杰克逊剧院能看《独一无二》，在曼德勒海湾酒店能看《不朽传奇》，所以大家能来买两晚的演出票。"他说，"我的意思是，快来啊，还没有哪个艺人能在同一个屋檐下做两场演出。"

　　同一时间同一地点的两场演唱会竟是关于同一个人的，这不就为全行业开出了先例吗？听起来相当有雄心，加上接近自恋的胆量，梦想唯有通过向大师学习并变得更卓越才能实现。听起来就像一个强大到去世后仍能赚7亿多美元的艺人——比过去五年里任何一个在世的独唱艺人赚得都多——这就是迈克尔·杰克逊。

———

　　印第安纳州加里市，阳光照耀着杰克逊大街2300号，就在刚过去的半小时里，有三车人来到这里参观了"流行音乐之王"的童年故居。

　　一辆车里坐着四口之家，他们鱼贯而出，献上他们的敬意。另一辆车里都是成年男人，车停在街对面，里面的人不太愿意出来。第三辆车里的三名女子激动地用德语彼此交流着。

　　"你从德国一路过来就是为了这个吗？"我问其中一人。

　　"不是。"她说，"那就太疯狂了！"

　　"她很可能会这么做的。"她的朋友吐槽说。

　　他们只是迈克尔·杰克逊全球影响力的几个例子。杰克逊在美国每卖出一张唱片，在国外能卖出两张。可想而知，如此庞大的粉丝团中一小部分更愿意来加里朝圣比杰克逊大街的房子更宏伟的纪念馆，这也为这座仍在萧条中挣扎的城市引入大笔急需的资金。

　　"我们当然持开放的态度。"在我到访印第安纳州时，市长弗里曼·威尔逊早先就这么告诉我，"尤其是对有钱人……我持开放的态度吗？我们能从有钱人那里得到想法并执行下去吗？当然。我们的合作可能会包括为那样的想法提供场地……有史以来最伟大的艺人是加里人。那真是我们的

第18章
不朽传奇

骄傲。"

目前，园丁格雷格·坎贝尔的注意力还是集中在手头的旧迹。他从我来以后就在打扫房前的混凝土小路，没有要停的意思。他把那里清扫干净，迎接杰克逊去世后每天前来的数百名游客——尤其是为了迎接一位几乎每天都会出现的客人。

"有一件神奇的事情，我们刚开始在这里工作的时候，有一只鸟。"他说，"它总是会落在前面的人行道上，就那么看着。我离开时，在城市其他地方溜达，那只鸟会跟着我。"

坎贝尔微笑。

"它会来凝视着房子。"他说，"所以我想那可能是迈克尔的化身。"

无论"流行音乐之王"的灵魂现在何处，有一件事是肯定的：迈克尔·杰克逊商业王朝生气勃勃、运转良好。

Michael Jackson, Inc.
The Rise, Fall, and Rebirth of a Billion-Dollar Empire

致谢

2012年6月一个闷热的午后，我站在纽约阿波罗剧院的舞台上——独自与一件罕有而真切的迈克尔·杰克逊的遗迹同处一室。我刚刚采访完他的四个哥哥，而现在，礼堂里空空如也，除了一截安放在泛着微光的基座上的木桩。它就是传说中带给人幸运的"希望之树"。近半个世纪前，在首次登上阿波罗舞台之前，杰克逊五兄弟乐队的成员们用手摩擦了这同一截树桩。

我回头望了望黑暗中空无一人的剧场座位。没有看见任何人。我试探性地，悄悄朝那个基座走去，等待着出现像印第安纳·琼斯电影里的那种陷阱。但没有飞镖，也没有从房椽上滚下来的大石头，我就这样把我的手放在了这块法宝一样的木桩上，希望它能给我的著作旅程带来一些好运。

除了不再有机会采访迈克尔·杰克逊本人这个明显无法改变的遗憾外，这本书的酝酿就和那天我在纽约哈林区和"希望之树"之间的经历一样。写出一本从商业角度解读迈克尔·杰克逊的传记，这个想法就在一个冥冥中的基座上等待着我；我只需要直接走上前去，把我的手放上即可。但它花了很长一段时间才开始发芽，就如大多数其他书籍一样，写作的过程绝不简单。没有那么多人一路上的帮助，我绝对不可能完成它。

我要感谢唐纳德·大卫，谢谢你为我种下了这颗种子，他是一个值得信赖的消息源，也曾和迈克尔·杰克逊面对面坐在谈判桌的两端。而对帮助这颗种子成长的人，我要对我的代理人们致以我最衷心的感激：感谢艾德·维克托（Ed Victor），感谢他明智的建议，还有威廉·克拉克（William Clark），感谢他为这本书找到一个出色的出版社。对那些为这颗种子提供充足阳光的人，我要非常感谢在西蒙和舒斯特出版公司旗下的亚特里亚出版社工作的莱斯利·梅瑞迪斯（Leslie Meredith），感谢她敏锐的编辑慧眼，鼓舞人心的言语和她请我吃过的玉米卷。

在写《迈克尔·杰克逊的商业王朝》的同时，我决定保留我的日常工作，我能做双份工，也多亏了所有《福布斯》杂志的同事对我的支持——因此，我特别感谢丹·比格曼（Dan Bigman）、兰道·莱恩（Randall Lane）和刘易斯·德沃金（Lewis D'Vorkin）。同样也要感谢苏·拉德劳尔（Sue Radlauer）的新闻调查技巧，感谢亚伯·布朗（Abe Brown）帮我打理付费浏览的收费门槛，感谢汉娜·艾略特（Hannah Elliott）和摩根·布伦南（Morgan Brennan）给出的一些非常有用的介绍说明，还要感谢《福布斯》垒球队里所有人那永远坚实可靠和绵远流长的友谊。

我将对玛丽·爱伦·伊根（Mary Ellen Egan）和斯图尔特·平克顿（Stewart Pinkerton）永存感激，是他们给了我在这本杂志社里起步工作的机会，感谢利亚·高德曼（Lea Goldman）有一天问我是否喜欢嘻哈音乐，感谢尼尔·温伯格（Neil Weinberg）和马特·薛福林（Matt Schifrin）和其他很多朋友对我的信任。在工作之外，我要非常感谢如下这些朋友们给予我长久坚定地支持：谢谢艾兹拉·马科维茨（Ezra Markowitz）、梅丽莎·奥卡纳（Melissa Ocana）、玛德琳·科勒（Madeline Kerner）、简宁·莱博夫斯基（Janine Lebofsky）、莱拉·柏林（Lara Berlin）、凯蒂·曼宁（Katie Manning）、罗伯·拉弗兰科（Rob LaFranco）、查理·华纳（Charlie Warner）、朱莉娅·布拉德福特（Julia Bradford），还有莫希斯一家（The Mosses）和康米什一家（The Commish）。

我要感谢所有的消息人士；他们总共有超过 100 人，他们为我慷慨安排出时间并分享他们的回忆，让我感激不尽。如果没有他们，这本书就根本不可能诞生。我希望我能有机会去单独感谢他们每一个人。

这本书大部分是在纽约的家中写就的,但我也在无数次报道旅程中(和好几次"度假"期间),与朋友、家人和陌生人住在一起的时候,写出了许多篇幅。所以,我要大大感谢罗德岛州的乔恩·比特纳(Jon Bittner)和丽贝卡·布卢姆(Rebecca Blum);得克萨斯州的詹姆斯(James)、玛丽·贝斯(Mary Beth)、尼尔(Neil)、布里吉特(Bridget)和厄玛·欧莫里(Irma O'Malley);伊利诺伊州的乔尔(Joel)、玛姬(Maggie)、乔斯林(Joslin)、杰登(Jayden)和艾狄森·派克(Addison Peck)(还有李和纳奥米);科德角的贝碧(Bebe)、亚历克(Alec)和李·西摩(Lee Seymour);爱尔兰的众多旅馆老板;彼得·潘巴士;我坐过的航班;佛罗里达州的格斯·拉·洛克(Gus La Rocco)和特里·菲克赛尔(Terry Fixel)(以及感谢山姆·拉·洛克对烹制鸡肉的想法)。我要感谢马库斯·伦纳德(Marcus Leonard),感谢他陪我去风景如画的印第安纳州加里市并带我去了这个城市里唯一的酒吧,我还要感谢马特·拉赫曼(Matt Lachman),他是洛杉矶地区最亲切高尚的主人,也是一位能给我提出绝佳编辑意见的朋友。

在写作这本书期间,我之所以能(大多数时候)保持清醒,还要多亏那些亲爱的朋友不时引诱我走出家门去放松头脑。感谢乔恩·布鲁纳(Jon Bruner)、贝瑟尼·科勒(Bethany Kerner)、安德鲁·塞多托(Andrew Cedotal)、妮可·维尔纳夫(Nicole Villeneuve)、迈克·塞普洛维茨(Mike Seplowitz)和丹·哈蒙德(Dan Hammond)的美味晚餐;感谢肖皮(Choppy)请我吃的贻贝薯条;感谢丹·阿德勒(Dan Adler)和凯莉·瑞德(Kelly Reid)的罗马披萨;感谢波贝(Borbay)和我一起享用啤酒和汉堡;感谢迈克·萨菲尔(Mike Safir)和彼得·舒瓦茨(Peter Schwartz)一起吃甜卷饼并开怀畅饮。

我还要着重感谢那些读过这本书初稿的人们,尤其感谢前面提及过的安德鲁和尼尔,以及之前名为尼克·梅西特-格林伯格(Nick Messitte-Greenberg)的艺人。他给出的毫无掩饰、绝对粗俗和超级具有建设性的批评意见,现在看来是无价之宝。如果不是因为调查员娜塔莉·罗布梅德

（Natalie Robehmed）的超凡贡献，我可能都完全没有机会去睡觉，她帮助我完成了从普通工作（核查事实）到神奇工作（追溯比我们两人年龄都大的《公告牌》期刊上的榜单）的众多任务。我也期待在未来某一天读到她写的书。

特别感谢我的父母和继母，感谢他们三位。除了生育我外，苏珊娜·欧莫里还向我展示了做记者的意义。丹·格林伯格则教导我，如果你热爱你做的事，你在生命中就不会感觉自己每天在工作。当谈到写作时，他总是对我强调修正文本的艺术；同样也要感谢朱迪斯·格林伯格（Judith Greenburg），她的编辑工作就像带你去看耳鼻喉科（有时，你创造的一大堆糟糕的东西被剔除出去，有点痛，但然后你才发现它们真不该出现在那里）。感谢你们做的一切！

我最要感谢的是丹妮尔·拉·洛克博士（Dr. Danielle La Rocco）。2008年我们开始约会，当时她知道她的室友包括——布鲁纳、肖皮、阿德勒（可能还有克劳德）——但她绝对没有想到自己最终也会与Jay Z和迈克尔·杰克逊同处一室。杰克逊鬼魅的太空步跟随了我和丹妮尔一年，在这期间，我们领养了一只残疾的小猫咪，熬过了一场飓风，搬进了新的公寓，并订了婚。

"流行音乐之王"甚至跟随我们去了爱尔兰，在那里，我们和世界头号酒鬼在莫特镇的一间小酒吧里讨论我的书，此处距离杰克逊在2006年住过几个月的地方只有几公里远。当《比莉·珍》的音乐连续两次从扬声器里突然传出时，我坚信这唯一的解释就是超自然现象发生了。结果，原来是一个淘气的酒保偷听到了我们的对话，并决定来给我们捣捣乱。要不是因为丹妮尔的提点，我可能永远也想不明白。所以我被深深地震动了，第二天我就向她求婚了。

Michael Jackson, Inc.
The Rise, Fall, and Rebirth of
a Billion-Dollar Empire

附录

迈克尔·杰克逊
事业生涯收入表

从 1979 年迈克尔·杰克逊成年后开始单飞生涯，到 2009 年他去世，他总共赚进了令人啧啧称奇的 11 亿美元。而在他去世后的五年时间里，他的遗产又赚进了超过 7 亿美元。算入通货膨胀因素进行调整后，他生前总共赚进的数字是 19 亿美元；再加上他去世后的收入，以如今的美元价值来算，他的总入账金额高达 26 亿美元。以下便是按年度分列的收入表：

年份	年收入	算入通胀因素后的年收入
1979	400 万美元	1 300 万美元
1980	900 万美元	2 600 万美元
1981	500 万美元	1 300 万美元
1982	600 万美元	1 500 万美元
1983	4 300 万美元	1.1 亿美元
1984	9 100 万美元	2.05 亿美元
1985	3 700 万美元	8 000 万美元

年份		
1986	2 000 万美元	4 300 万美元
1987	6 700 万美元	1.38 亿美元
1988	1.25 亿美元	2.47 亿美元
1989	3 700 万美元	7 000 万美元
1990	3 400 万美元	6 100 万美元
1991	3 500 万美元	5 500 万美元
1992	6 400 万美元	1.07 亿美元
1993	3 400 万美元	5 500 万美元
1994	1 900 万美元	3 000 万美元
1995	1.18 亿美元	1.81 亿美元
1996	7 100 万美元	1.06 亿美元
1997	4 200 万美元	6 100 万美元
1998	1 800 万美元	2 600 万美元
1999	1 700 万美元	2 400 万美元
2000	1 800 万美元	2 400 万美元
2001	3 400 万美元	4 500 万美元
2002	1 900 万美元	2 500 万美元
2003	2 100 万美元	2 700 万美元
2004	2 000 万美元	2 500 万美元
2005	2 300 万美元	2 800 万美元
2006	1 900 万美元	2 200 万美元
2007	1 800 万美元	2 000 万美元
2008	1 300 万美元	1 400 万美元
2009	1 000 万美元 /7 500 万美元	9 300 万美元
2010	2.45 亿美元	2.62 亿美元
2011	1.45 亿美元	1.51 亿美元
2012	1.15 亿美元	1.17 亿美元
2013	1.3 亿美元	1.3 亿美元

杰克逊生前的收入估计，由作者在撰写《迈克尔·杰克逊的商业王朝》的过程中调查研究产生。这些数字是税前收入，而且还没有减去他向经纪人、代理人和律师支出的薪酬，以及他需要为房产、旅行、员工和其他开销支出的费用。以上的估计数据也没有反映出索尼/ATV公司自动重新注资该公司的收益（这些数据被收录进了作者为《福布斯》估算出的稍微更高一些的杰克逊去世后的收入数字中）。以上的数据中包含了杰克逊从索尼/ATV利润里获得的每年八位数的担保分红，这笔钱没有重新注入公司。黑体加粗的数据代表了杰克逊去世后的收入。

北京阅想时代文化发展有限责任公司为中国人民大学出版社有限公司下属的商业新知事业部，致力于经管类优秀出版物（外版书为主）的策划及出版，主要涉及经济管理、金融、投资理财、心理学、成功励志、生活等出版领域，下设"阅想·商业""阅想·财富""阅想·新知""阅想·心理""阅想·生活"以及"阅想·人文"等多条产品线，致力于为国内商业人士提供涵盖先进、前沿的管理理念和思想的专业类图书和趋势类图书，同时也为满足商业人士的内心诉求，打造一系列提倡心理和生活健康的心理学图书和生活管理类图书。

阅想·财富

《希尔顿王朝：美国传奇家族的艰苦创业史》

- 高居美国亚马逊传记类超级畅销书排行榜。
- 《纽约时报》最负盛名的《卡米洛特时代之后：肯尼迪家族史》《拯救玛丽莲·梦露》《迈克尔·杰克逊的魔力与疯狂》等传记类畅销书作者倾情打造。
- 一部《今日美国》推荐的"充满跌宕起伏、商战、奇闻轶事和爱情故事"的家族发家史，为你揭开希尔顿酒店庞大帝国的神秘面纱。

《索罗斯传》（白金珍藏版）

- 他似乎拥有控制市场的超级能力！某种商品或货币的市场价格会随着他的言论上升或下跌！
- 他的一生毁誉参半。他到底是"市场驱动者"，是"金融界的超级明星"，还是"投机客"？他到底是投资界的"魔鬼"，还是悲天悯人的"慈善家"？为什么他又自诩为"金融哲学家""无国界的政治家"？
- 罗伯特·斯莱特将引领我们进入这位大师的思想深处，让我们看到一个真实的索罗斯。

《空虚的豪宅：美国神秘女富豪的传奇人生》

- 一段由空房子引发的普利策获奖记者揭秘调查，从此揭开美国最为神秘的隐居女富豪的传奇人生，带你走进美国政商巨擘克拉克家族的百年沉浮史。
- 《纽约时报》年度最佳图书之一。
- 曾长期位居畅销书排行榜第 1 名，本书一经出版，年销达 15 万册。

《蓄势待发：股票交易实战录》

- 新浪博客点击量第一、"2009 年度最受欢迎财经博客百强"得主、著名股票博客博主徐小明，新浪财经知名博主百年一人撰文推荐。
- 真实再现华尔街最牛操盘手扣人心弦、绝处逢生的交易场景，见证自谷歌以来影响力最大的 Facebook IPO 的伟大历史时刻，感受美股最大乌龙事件过山车般的惊心动魄，在交易员的操盘实战中学会像职业交易员一样思考。

《金融的狼性：惊世骗局大揭底》

- 一部深度揭示世界金融大案前因后果和血泪教训的、写给所有投资者的警示书。
- 投资者的防骗入门书，涵盖金融史上最惊世骇俗的诈骗大案，专业术语清晰易懂，阅读门槛低。
- 独特视角诠释投资界风云人物及诈骗案件。

《巴菲特投资圣经：价值投资的 24 条黄金法则》（精装版）

- 巴菲特找到了并不复杂的投资股市的成功途径。任何拥有一般智力水平的人，即使没有专业人士的帮助，也完全可以成为一个成功的价值投资者，因为理性投资的基本原则很容易理解。
- 了解巴菲特朴素而富有哲学性的价值投资智慧，读这本书足矣。
- 献给所有追随并渴望获得如巴菲特一样成就的人。

Michael Jackson,Inc.:The Rise,Fall,and Rebirth of a Billion-Dollar Empire

ISBN: 978-1-4767-0596-5

Copyright © 2014 by Zack O'Malley Greenburg.

This edition published by arrangement with Grand Central Publishing,New York,USA，through Andrew Nurnberg Associates International Ltd.

Simplified Chinese translation copyright © 2016 by China Renmin University Press Co., Ltd.

All Rights Reserved.

本书中文简体字版由 Andrew Nurnberg Associates International Ltd 授权中国人民大学出版社在全球范围内独家出版发行。未经出版者书面许可，不得以任何方式抄袭、复制或节录本书中的任何部分。

版权所有，侵权必究。